湖南师范大学外国语言文学学科
学学半丛书

◎本书为国家社科基金项目（批准号：2015BYY064）的结题成果。
◎本书获得湖南师范大学世界一流建设学科——外国语言文学学科的出版基金资助。

二语习得中的概念重构研究

曾永红 著

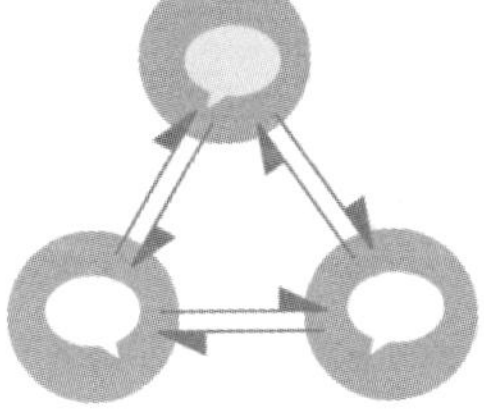

湖南师范大学出版社
·长沙·

图书在版编目（CIP）数据

二语习得中的概念重构研究 / 曾永红著. —长沙：湖南师范大学出版社，2023.3

ISBN 978-7-5648-4074-7

Ⅰ.①二… Ⅱ.①曾… Ⅲ.①第二语言—外语教学—教学研究 Ⅳ.①H09

中国版本图书馆 CIP 数据核字（2020）第 240177 号

二语习得中的概念重构研究

Eryu Xide Zhong de Gainian Chonggou Yanjiu

曾永红　著

◇出 版 人：吴真文
◇组稿编辑：李　阳
◇责任编辑：李永芳　李　阳
◇责任校对：李　航
◇出版发行：湖南师范大学出版社
　　　　　地址/长沙市岳麓区　邮编/410081
　　　　　电话/0731-88873071　0731-88873070
　　　　　网址/https：//press. hunnu. edu. cn
◇经销：新华书店
◇印刷：长沙雅佳印刷有限公司
◇开本：710 mm×1000 mm　1/16
◇印张：17. 75
◇字数：320 千字
◇版次：2023 年 3 月第 1 版
◇印次：2023 年 3 月第 1 次印刷
◇书号：ISBN 978-7-5648-4074-7
◇定价：68. 00 元

投稿热线：0731-88872256　**微信：**ly13975805626　**QQ：**1349748847

前言

在语言学习的高级阶段，学习者产出的语言中往往仍存在较多的“隐性不地道现象”。这种现象的产生可能受到母语概念或思维方式的影响。由于二语习得中的概念重构尚未得到应有的重视，对于学习者是否能够、在多大程度上能够重构二语概念，已有研究结论尚不一致，研究证据不足。本书基于认知语言学相关理论和语言相对论，尤其是语言与思维关系假说等理论成果，从二语概念重构、教学对重构的影响以及测试手段的探究，考察外语学习环境下概念重构的可能性。研究初步梳理了二语概念重构的一些关键问题，拓展和丰富了已有研究维度和研究视角，有益于推动外语环境下外语概念能力的多维研究，进一步验证了外语教学对概念重构的作用，为后续相关研究与补救性教学提供了理论准备与实证支持，为二语教学提供了有益借鉴。

本书共十四章。全书以导论开始，简要报告了外语环境下的概念重构，概述了研究目的及内容。第二章“二语习得中的概念重构研究：现状与展望”，从概念重构的定义及其特点出发，从理论研究、运动事件研究、人物指称研究等维度概述了有关概念重构的主要研究进展，并对影响概念重构的因素、概念重构的路径等内容进行了简要综述，也基于上述内容在研究内容、研究方法、研究对象等方面提出了研究建议。第三章“语言相对论及其研究进展”简要介绍了语言相对论及相关研究工作进展，为全书提供理论支持，也为研究对象、研究方法、研究领域等维度的选择提供借鉴。第四章“语言习得中的概念重构：英语自我运动事件表达的习得”，以中国学习者英语自我运动事件的习得为例，探究外语环境下语言习得中的概念重构问题。第五章“语言习得中的概念重构：英语致使运动事件表达的习得”，考察了外语环境下英语致使运动事件表达的重构问题。第六章“语言习得中的概念重构：英语口头叙事中的人物指称表达习得”，探讨外语环境下中国学习者英语口头叙事中的人物指称表达重构问题。第七章“语言习得中的概念重构：定冠词非类指用法使用研究”，调查了外语环境下英语定冠词非类指用法的重构问题。第八章“教学对概念重构的影响：概念型教学对英语运动事件习得的影响”，系统考察了外语环境下概念型教学法的应用对英语运动事件习得的影响。第九章“教学对概念重构的影响：数据驱动学习对英语运动事件习得的影响”，探讨外语环境下数据驱动学习对英语运动事件习得的影响。第十章“教学对概念重构的影响：显性、隐性教学对英语人物指称习得的影响”，运用显性和隐性教学手段，调查其对英语人物指称习得的影响。第十一章“教学对概念重构的影响：文本强化对英语回指释义的影响”，重点考察外语环境下文本强化对英语回指释义的影响。第十二、第十三章则主要考察运用口头诱导模仿法测试英语隐性语法概念知识的可行性。第十四章总括全书，对主要结论、研究启示、研究局限性和研究建议进行了简要的说明。

本书获得了国家社科基金项目“二语习得中的概念重构研究”（项目批准号：2015BYY064）以及湖南师范大学世界一流建设学科——外国语言文学学科的出版基金资助。

项目立项后，我们分步系统设计了各模块的实验研究并收集了相关的实验数据，逐步完善了全书的基本框架。初稿完成后，我们按照出版规范和要求对全书的体例、文献格式等重新进行了梳理和调整。部分章节成稿后先后在《外语与外语教学》《外语学刊》《外语教学》《湖南科技大学学报》《外语电化教学》《解放军外国语学院学报》等期刊发表，收入本书后有一定删节和修改。

本书的出版得到了各方的大力支持和帮助。湖南师范大学外国语言文学学科给予了充足的出版资金支持以及研究资源和研究时间的保障。课题组成员在选题思路、理论选用、研究设计等诸多维度提出了宝贵建议和具体实施的思路。我指导的硕士研究生谭亚婷、杨巧维、梁佳颖、尹文倩、张慕媛、黄娅、陈盼、刘可蕊等协助收集了相关章节的数据和部分内容。此外，我的博士生余佳颖协助修改和校对了全书的参考文献，湖南师范大学出版社编辑部主任李阳博士为本书的出版倾注了心血，在此一并表示衷心的感谢！同时，感谢国家社科基金匿名评审专家的宝贵建议。尽管我们付出了努力，本书仍存在理论架构不够完善、研究方法不够多元等局限性，对概念重构的系统研究尚处于基础阶段，但如果能因此推动学者们关注并研究与概念重构相关的话题，则万幸矣。书中还有各种不足甚或错漏与错误，见笑于大方之家，相关责任概由本人承担。

曾永红

2022 年 5 月 1 日

目 录

第一章
导　论

关于语言与思维的关系问题，Han & Cadierno（2010：XV）在其所编著的论文集前言中重点介绍了今后可以持续关注的 5 个问题，其中包括：二语习得中可以多大程度上重构以母语为基础的思维方式？哪些学习条件，包括教学方法的运用，可以促进重构的发生？这两个研究问题以及测试方法的考察，构成了本书的核心框架。只有当一系列研究从不同层面（如从习得、教学的影响以及测试手段的探索三个层面）探讨不同维度的概念重构问题，如运动事件、人物指称、定冠词等，才可以较为全面地了解概念重构的可能性与教学对概念重构产生的影响。本章在介绍相关核心概念的基础上梳理了外语环境下概念重构的核心框架，阐述了研究的动机与意义，并概述了本书的主要研究内容。

第一节　核心概念界定

一、概念

概念是我们心理世界的黏合剂，它们将我们过去的经验与现时的状况联系起来。同时，概念本身也与我们的知识结构相联系，不仅涉及我们熟知的事物，如椅子、土豆等，也延伸到其他认知域，如情感、事件、艺术、语言等较抽象的领域。概念渗透到我们日常生活的重要途径就是语言交流。我们通过语言交流理解不同的人、物体与事件时，语言的意义系统则必然与概念表征相勾连。

对于概念，不同学者从不同的角度进行了定义。

Richards & Schmidt（2010：112）认为，与人脑中的单词或符号相关的大致想法或含义即为概念。它是词和其他词项所代表的抽象意义。语言学家认为所有的语言都可以表达相同的概念，尽管有些语言对某些概念的命名可能比其他语言少，或者对概念的区分可能有所不同。概念的形成与语言习得密切相关，运用概念形成命题是人类思维和交际的基础。

社会文化理论认为，概念是促进了解世界文化而建构的意义体系。维果斯基（Rieber 1987）区分了日常概念和科学概念。前者是由个体通过感知现实世界，在丰富的日常生活体验中直接获得，与真实情景紧密联系。具有表面性、不完整性、具体性、无意识性等特点。后者是由事物或事件的本质属性归纳概括而来，能反映事物的本质特征，具有系统性、全面性、抽象性、有意识性等特点，但缺乏丰富的个人体验，自动化速度慢。因此，维果斯基认为教学的首要任务是教授科学概念，使其内化，以解决新问题，完成新任务（Lantolf 2006）。

从认知心理学的视角来看，概念是指“对某类事物的心理表征”（Murphy 2002：5），在范畴化基础上形成，由通过各种感官获得的原型意象或意象图式表征。概念体现了我们对世界的认知，是一般知识的内在组成部分，人类正是借助于概念认知新事物，理解新概念，表达所见所闻。

Jarvis & Pavlenko（2008）把以语言为中介的概念分为两类：词汇化概念，即与词相关的概念，如“花”“鸟”等；语法化概念，即与形态句法范畴相关的概念，如数、人称或体等。概念重构研究的对象除上述两类概念之外，还包括概念化模式或思维方式的重构，如话语信息组织模式。Negueruela & Lantolf（2006：81）认为，概念构成了更高级的语言思维的最小单位（the minimal unit of higher verbal thinking），应该是“教学的基本单位”。本书采用 Jarvis & Pavlenko（2008）对概念的分类，主要从词汇化概念和语法化概念出发考察概念重构的特点和重构路径。

二、概念化

概念化是指发生在人脑中的认知过程，是对既有概念的激活，是个体参与世界活动的基本方式，具有动态性、互动性、图式性和想象性等基本特征（Langacker 2008：43）。Langacker（1987）指出，意义就是概念化，概念化是人的思维方式。

von Stutterheim & Nüse（2003）认为，概念化涉及言语化（verbalization）之前信息组织所必需的四个过程，包括信息切分、选择、建构和线性化。信息切分（segmentation），即把一个大的场景切分为可以表达的诸如事件、过程等较小的单元；信息选择，即选择表达哪些内容；信息建构（structuring），即指根据语言规则和使用偏好建构语言表达信息；信息排序（linearization）指说话人以合适的语序表达信息。前两个过程相当于 Levelt（1989）的宏观规划（macro-planning），后两个过程相当于微观规划（mircoplanning）。

由于不同语言在概念种类或概念结构上存在差异（Lucy 1992），其各自的概念化模式也存在各种不同（Slobin 1991）。学习一种新的语言就意味着学习不同的概念化方式（Jarvis & Pavlenko 2008：150）。

三、概念重构

已有文献从不同视角定义和解释重构和概念重构。如《朗曼语言教学和应用语言学词典》把重构定义为“在语言习得中，新形式融入学习者的语言系统，从而触发学习者语言系统的重组”（Richards & Schmidt 2010：497-498）。Pavlenko（2011：246）把概念重构（或称为认知重构）定义为“说话人认知范畴子集的语言范畴发生的变化”，“根据目标语言范畴的约束重新调整范畴结构和边界”（Pavlenko 2014：304）。

Schmiedtová（2013：90）指出，成功地习得目标语的概念偏好即为概念重构。重构意味着修改（modify）、重组（re-organize）甚至完全改变通过母语建立起来的业已内化的认知表征的能力。重构能力是学习新的语言知识的结果，它发生在所有语言领域，包括语音、词汇、语法、句法。她认为，语言水平接近目标语母语者、语言使用的自动化程度非常高是重构完成的标记（Schmiedtová 2011：148）。该作者之所以关注高水平学习者，是因为他们已经掌握了丰富的词汇语法知识，习得的主要任务已转变为目标语的概念性知识。相比之下，语言熟练程度较低的中级或初级学习者尚未掌握二语词汇、语法知识，仍完全依赖母语概念，通常不会尝试使用目标语的概念模式。我们认为，随着语言输入量的积累、语言接触机会的增加以及教学效果的逐步显现，系统性的概念重构一定发生在高水平学习阶段，但这并不意味着概念重构在其他学习阶段没有发生。概念重构可以在语言学习的任何阶段、语言的任何维度发生，只不过对初级、中级学习者而言，这种重构的难度更大，可能性更低而已。基于上面的分析，我们认为，概念重构是指在语言、副语言和非言语三个层面修改、重组甚至完全改变通过母语建构起来的内化了的认知表征的能力，在概念系统和认知模式维度均习得了目标语的概念偏好。概念重构具有层级性、动态性、不完整性、长期性等特点。

第二节　外语环境下的概念重构

本书在讨论概念重构时，主要是关注一语（即母语）环境下英语学习者头脑中的概念系统在某些认知域呈现何种特点，存在哪些方面的重构。因此我们尝试用图 1-1 来表示在以一语环境下的概念系统为背景的情况下，一语概念系统（即图 1-1 中的一语词汇、结构概念系统）与二语概念系统（即图 1-1 中二语词汇、结构概念系统）的关系以及二语概念系统发生重构的路径。对于二语概念系统如何影响到一语概念系统的调整与重构问题（参考 Pavlenko 2009），本书暂未涉及。

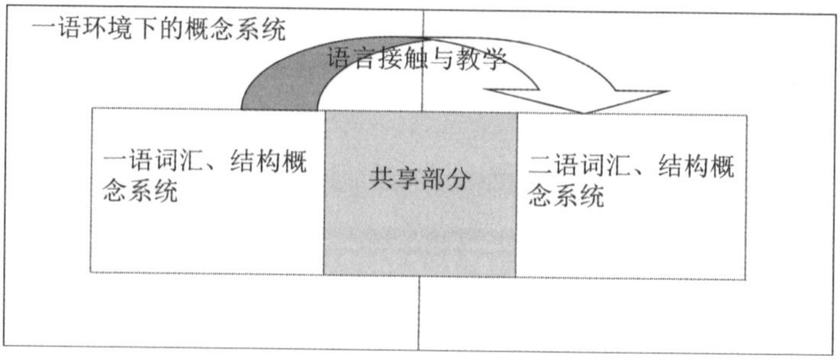

图 1-1　一语环境下的二语学习者概念重构

首先需要阐明的是一语环境下的概念系统与一语概念系统（即一语词汇、结构概念系统）的区别。由概念组合而成的概念系统是人们认识与表征外部世界的一种方法，其范围要远远大于语言所能表征出来的概念系统(Dirven & Verspoor 2004)。具体来说，人类将感知的经验世界概念化，形成了概念及相关范畴，但是仅有部分概念通过语言形式得以表征，概念也因此被视为语言意义的核心部分。

进入语言编码并被习得者所掌握的概念大致可以分为两个类别：词汇概念和结构概念（或语法概念）。与心理学家谈论的且无法用语言表征的概念不同，词汇概念具有特定的语言表达形式，即可以通过语言外壳呈现出来。从另一个角度看，在认知语法中，正是语言表达背后的概念构成了该语言单位的语义值。结构概念则是能将多个词汇概念连接起来形成一定结构关系的概念。比如，通过英语介词表达的空间方位关系概念就是一种典型的结构概念，对介词意义的阐释就离不开对射体和界标的说明，因此空间关系也构成了跨语言概念迁移（conceptual transfer）与重构研究的一个重要领域(Javis & Pavlenko 2008)。

其次，一语概念系统与二语概念系统的关系也是图 1-1 重点呈现的内容。Jackendoff（1983）曾提出，人类的概念系统具有普遍意义。人们可以学会一门、甚至多门外语，利用学会的外语和他人进行交际，这就说明概念系统具有一定的普遍性。说不同语言的人可以围绕衣食住行、情感态度、文化艺术进行交流也说明了这一点。因此，图 1-1 中的一语概念系统和二语概念系统具有一定的共享部分。比如，英汉语言中的动作施受关系、致使运动关系具有比较突出的共性，可以分别用事件结构概念和致使运动结构概念来统一进行描述和解释。对于概念迁移或重构研究而言，两种或多种语言概念系统的共性仍是学界需要长期进行研究的话题。

一语概念系统与二语概念系统的关系中，因为概念系统的差异而需要通过语言接触或（和）语言教学来实现概念重构，可能是更受学界关注的话题。这种差异既表现在概念范围、类型、框架等方面，也存在概念系统的层级性上。比如，英语中的词汇概念“电影（film，movie)”突显的是胶片材料以及画面的动感，而汉语的对应概念则是强调视觉效果。同样，上文提及的致使移动结构概念在一语向二语的概念迁移中对概念重构产生何种影响，也正是本书关注的重点对象。

总之，图 1-1 所示的概念重构的各种因素与关系，仅起抛砖引玉的作用，还需要从事语言习得的学界同仁进行持续的研究，也需要考虑结合认知心理、认知神经、语言发展等领域进行更为深入细致的探究。

第三节　研究动机与意义

长期以来，作为在外语环境下完成外语学习过程的亲历者和见证者，我们发现即使在语言学习的高级阶段仍广泛存在各种表达不自然不地道现象（Schmiedtová et al. 2011；姜孟 2006；姜孟、周清 2015）。这种不地道并不是词汇、语法等显性表层形式方面的不准确，而是因概念性知识方面的欠缺在连续表达过程中所表现出的“非母语感”（non-nativeness）（Schmiedtová et al. 2011：66）。由于每种语言都以一种特有的方式或视角来描述特定事件，且儿童很早就习得了这种母语表达习惯，习得后重构难度很大。因此，在大多数情况下，二语学习者会选择一种最符合他们母语特征的描述，从而直接影响话语信息的选择和建构。随着语言水平的提高，学习者会逐步意识到两种语言内在的隐性差异，并开始注意目标语中特有的信息选择和表达方式，最终形成高度自动化的使用习惯和偏好，完成概念重构过程。那么，从这个层面来看，二语学习到底意味着什么？Schmiedtová（2011，2013）认为，对高水平的学习者而言，这很大程度上意味着概念性知识的学习。任何类型的概念性知识都是第二语言中需要掌握的最复杂的领域，它反映了该语言的使用偏好。二语学习的终极目标是“重构主要以母语为基础的概念系统”（Han 2008：74），掌握第二语言中的概念性知识，能像母语者一样用特定语言进行“思考”。这种使用偏好和思考习惯限定了语言表达时所选择的特定视角与信息组织模式以及与之匹配的语言形式。这也解释了为什么概念偏好的习得对学习者是一个长期而又艰辛的挑战。

正是基于对中国外语背景下现实问题的思考和对 Han & Cadierno（2010）所提出的相关研究问题的回应，我们着手准备了前期研究工作。对已有文献的梳理发现，尽管相关研究领域已成为国际研究热点，二语习得中的概念重构问题尚未得到应有的重视（Cadierno 2004）。此外，对于学习者是否能够、在多大程度上能够重构二语的概念系统，已有证据不足，结论矛盾（Schmiedtová 2011，2013）。一些研究发现母语特征及思维方式对二语的影响程度有限；高水平学习者能“重新训练”他们的思维方式，能够重构二语“形式—意义”的匹配特征并逐步习得二语的概念偏好。这些证据来自对颜色词的研究（如 Athanasopoulos 2009）、命名与范畴化（如 Athanasopoulos 2006，2007；Cook et al. 2006）、运动事件（如 Cadierno 2004，2008；Cadierno & Ruiz 2006）等多个研究领域。另外一些研究结论则不支持上述论断。比如，有研究发现高水平学习者仍很难习得篇章组织与时间表达等所需的目标语概念知识（如 Carroll & Lambert 2008 等）。对同一问题的研究，结论也不尽相同。Navarro & Nicoladis（2005）发现学习者能运用二语的叙述风格表达运动事件。而 Hendriks & Hickmann（2011）发现学习者“受母语系统的强烈影响”，且“很难改变，需要进行认知重构”；Ellis（2003）认为英语复数形式容易习得，而 Han（2010）的历时研究发现，高水平学习者仍很难重构英语的数概念，必须经过长时间的概念学习才能达到习得的目的。对国内的文献回顾发现，相对于国外已开展的研究，国内研究量少、面窄、缺乏系统性（已有研究如李锡江、刘永兵 2020；马春玲、蔡金亭 2016；马拯 2015；许家金、刘霞 2014；徐庆利、刘振前、蔡金亭 2014；曾永红、白解红 2013b 等），无法确切回答中国学习者重构英语概念系统的问题。总之，迄今为止，关于学习者是否有能力重构他们的概念系统，争论还远远没有结束（Treffers-Daller & Tidball 2015）。

从教学的层面出发，如何帮助学习者重建二语的概念系统是一个系统性的问题。Negueruela（2006：81）认为，“认知和语言活动是相互联系的，学习第二语言不仅是学习新形式的问题，也要内化新的或重构已经存在的概念”。Pavlenko（2009：154）对此提出了一些原则性的建议。比如，教学应突出相似和不同的领域，并有助于概念重组；教学应包括意识强化型活动，如解释、讨论和练习之类的，用于向学习者介绍跨语言差异。随着认知语言学和社会文化理论的发展，国内外学者认为可以在认知框架内开展语言间的显性对比（Littlemore 2009，2011；文秋芳 2013，2014，2015），并提出了一些富有特色的教学假设或教学流派，如“认知比较假设”（文秋芳 2015）和概念型教学法（Lantolf 2000，2011）。认知比较假设强调显性认知比较的必要性；概念型教学采用显性教学，将语言概念作为外语教学的基本单位，将全面系统的科学概念知识作为主要教学内容。同时，由于母语概念系统潜移默化着第二语言的学习（Slobin 2003），只有通过有意识的比较和教学，学习者才有可能注意到语言概念系统的差异。因此，对于概念上很复杂，而且极具挑战性的语法项目（Celce-Murcia & Larsen-Freeman 1999），新方法的运用，如“产出导向法”（文秋芳 2015，2016，2017，2020）、“续论”（王初明 2015，2016，2017）以及与已有方法的结合都将为概念教学提供新的思路。对教师而言，尝试探讨不同教学方法的运用对概念重构的影响，帮助学生逐步建构目标语的概念体系，对促使学习者重构以母语概念为基础的概念系统尤为重要。

关于概念知识的测试，Pavlenko（2008：151）建议，“二语研究者不应混淆显性和隐性知识，而应采用能够测量学习者隐性概念知识的任务或方法”。关于隐性知识的测试，常用方法有多种，包括口语测试或口头叙事、限时合乎语法性判断法和口头诱导模仿法等类型。Ellis（1994）认为交际性任务是测试隐性知识的最可靠方式，但需限定话题或选择合适的话题，从而确保目标结构的顺利产出。同时，口语测试还因为转写过于耗时，实证研究中使用情况并不普遍。限时合乎语法性判断（timed grammaticality judgment test）因数据收集的便捷程度较高，使用较为频繁。测试时受试受时间的限制，往往会更多利用隐性知识对目标句做出判断。但戴曼纯（2000）建议，由于合乎语法性判断测试依赖直觉判断，本身存在一定的问题，应在实验中谨慎使用。具有重构特征的诱导模仿法能较为有效地测试学习者的隐性语言知识（Ellis 2005，2009；Erlam 2006，2009；Mystkowska-Wiertelak 2011），是一种实用性强、实施相对简单、评分比较容易的测试方法。

本书基于认知语言学基础理论和语言相对论，尤其是语言与思维关系假说等理论成果，以解决语言教学中的实际问题，这是国际主流学者与期刊近来关注的重要议题之一，理应成为国内相关学科研究的重点话题。本书研究的意义主要在于：

本书着重探讨中国英语学习者是否能够、在多大程度上能够重构英语的概念系统，是国内为数不多基于认知语言学理论和语言相对论等所开展的实证研究。课题较为系统地梳理了概念重构研究的现状，并以此为基础调查了中国英语学习者在运动事件、人物指称、有定性（定冠词）等维度的重构情况，试图进一步揭示外语环境下概念重构的可能性。成果拓展和丰富了已有研究维度和研究视角，能在一定程度上推动外语环境下外语概念能力的多维研究。

研究中国英语学习者对英语概念系统的习得状况也为针对学习者所面临的困难在英语教学中开展补救性教学提供了理论准备和实证支持。本书由此较为系统地探讨了中国英语学习者是否能够通过“重新训练”注意二语输入中的特定细节并学会重构已内化的概念表征，摒弃以教为中心的单向知识传授，坚持教学方法和教学手段的“动态权衡观”（葛天爽 2019），尝试综合运用不同方法的优点，优化学习体验过程，提升概念学习效果，较为系统地探讨了外语环境下不同教学方式对概念重构的影响；同时，对外语环境下的语法概念测试进行了创新式变革，为国内隐性语法知识的测试提供了一种可行性强的选项。成果将进一步促进外语概念能力的教学和测试研究与实践。

本书将进一步促进应用认知语言学在国内的发展，为相关基础研究和教学的开展提供理论和方法指引。

第四节 研究目的与研究问题

本书基于认知语言学的基础理论和 Slobin（1996a）提出的“Thinking for Speaking”假说，立足语言层面，采用定量为主、定性为辅的方式，致力考察中高级水平中国英语学习者在不同语言维度概念重构的程度，以及不同教学方法的应用对中低级水平英语学习者重构路径或效果的影响。此外，由于常用于概念重构测试方法的口头叙事或口试等方法存在一些无法克服的弊端，费时低效，尝试开发或验证新的测试手段尤为必要。这些测试方法既要具备原有方法可测试隐性知识的长处，又要具备方便快捷、可操作性强的特点。之所以针对中高水平的学习者考察重构的程度，主要是考虑如果他们的语言表达趋向接近目标语母语者水平，则说明现有的课堂教学已经达到目的，不需要再刻意进行教学干预；反之，如果重构效果不理想，则需要考虑是否可以在较低水平阶段实施特定的教学行为，以加深对重构路径的认识。本书主要研究问题如下：

（1）二语习得中可以多大程度上重构以母语为基础的概念系统？

（2）不同教学方法对概念重构产生何种影响？

（3）口头诱导模仿法用于概念隐性知识测试的可行性如何？

第五节　主要内容

为回应学者们对概念重构所提出的问题，本书从二语习得中的概念重构、教学对重构的影响以及测试手段的探讨三个维度出发，考察外语学习环境下概念重构的可能性。

本书除导论、结果与启示之外共分四个主要部分。导论部分主要介绍了所涉及的几个常用概念，报告了研究动机和意义，并略述了主要研究内容。第一部分为研究概述，包括两章内容：二语习得中的概念重构研究：现状与展望；语言相对论及其研究进展。“二语习得中的概念重构研究：现状与展望”部分从多角度讨论了概念重构的定义，以及概念重构的主要特点，分析了影响概念重构的因素与概念重构的路径，并从理论研究、运动事件研究、人物指称研究等维度概述了概念重构研究的主要进展。本章还基于已有研究的局限性在研究内容、研究方法、研究对象等方面提出了有针对性的研究建议。“语言相对论及其研究进展”阐述了语言相对论的基本内容，并从研究对象、研究方法和研究领域三个维度报告了语言相对论研究的进展。

第二部分为语言习得中的概念重构。第四章、第五章分别从运动动词的使用特点、运动背景的描述等维度考察英语自我运动事件和致使运动事件表达的重构情况。第六章从引入、维持和再引入人物三个维度考察人物指称的习得情况，以考察英语学习者人物指称表达的重构特征，尤其是代词使用和名词回指的问题，以及人物指称显化的问题。第七章涉及定冠词非类指用法的习得，具体考察学习者在使用定冠词非类指用法时的必要用法缺失和过度使用情况，考察汉语母语思维方式对中国学生的冠词习得的影响，并同时关注这两种现象与学习者水平之间的关系。

第三部分为教学对概念重构的影响。第八章聚焦中国英语学习者运动事件表达的困难，运用概念型教学法开展补救性教学，考察该方法对中级水平学习者英语运动事件表达重构的影响。第九章探讨数据驱动学习对中级水平学习者英语运动事件习得的影响。第十章探讨显性隐性教学方式对中级水平学习者英语人物指称系统的教学效果，重点考察教学对学习者人物指称策略的使用影响以及人物指称的过度显化问题。第十一章在上一章的基础上，探讨了文本强化对学习者回指释义的影响，同时也考察了回指释义和阅读理解能力的关系。

第四部分为概念测试方法研究。第十二章运用目标结构语法性不同的口头诱导模仿卷，测试学习者英语语法知识的内化程度，揭示了目标结构的语法性对学习者隐性语法知识的影响程度，分析了隐性语法知识和英语水平的关系，为英语语法概念隐性知识测试提供了本土化方案。在上一章的基础上，第十三章优化了分组方式和用于测试的口头诱导模仿法，探讨了目标结构的语法性类型（正/误）及结构类型（词法/句法）对中国英语学习者隐性语法知识的影响程度，验证了在外语学习环境下口头诱导模仿法用于测试隐性语法知识的可行性，为更好地测量教学对概念重构的影响奠定了基础。

结语部分简要报告了本书的主要研究发现，概述了研究的理论价值和教学启示，回顾了研究的局限性，展望了相关研究的研究动向。

第二章
二语习得中的概念重构研究：现状与展望

成人第二语言习得的最后前沿阵地，最可能的代表是概念知识。即语言水平接近于目标语，学会像母语者一样“思考”。任何类型的概念性知识，除语音之外，似乎都是外语学习中最具挑战性的领域，它不仅要求学习者掌握大量的词汇，还要求掌握非常好的第二语言语法系统（Schmiedtová 2013：87）。

研究表明，概念知识反映了该语言的思维习惯和概念偏好（conceptual preferences），是语言知识中最为复杂、最难习得的内容（Schmiedtová 2011）。由于不同的使用习惯可以共存于同一个系统，不同的语言使用者可以按各自所“喜欢的说话方式”（Whorf 1956：158）进行语言交际。这种概念偏好在幼儿期已经习得、自动化，成为习惯（Schmiedtová 2013：88），如运动事件（Choi & Bowerman 1991），且习得后“抵制重构”（resistant to restructuring）（Slobin 1996a：89），那么二语学习就意味着重新学习另外一种思维方式（Stam 1998），学会关注语言输入中的特定细节以及典型的表达方式。这给外语学习者带来很大挑战；即使是中高水平的学习者，其语言表达中往往因为不了解目标语的概念体系而存在大量的隐性不地道现象（姜孟 2006）。因此，学习者需要经过重新训练逐步重构母语的概念系统。

那么，学习者是否可以，在多大程度上可以习得二语的在线思维方式？这种学习在多大程度上受到母语思维方式的影响？本章拟在已有研究的基础上初步梳理二语学习过程中概念重构的特点、影响重构的因素以及概念重构的路径，并以运动事件、人物指称等维度为例探讨了概念重构的效果，也针对现存的问题提出了今后研究的思路。

第一节　概念重构及其特点

本节试图从已有的文献梳理中回答两个问题：什么是概念重构？概念重构有何特点？

已有文献从不同视角定义和解释重构和概念重构。Richards & Schmidt（2010：497-498）认为，重构意指“在语言习得中，新形式融入学习者的语言系统，从而触发学习者语言系统的重组”。从信息处理的角度来看，当学习者习得复杂的技能时，他们会创造新的心理结构来适应他们习得的新知识。随着学习的进行，这需要学习者重组已经习得的知识，以便能够更有效地使用它。复杂的技能，例如涉及语言学习的技能，不仅需要知识和程序的自动化，而且需要将信息重组作为语言学习的中心过程。Schmiedtová（2013：90）指出，“重构是指学习者已成功习得了目标语的概念偏好，是指修改（modify）、重组（re-organize）甚至完全改变通过母语建构起来的内化了的认知表征的能力”。重构能力是学习新的语言知识的结果，它发生在所有的语言学领域（例如，语音、词汇、语法、句法等等）。

有学者认为，概念重构，又称认知重构，是指“说话人认知范畴子集的语言范畴发生的变化”（Pavlenko 2011：246），重构完成的标志是学习者可以“根据目标语言范畴的约束重新调整范畴结构和边界”（Pavlenko 2014：304），“能够根据语言的特定限制条件进行语言表达”（Pavlenko 2009：138）。也就是说，语言水平越接近目标语母语者，语言使用自动化程度越高，概念重构过程接近完成（Schmiedtová 2011）。

Pavlenko（2011：246-248）发现，双语学习者所经历的认知转换过程一般包括以下几个先后或同时发生的阶段：母语和目标语概念系统共存期（co-existence），学习者依据各自语言的限制条件进行表达；母语影响期（thinking in L1 for speaking in L2），即母语的认知模式，包括母语的语言范畴、参照框架和使用偏好等，对二语学习产生影响；这是所有阶段中最为常见的阶段；聚合期（convergence），指两种语言认知模式发生聚合，学习者产出的语言异于母语和目标语，出现两种不同现象共存的情况：正在进行中的重构（ongoing restructuring）与语言范畴的内化；重构期（restructuring），目标语影响加深，母语影响减弱，学习者的言语及非言语行为逐渐接近目标语人群；内化期（internalization），目标语概念系统，尤其是母语所缺失的概念系统和认知模式得以内化；二语影响期，出现二语概念迁移现象；母语磨蚀期。

从概念重构的角度来看，我们赞同纪瑛琳（2019：16）的做法，即二语认知模式的转换经历共存期、母语影响期、聚合期、内化期和重构期五个主要过程。概念系统内化是认知模式重构完成的标志。基于上述分析，我们认为，概念重构具有层级性、动态性、长期性等特点。

概念重构的层级性，是指概念重构涉及语言、副语言和非言语三个层次的发展变化过程，即涉及从语言表层形式到认知模式多个层级的重组。重构可以是词汇层面的，可以是语法、语义、语篇层面的，也可以是手语、伴语手势的运用、分类方式的选择和思维模式的转换。二语学习者首先需要重构概念表征，以便根据目的语的语言约束条件对物体、事件和现象进行分类。成功的重构在语言层面表现为语言表达的准确度，在心理认知层面表现为认知模式的调整和重塑。同时，概念重构可能发生在多个领域，包括人称、时态、语态、物体分类、情感词和日常生活等等（Jarvis & Pavlenko 2008：160）。已有研究证实，概念重构发生的证据可以从上述三个层面找到。

概念重构的动态性，是指概念重构是一个渐进的过程，通常情况下，学习者一般会经历部分重构的过程，如部分修正已有的以语言为中介的概念范畴，随着语言接触机会的增加，学习者的使用偏好逐步接近母语者直至完全重构的完成。Pavlenko（2009，2014）的研究显示，与目标语言及文化的大量接触可能首先导致不稳定现象（destabilization）的出现，这种情况“在说话者偏离第一语言模式以适应或接近第二语言的不同模式的情况下可以看到”（Pavlenko 2014：304）。随之而来的是母语的概念重构，即“根据目标语言范畴的约束重新调整范畴结构和边界”，以及概念发展，意指“新的多模态表征的发展，使说话人能把新词与类似于目标语母语者使用的真实世界的参照物匹配起来”（Pavlenko 2009：141）。Pavlenko（2009）认为，成功的概念重构使说话人能按照语言所特有的限制条件进行理解和表达，但新语言范畴的概念重构和概念发展是一个动态变化的过程。

概念重构的长期性，是指概念重构受多因素的影响，进程缓慢，需经历一个长期艰难的过程。Han & Lew（2012）甚至认为二语者概念重组之艰难是导致二语习得石化的一个重要因素。

上述分析表明，概念重构是一个复杂的认知过程，学习者须在语言、副语言和非言语三个层面修改、重组甚至完全改变通过母语建构起来的内化了的认知表征，在概念系统和认知模式等维度上习得了二语的概念偏好，完成或接近完成二语概念流利目标。

第二节 概念重构的影响因素

概念重构作为一个动态的、语境敏感的渐进过程，受多重因素的影响。已有研究结果表明，对于不同维度的概念，其重构程度存在差异，导致这些差异的原因各异。Jarvis & Pavlenko（2008）认为，概念的发展受四个因素的影响：概念编码的语言透明度（degree of linguistic transparency）、语言输入中的概念突显度（concept salience）或特定的词汇化或语法化概念在言语中出现的频率，以及学习者能够将它映射到他们的感官知觉环境中的程度、交际活动中的参与度（participation in communicative practices）以及学习者的能动性（learners' agency）。

在上述论证的基础上，Jarvis & Pavlenko（2008）进一步梳理了三类影响重构的关键因素，分别为个体因素、互动因素、语言和心理语言因素。其中个体因素包括学习环境、学习时长与语言接触量、语言优势和语言水平（language dominance and proficiency）、有关领域的专门知识、对目标语社区的文化适应程度。为了重构已有的概念表征或形成新的概念表征，二语学习者需要参与目标语言社区的交际活动，以学会注意新概念的特征和不同。互动因素包括语言互动的语境和会话者的语言和社会地位。语言和心理语言因素则包括概念可比性或概念之间的关联程度、编码类型。就词汇化的概念而言，语言和文化方面的概念可能最容易内化；就语法化的概念而言，语言和文化方面的特定概念，如性和数，可能最难习得。即便是最常见的家用物品，非母语者的表现也不如母语者（Malt & Sloman 2003）。

此外，影响二语重构的因素还包括起始年龄（Kersten et al. 2010）、二语使用频率（Athanasopoulos et al. 2011；Bylund & Athanasopoulos 2014）、语际差异（Cadierno 2010；马春玲、蔡金亭 2016）、目标结构的突显程度（李锡江、刘永兵 2020）、目的国生活时间（Andria & Serrano 2017）等。

除上述因素外，已有研究所报告的概念重构的程度还可能受到测试任务和研究方法等多重因素的影响。比如，语言与非语言任务、分类和命名任务等测试任务或研究方法的使用导致结果不一致（Schmiedtová 2013）；所测试领域的复杂程度影响结果的一致性，比如，有以颜色、物体分类等以词汇为基础的研究领域，也有以句法结构为基础的研究领域，如运动事件、时间等；也与测试对象的语言水平有关（Athanasopoulos 2006；Pavlenko & Malt 2011；Hartanto & Suárez 2016）等等。即使是测试相同的目标概念，也受测试工具和评价标准的限制无法得出一致的结论。

诚然，上述因素对重构母语中的概念系统产生了至关重要的作用。对中国英语学习者而言，外语学习环境、教师的教学、语言类型上的系统性差异以及测试方式的选择可能是影响重构效果的关键因素。外语学习环境下学习者投入目标语学习的时长不足，能够接触和应用语言的机会过少，输入输出受限。上述观点得到李锡江、刘永兵（2020）的证实，他们认为，外语学习环境是导致学习者概念重构进展缓慢的原因之一。与外语学习环境密切关联的一个因素是教师的显性教学。显性教学对语言习得有效（Norris & Ortega 2000；Goo et al. 2015；Lee & Choi 2020），但单纯依靠教师的显性教学不利于隐性知识的生成。此外，由于英汉语分属印欧语系和汉藏语系，它们在概念表达方式、语言习惯和语法规则等多维度都存在系统性差异，这种差异对概念重构带来直接的影响。同时，不同的测试方法可能考察不同的知识维度，即便是对同一个维度的考察也可能因测试方式的不同产生不一致的结果。因此，由于影响概念重构的因素众多，即便是高水平学习者，概念重构的任务仍然非常繁重。

第三节　概念重构的路径

由于概念知识是一种使用偏好，最为复杂、最难习得（Schmiedtová 2011），往往给学习者带来很大挑战。已有研究结果表明，二语学习者是否能够完全习得典型的二语行为，结论差异较大；关于母语思维方式产生的影响，结果也不一致。有些研究宣称高水平学习者已重新训练自己的认知模式，其概念偏好已逐步转向目标语的使用偏好，完成了部分或全部的重构过程。更多研究证实，学习者需要经过系统训练，或通过有针对性的补救性教学，才能逐步达到重构母语概念系统的目的。

由于外语教学环境下缺失"语境化语言接触"的机会（马拯 2015：76），学习者在语言输入严重不足的情况下，自然习得目标语的概念系统几乎不可能顺利完成，有必要重建概念重构的路径。对外语教育政策制定者而言，如何做好顶层设计，系统梳理目标语言中的常用必备概念，在教学标准和教学指南中明确不同阶段学习者应具备的概念能力，推介适合概念教学的方法策略，并分级分阶段实施，以政策引领逐步推动学习者概念能力的提高。要设置可达成度高的分级概念能力目标，确保学习者能够以系统、有序的方式学习目标语言和文化中固有的概念结构（Danesi 2008：231）。教材编写也应顺应英语课程标准与教学指南关于概念能力的要求，着眼于解决学生学习中的实际困难，重视学习过程，突出方法的引领和策略的应用，引导学生在语境中、在语言互动中习得难度较大的概念。同时，注重设计不同形式的练习，强化并巩固学生所学概念，提高学习者实际运用概念的能力。

在这种背景下，外语教师还需要思考如何通过引领学习者的阅读习惯确保持续、大量的语言输入。外语教师要创造有利条件，利用各种机会，弥补外语学习环境下学习者语言输入严重不足的问题；要通过师生共读、课内课外一体的方式保障英语多模态输入活动的常态化及其效果；教师要改变现阶段仍过度重视语法词汇的教学与读写技能训练的现状，要改变过多依赖显性教学而不是引导学生自主阅读、自主学习的常见做法，使自主、持续、静默阅读成为各阶段学习者外语学习生活中不可或缺的一部分，促使学习者通过语言接触逐步习得必要的概念及其在目标语背景下母语使用者的表达偏好。

即便是在语言接触充分、语言输入常态化的情况下，仅有自然语料的持续输入尚无法解决目标语概念重构的问题（Alghamdi et al. 2019；Treffers-Daller & Calude 2015），除非在此基础上通过“人为设计的任务（contrived tasks）获取聚焦特定概念的语料作为补充”（Han 2010：181）。对于难以通过语言输入完成重构的概念来说，概念层面上的认知对比分析可以帮助学习者有意识地建构目标语的认知方式和概念系统（文秋芳 2014），或者采用“概念驱动的、沉浸式的方法或活动”（Hasko 2010：58），从而有效重构大脑中的概念体系。也就是说，高水平学习者仍需要“持续的教学干预和语言实践”（Hasko 2010：56）。已有相关概念习得的情况也表明，学习者已意识到第二语言与母语在某些概念上的区别，但仍很难注意到这些概念的分布模式与使用特点。学习者不仅要面临将形式映射到意义上的挑战，而且必须在概念网络中按照外语母语者的思维方式与使用习惯“重构一个主要以母语为基础的概念系统”（Han 2008：74）。从这个角度来看，外语教师应“重视概念教学”（刘雪卉、陈亚平 2021：398），“采取明示的教学手段”（谷峪、林正军 2020：99-100），或通过补救性教学有目的地帮助学习者建构目标语的概念系统，加速概念重构的进程。不同教学方法，尤其是各种已被证明为行之有效的方法，如概念型教学法（Lantolf 2011）、产出导向法（文秋芳 2020）、输入加工教学（Laws et al. 2021；VanPatten 2004）、数据驱动学习等，应得到大力推广与应用。

同时，由于单一的方法无法保证教学效果的最大化，单纯使用显性或隐性的教学方式过于机械，不利于发挥不同教学方式的长处。教师应在充分了解不同教学方式的优势和特点的基础上，坚持“动态权衡观”（葛天爽 2019：16），以解决实际教学困难为目的。比如，可以结合概念型教学和产出导向法的优点教授英语运动事件；可以设计显性隐性结合的教学模式，在处理学习者习得难度大、重构困难的语言项目或概念项目时要综合利用显性隐性教学的优势，发挥二者的最大效用，解决重构不足、习得不完整的问题，达到概念流利的目的。

第四节　概念重构研究进展

本节将重点概述有关概念重构的理论研究与主要研究内容维度，包括运动事件和人物指称等维度的研究进展。

一、理论研究

近年来，认知语言学理论研究成果不断应用到第二语言习得和外语教学中，以解释和解决二语习得中的重点问题。基于认知语言学关于语言和语言习得的假设，二语和母语学习者面临相同的任务，都须掌握一套独有的约定俗成的符号表征系统。由于目标语与母语分别代表对现实世界进行释读的不同方式，因此在二语学习过程中，二者一直处于直接竞争的关系。二语习得的过程，就是学习者逐步重构母语的概念系统、学会使用目标语进行思考的过程。

有关语言对思维的影响研究主要有两条不同的研究路径（Bylund & Athanasopoulos 2015）。第一条路径主要基于 Whorf（1956）的语言相对论，考察语言对非言语行为的影响。这类非言语认知行为包括分类、排序、记忆和知觉等（Lucy 1992）。学者们以此为基础进行了一系列研究，其中包括颜色词（如 Regier & Kay 2009）、物体（如 Lucy 1992）、时间（如 Boroditsky et al. 2011）、运动（如 Athanasopoulos & Bylund 2013）。第二条研究路径以 Slobin（1996a）的"Thinking for Speaking"假说为基础，成为国际研究热点（Han & Cadierno 2010；Pavlenko 2011；Treffers-Daller 2012 等）。该假说认为，语言使用者会倾向选择描述他们语言中易于编码的事物或事件特性。也就是说，语言不仅为说话者提供了一个表达经验、事件和思想的框架，还指导说话时如何表达经验、事件和思想（Slobin 1987，1996a）。以该假说为基础的实证研究主要考察学习者的言语行为和伴语行为，包括视觉注意力分配和手势的运用。已有研究表明，不同母语者在信息组织与表达的方式（如 Berman & Slobin 1994；Strömqvist & Verhoeven

2004)、通过手势语表达概念的方式（如 Gullberg et al. 2008）以及口头描述时视觉注意力分配（如 von Stutterheim et al. 2012）等往往都呈现该语言所特有的思维模式。研究初步达成了以下共识：语言创造认知上的某些偏向，且在习得初期就开始影响认知模式；语言促使我们注意现实中的某些方面；每种语言都能表达任何概念，但表达的容易程度存在差异；语言的范畴化方式影响认知过程（束定芳 2012：40-41）。语言学习就是要“学会建立一个概念框架，为选择和锚定上下文中要表达的内容时所需的各种决定提供蓝图（Carroll & von Stutterheim 2002)”，而二语学习则是构建一个新的概念结构和思维方式的过程，即“rethinking for speaking”（Robinson & Ellis 2008：521）。但二语学习受各种因素的影响和制约，能够多大程度上重构以母语为基础的概念系统和思维方式，已有研究取得了丰硕的成果，尤以对运动事件的习得研究最为突出。

二、实证研究：运动事件

从运动事件的研究来看，学习者二语概念重构的程度，已有证据有限，结论不一甚至彼此矛盾（Schmiedtová 2011，2013），争论还远未结束（Treffers-Daller & Tidball 2015）。一些研究（如 Brown & Gullberg 2008；Cadierno 2004，2017；Cadierno & Ruiz 2006；Malt & Sloman 2003；Navarro & Nicoladis 2005；Wolff & Ventura 2009）发现母语特征及思维方式的作用有限；高水平学习者能够“重新训练”自己的认知模式，能够重构二语的概念系统，其语言使用、认知方式都逐步转向目标语者的使用偏好，完成了部分或全部的重构过程。与上述结论相反，Hendriks et al.（2008：36）发现学习者“受母语系统的强烈影响”，且“需要进行认知重构”。学习者继续依赖母语中的概念化模式，在表达二语运动事件时依然存在很大困难。持类似观点的学者还很多（比如 Alghamdi et al. 2019；Athanasopoulos et al. 2015；Brown & Gullberg 2011，2012；Carroll & von Stutterheim 2003；Hendriks et al. 2008；Hendriks & Hickmann 2011，2015；Ji 2019；Larranaga et al. 2011；Park 2020；Park et al. 2022；谷峪、林正军 2020；刘雪卉、陈亚平 2021；许子艳 2013；曾永红、白解红 2013b；曾永红 2017a；朱海燕 2019）。

部分研究表明，中、高水平学习者在学习与其母语类型不同的二语运动事件表达时，母语特征及思维方式对二语的作用影响有限，高水平学习者能重构母语的思维方式。然而，对上述研究的深度梳理并不能得出概念重构已经完成的结论。Cadierno（2004）、Cadierno & Ruiz（2006）的系列文章对比动词框架语言（西班牙语）与卫星框架语言（丹麦语）的使用与习得，考察母语特征与母语思维方式对不同语言类型二语运动事件表达习得的影响。Cadierno（2004）的研究发现，在路径描述上，中高级水平丹麦学习者比西班牙母语者更为复杂详尽，说明二语表达时仍受丹麦语母语思维习惯的影响。同时，该研究并未证实丹麦学习者更注重动作的动态性而不是静态场景的描述，也未能证明他们能合并运动方式和路径。Cadierno & Ruiz（2006）发现，在方式运动动词的使用量和方式运动的替代手段（如从属方式从句和方式状语）的使用方面，母语为丹麦语和意大利语的西班牙语高水平学习者没有显著差异。作者认为，上述结果"似乎支持该观点，即母语思维对成人语言学习者的作用相当有限"（Cadierno & Ruiz 2006：207）。在语言习得的初级和中级阶段，母语思维模式的影响可能更强，但随着习得过程的推进，这种影响会逐步消失。研究也发现，丹麦学习者使用的路径表达数量明显高于意大利学习组和西班牙母语组，并且倾向于产出不合语法的结构。该结果可能与母语和目标语路径编码的类型学差异有关，亦即母语的使用偏好仍在潜移默化着二语学习的全过程。Navarro & Nicoladis（2005）发现母语为英语的西班牙语高水平学习者更喜欢使用路径动词而不是方式动词，开始接近母语使用者的用法习惯。然而，这一结论并不令人信服，因为西班牙语中的方式与路径动词的数量相当有限，因此即使是学习者注意到了这种情况，也会自动限制他们编码方式的自由选择（Hasko 2010：39）。由于英语学习者倾向选择在运动动词后插入路径小品词，与西班牙母语者使用动词表达路径的习惯相背离，说明学习者仍受母语思维方式的影响，重构过程没有完成。

另一方面，更多研究结论明确支持母语思维方式的影响。Cadierno（2010）调查了母语分别为西班牙语、德语和俄语的三组中低水平丹麦语学习者跨界运动事件表达的习得情况，发现德语组和俄语组比西班牙语组更接近于母语者的水平，但三组学习者都没有完全重构丹麦语的表达习惯和思维模式。该结果异于 Cadierno（2004）、Cadierno & Ruiz（2006）和 Navarro &

Nicoladis（2005）等学者所声称的研究发现。作者认为，卫星框架语和动词框架语运动事件语义要素的不同突显度可能是导致该差异的重要原因。结果表明，母语确实影响二语运动事件表达的习得，尤其是在学习不同于自己母语类型的另外一种语言的时候更是如此。对中低水平的学习者而言，他们“可能不会去找寻该语言特有的视角，相反，他们可能会寻找保持自己母语视角的语言工具（linguistic tools）”（Kellerman 1995：141）。

Hasko（2010）测试了母语为英语的高水平俄语学习者（非）单向运动动词的使用频率、使用语境以及词汇化模式。俄语运动动词的特殊性使学习者必须注意到、区分好单向和非单向运动事件，并在表达时对其进行显性编码。研究发现，学习者过度使用非单向动词，且单向动词和非单向动词的使用方式不符合俄语的使用偏好；学习者未能感知和表达运动动词固有的单向性特征，在口头叙述中使用单向和非单向运动动词标记测试中的运动场景。上述结果表明，学习者缺失单向运动系统性的概念建构，很难完全适应俄语的思维方式。由此可见，思维模式的转换对二语学习者而言并不容易，特别是当这种模式涉及表达母语和目标语中明显不同的概念域时（Hasko 2010：56）。

此外，Hendriks et al.（2008）与 Hendriks & Hickmann（2011）选择话语信息组织视角，分析了英国学生习得法语自我运动和致使运动事件的情况。研究发现，在法语致使运动事件表达中，英国学生“需要进行认知重构”（Hendriks et al. 2008：36）。在表达自我运动时，母语思维方式的影响依然明显。许子艳（2013）发现，高水平者比中级水平者所使用方式动词更为丰富，更富于变化，能使用一些细粒度的低频率方式动词，但组间没有显著差异。许文认为，高水平者仍很难习得英语细粒度方式动词。曾永红、白解红（2013b）发现英语学习者仅使用有限的基本层级运动动词，背景信息使用不足，较少选择事件合并方式，关注事件发生的场景与事件终点；与英语母语者差异显著。朱海燕（2019）探讨了汉语母语如何影响英语学习者运动方式句型选择和方式动词使用。研究发现，低水平者偏好使用松散句和描述性语言，多选择粗粒度方式动词和细粒度副词描述具体运动方式；高水平者偏好使用紧凑句和松散句以及细粒度方式动词，但仍使用描述性语言或错误地变换细粒度动词的词性。表明母语思维影响英语运动方式的习得，但影响程度随英语水平的提高而减少。作者认为，母语对中国不同水平学习者的英语学习产生根深蒂固的影响，并不会随英语水平的提高而消失。谷峪、林正军（2020）考察了中国英语学习者运动事件编码的修辞风格特征，发现学习者在构式和附加语选用两个维度上均呈现汉语静态修辞风格特征，受母语在线思维的干扰与影响。由此可见，概念重构的过程漫长而艰难，如果没有特定的教学干预或学习指导，学习者很难完成重构任务。

与 Cadierno & Ruiz（2006）等多数研究不同的是，Schmiedtová（2011，2013）利用语言和非言语手段结合的方式，在语言和认知模式两个层面考察概念重构的程度。Schmiedtová（2011，2013）认为，任何类型的概念性知识都是第二语言学习者需要掌握的最复杂的领域，它反映了该语言的思维习惯和概念偏好。因此，对二语学习者而言，其学习的终极目标是习得第二语言中的概念性知识，能像母语者一样用第二语言进行“思考”。这也充分解释了概念偏好的习得对成人学习者来说是一个长期而又艰辛的过程。为了验证上述假设，Schmiedtová（2011，2013）开展了系列研究。Schmiedtová（2011）以母语为捷克语和俄语的高水平德语学习者为对象，调查了语言表达、注意力分配以及记忆三个维度语法形式对运动事件识解的作用。研究发现，高水平学习者能够成功地学会必要的语言形式及其功能，但似乎无法成功地将这些形式与目标语事件识解所需的原则匹配起来。也就是说，对于接近母语者水平的二语学习者来说，其概念知识似乎抵制向目标语言进行概念转变。说明即使是高水平学习者，二语概念重构仍相当有限。Schmiedtová（2013）以母语为捷克语的高水平英语和德语学习者为研究对象，考察他们运动事件认知模式的转换情况。捷克语和德语运动事件编码选择偏好相同，即采用整体性视角，而英语采用阶段性视角描述运动事件。所得结果与 Schmiedtová（2011）类似，高水平学习者仅能完成有限的概念系统重构。刘雪卉、陈亚平（2021）的研究发现类似。该研究利用图片故事描述和视频相似性判断任务，考察了不同水平学习者英语运动事件表达方式和概念模式。研究发现，学习者的表达方式和概念模式介于汉、英语之间；低水平学习者概念模式以母语概念为主导，而高水平学生则偏向英语本族语者。

从手势语的考察情况来看，研究发现，即使是高水平学习者仍有时严重依赖母语的手势语习惯（如 Kellerman & Van Hoof 2003；Negueruela et al.

2004；Stam 2006，2008，2010），受母语思维方式的影响。Kellerman & Van Hoof（2003）的研究考察了母语为荷兰语、西班牙语和英语的三组受试伴语手势的运用，发现学习者仍受源语概念系统的影响。Negueruela et al.（2004）考察了母语为英语的西班牙语学习者二语语言和手势语的使用情况，发现学习者在描述方式非常丰富的运动场景时并没有受母语方式编码习惯的影响，而是遵循了目标语所习惯的表达偏好。但是对学习者手势语的分析得出不同的结果，学习者在词汇选择上出现犹豫乃至停顿现象，依赖怪异的迂回表达方式，且仍然通过具有母语典型特征的手势语来标记运动方式。研究表明，词汇化模式的异同对二语学习者的影响显而易见。Stam（2006，2008）的系列研究调查了学习者伴语手势出现的频率、路径表达的语言手段以及语言和手势的互动关系，发现学习者在语言表达和手势运用方面都呈现发展趋势，但其二语思维模式为源语（西班牙语）和目标语（英语）的混合体。与上述研究不同的是，Stam（2010）采用了历时研究的范式，考察了一位高水平英语学习者思维模式的变化过程。分析显示，学习者的英语路径表达发生了改变，由原来使用卫星成分和路径动词表达路径信息改变为只使用卫星成分表达路径，思维模式上趋近英语母语者；但在方式表达上没有变化。从手势语的使用来看，方式表达也没有变化；但用于表达路径信息的手势语发生了改变，并明显受目标语概念系统的影响。进一步说明二语思维模式的建构是一个动态的过程，随时间的变化而发生改变（Han 2008）。

综上，有关运动事件的研究证实，不同水平的学习者受母语影响的程度不一。较低水平的学习者很难摆脱母语概念系统的影响，而高水平学习者似乎能够逐步重构二语运动事件的概念系统，其认知方式逐步接近目标语的使用偏好，形成了一套特有的中介语概念系统，但距离完全习得目标语的概念系统和思维模式仍有相当的距离。高水平学习者仍难以完成习得所需的概念知识（如 Carroll & Lambert 2003），难以完成重构的过程。

三、实证研究：其他维度

除运动事件研究外，相关研究还涉及颜色词研究（如 Athanasopoulos 2009）、命名与范畴化（如 Athanasopoulos 2006；Cook et al. 2006）、空间关系（如 Coventry et al. 2010，2011）、时间（如 von Stutterheim 2003）、

时体（如 Bardovi-Harlig 2000）、复数标记（如 Athanasopoulos 2006）、冠词（如 Han 2010）以及人物指称（如许家金、刘霞 2014）等不同维度。

Pavlenko & Malt（2011）调查了俄英双语者 cup / chashka 和 glass / stakan 的概念重构问题。英语学习者首先把 cup 和 glass 分别与俄语中已有的 chashka 和 stakan 一一对应，并在学习过程中逐步意识到英语中纸质的、塑料和泡沫塑料的咖啡杯都是 cup 而俄语中使用 stakanchiki（little glasses）表述。这就意味着英语学习者必须重构已有的概念表征，把注意力从物体的形状转向物体的材质特征上来。

与运动事件研究结果相一致，对这些维度的研究也发现，高水平者能够逐步重构二语的概念系统，其认知方式能逐步接近目标语的使用偏好，部分甚至全部完成了重构过程。与此同时，更多研究发现，即便是高水平学习者，仍难以习得所需概念知识（如 Carroll & Lambert 2008），难以完成重构任务。

Ellis（2003）认为英语复数形式容易习得，而 Han（2010）的研究发现，高水平者也要经过概念学习或概念重构才能习得相关用法。Han（2010）的历时研究考察了一名高水平学习者对冠词和复数标记的习得情况。结果发现，冠词使用过程中出现了过度使用、使用不足以及正确使用交织出现的现象，复数标记更多用于量化名词上；上述使用习惯与汉语母语的思维方式一致。说明要完全习得第二语言，概念性学习是促进概念重构的唯一可能途径。

从指称习得的结果看，不同水平学习者大多依赖母语概念系统。Chen & Pan（2009）认为，学习者往往依赖本族语言使用习惯，母语指称表达中的概念性知识对二语学习产生跨语言影响。Kang（2004，2009）发现英语学习者使用了明显的韩语指称策略，常使用指示代词和重复策略，呈现出中介语特征，体现了阶段性习得特点。Serratrice（2007）发现意英双语儿童能选择合适的指称表达，但在维持人物时，英语学习者过多使用名词回指，存在过度显化现象。许家金、刘霞（2014）发现中国英语学习者较多运用名词回指，较少使用代词和零形回指策略，且与人物主次关系和情节复杂程度紧密相关。即使在书面语中，学习者仍存在人物指称过度显化问题。本书第六章发现，英语学习者在引入人物时使用不定名词短语，但所使用的名词详略度不高，对人物细节描写不足。再引入人物时多使用有定名词短语，包括为人物命名。维持人物时较多使用人称代词和零形回指，但代词使用频数较低，总体呈现过度显化问题。结果表明，学习者虽意识到了与目标语的差异，但母语的人物指称策略在隐性影响学习者的口头叙事表达，概念重构的任务尚未完成。上述研究表明，有关人物指称的概念知识重构是一个长期而富有挑战的过程，需要与目标语人群进行长期的互动（Churchill & DuFon 2006）。

此外，相关研究还涉及物体和材料的归类、时空状语语序分布等方面的研究。马春玲、蔡金亭（2016）采用非语言实验材料，对中国大学生简单物体和材质的归类倾向进行了实验研究。结果发现，学习者对物体和物质归类倾向发生了改变，概念表征系统完成了部分调整和重构。李锡江、刘永兵（2020）发现英语学习者时空状语语序分布受母语概念迁移的影响，导致前置过度与后置不足现象的出现。学习者对空间状语的语序习得优于时间状语，在一定程度上克服了母语迁移的干扰。

以上研究领域均发现了积极的部分概念重构证据。学习者部分克服了母语思维模式的影响，并逐步形成了一套特有的中介语概念系统，但离完全习得目标语的概念系统和思维模式仍有相当的距离。上述研究结果在一定程度上支持 Slobin 的“Thinking for Speaking”假说。

第五节 问题与展望

相对于国外已开展的相关研究，国内研究量少、面窄、缺乏系统性，尚无法确切、全面回答中国学习者重构英语概念系统的情况。从研究方法来看，国外研究综合运用多学科研究范式，从语言、伴语手势和非言语三个角度考察概念系统的重构情况。而国内现有研究多运用语言任务，较少采用非语言任务考察概念重构的程度，“缺乏系统的、使用跨学科实验范式的心理认知考察”（纪瑛琳 2019：16）；同时，相关研究以共时研究为主，还缺少有深度的个案追踪研究。从研究对象来看，国外研究主要关注中高级成人学习者，尤其是高水平的双语者和外语学习者。从研究内容维度来看，国外的研究大多集中在颜色词、情感词等词汇概念、时间、空间、运动、指称等主要维度，研究面较广，研究程度较深，尤其在特定维度如运动事件的研究上更是如此。相关研究关注不同语系、各种语言类型以及运动事件的语言表达、伴语手势和非言语行为的考察，涉及运动方式、路径、小品词、背景信息、运动方向性、有界无界、识解视角等等各维度的深度研究。与此相比，国内研究在深度广度上均有明显不足。

有关研究方法，根据 Jarvis & Pavlenko（2008：171-172）建议，相关研究可以基于多学科交叉融合的视角，通过精心设计一系列语言和非言语任务来检测相关概念。比如，命名、诱导叙事等语言任务以及物体分类、感知和记忆等非语言任务。眼动追踪技术可以反映受试注意力分配和识解的视角，也是一个检测概念重构的重要方法。言语和手势语的另一个重要方向是概念重构和发展的追踪研究（Han 2010；Pavlenko 2009；Stam 2010）。研究者可以关注外语或二语环境下不同个体在语言和非语言层面如何改变自己的概念系统和思维模式，充分捕捉不同个体概念变化的全过程。

从研究对象来看，现有研究以中级、高级学习者为主，但对初学者的考察可以明确哪些概念重构现象可在语言学习初级阶段发生。相关研究可以关注不同语言水平的学习者在不同维度的重构变化，以揭示重构的发展路径。同时，充分利用中国英语学习者大数据的优势，挖掘大数据所突显的重构特点，为外语教学中外语思维能力的培养做好基础性的铺垫工作。

从研究维度来看，目前的研究大多集中在词汇概念、时间、空间、运动、指称等主要维度。可以重点关注中国英语学习者习得周期长、习得效果不好、重构难度大的概念，开展概念习得和重构路径实验。继续尝试不同教学方法的应用，探讨各种教学方法的运用对重构的作用和影响。还可以基于 Lakoff & Johnson（1980）的概念隐喻理论扩展到二语学习者概念隐喻的重构。

由于外语教学环境下缺失“语境化语言接触”的机会（马拯 2015：76），有必要重建概念重构的路径，由传统的单纯依靠教师显性教学的教学方式转向显性隐性结合，即通过培养学生的阅读习惯加大隐性输入的频率和机会，教师课堂教学中则尝试采用“概念型教学法”（Lantolf 2006，2011）、

“产出导向法”（文秋芳 2015，2016，2017，2020）或“RfD 教学模式”（吴诗玉、黄绍强 2019）等新的教学方法，从语言思维方式、概念系统等宏观角度思考语言习得，寻求解决重构不足、习得不完整的问题。从这个角度来看，概念重构的问题还是事关教师教育和教师发展的全局性的问题，同样需要引起大家的重视。

第六节 结语

按照目标语的思维方式和表达习惯进行语言交际（Stepanova Sachs & Coley 2006）是外语学习的终极目标之一。但语言概念重构需要经历一个漫长而艰难的过程，今后更多的工作将基于已有语言习得中的语义重构研究（王初明 1997）、外语思维研究（蒋楠 2004）、“隐性不地道现象”研究（姜孟 2006）和其他实证研究成果，进一步梳理母语和目标语之间概念层面的系统性差异，推进多层次多方法跨学科的概念重构研究，并探讨外语学习环境下概念重构的路径和教学干预问题（马拯 2015），进一步明确哪些概念易于重构，哪些抵制重构，哪些介于二者之间（Han 2010），有效帮助学习者构建完善的目标语概念系统（文秋芳等 2013；裘晨晖、文秋芳 2020）。

第三章
语言相对论及其研究进展

语言相对论，又称“萨丕尔——沃尔夫假说”，是语言学、心理学、哲学、人类学等学科领域的核心话题。该假说认为，人们的思维方式受语言的影响。对该假说的检验常从语言视角与认知心理视角进行。前者通过对比分析不同语言的词汇、句型、语法等层面，揭示语言对思维的影响。后者常采用实验法，侧重检验语言对认知的影响，是当前研究的重点。正如 Genter & Goldin-Meadow（2003：6-8）所指出的，已有研究呈现三个鲜明的主题。其一为由语言学家 Leonard Talmy、Ronald Langacker 与 Melissa Bowerman 为代表所开展的跨语言语义系统研究，发现语言在感知世界以及对事物的范畴化方式上存在显著差异；其二为语言在认知发展方面的关键作用研究；其三为研究领域从单一的颜色词研究拓展到数、时间、空间、运动等多个维度，产生了一系列有影响的成果。与国外的研究相比，国内关于语言相对论的研究数量不多，已有研究关注该理论的思想内涵（高一虹 2000；庞双子 2015）、其演变发展历史（陈佳 2011；张会平、刘永兵 2014）以及该理论对认知语言学理论的影响（高航 2002）；也有研究重点关注实证类方法的运用（宫同喜 2017）。这些研究从各个层面加深了我们对语言相对论的理解，但总体而言，有关理论本体的介绍以及基于该理论开展的各类实验研究数量有限。因此，本文在简要介绍语言相对论的基本内容后重点围绕 Genter & Goldin-Meadow（2003）总结的第三个研究主题，简要梳理国外近年来在实验验证语言相对论过程中的研究对象、研究方法以及研究维度方面的变化趋势，为国内相关研究工作的开展起借鉴参考作用。

第一节 语言相对论概述

语言相对论，又称萨丕尔—沃尔夫假说（Sapir-Whorf Hypothesis）。沃尔夫（1956）认为，所有关于语言和社会表征的研究的出发点皆源自索绪尔的观点，即语言系统将现实分割成概念块（conceptual chunks），从而把感知和理解世界的类别或范畴强加给人们。该假说认为，两种不同的语言以不同的方式构建现实。其基本原理可总结如下（Whorf 1956：214）：

> 没有人可以自由地以绝对公正的方式描述自然，即便是在他认为自己最自由的情况下，也会受到某些识读模式（modes of interpretation）的限制。在这些方面最接近自由的人将是熟悉许多不同语言系统的语言学家，但目前还没有语言学家处于这样的位置。因此，有必要引入了一个新的相对性原理，也就是说，除非他们的语言背景相似，或者可以以某种方式进行校准，否则并非所有观察者都会基于相同的物理证据描述出相同的宇宙画面。

这意味着，语言结构影响使用者感知和理解世界的方式，因此，不同的语言使用者会以不同的方式概念化世界，也就是说，一个人所说的特定语言影响他的思维方式。通常认为，萨丕尔—沃尔夫假说由两个不同的版本组成：语言决定论（Linguistic determinism）和语言相对论（Linguistic relativity）。前者认为，语言决定我们的思维和我们对现实的概念化，没有语言就不可能有思维，语言范畴限制并决定认知范畴。后者认为，语言范畴和用法影响思维和某些非语言认知。换言之，语言所特有的结构影响说话者的非语言习惯性思维，以及我们对物体和事件的注意、分类和记忆的常规方式。

Slobin（1996a）提出的"Thinking for Speaking"假说声称，人们所学习的语言塑造了人们感知现实的思考方式，因此被视为萨皮尔—沃尔夫假说的当代温和版。该假说建立在两个主要假定之上（Slobin 1991：7）：在学习一种语言的语法时，儿童习得了一种特殊的“图式化经验框架”；“在说一种特定语言的过程中，一种特殊的思维被在线调用”。Slobin（1996a）认为，每门语言都会提供特定的选项训练母语者隐性关注特定事件的特定细节，因此，在理解、表达信息的过程中，语言使用者的在线思维受母语的影响。Slobin（2003：157）指出：

> 思维活动在说话时具有独有的特征，因为在说话的过程中，人们需要调整自己的思想，以适应立即可用的语言形式。每种语言都提供了许多，但数量有限的，特定的词和语法结构来编码现实。因此，当一个人想说话时，他会无意识地关注那些最容易用他特定的语言编码的物体和事件的方面。

该假说继承了语言相对论的基本要素，限制了其作用条件，我们因此可以从二语习得领域实证探索语言与思维的关系。正因为如此，本书主要以Thinking for Speaking 假说为理论基础，从不同维度重点探讨中国英语学习者概念重构的现状以及运用不同类型的教学方式对特定维度概念重构的影响。

第二节　语言相对论研究进展

一、研究对象的延伸：从一语到多语

有关语言相对论的研究多以单语者为研究对象，也就是说，能使用一种以上语言的受试，直到最近几年，仍非语言与思维问题研究的焦点人群。这种状况令人惊讶，因为世界上大部分人都使用一种以上的语言进行交际。在相对论研究领域，双语者习惯性地被无视或忽视，这种无视或忽视可能造成研究结果不一致的现象，也可能为已有研究发现带来严重质疑（Athanasopoulos 2011：31）。如果语言相对论的首要问题是探究不同母语者的思维方式，那么将研究对象拓宽到包括单语、双语（或多语）的所有的

人群，聚焦双语者语言与思维之间的关系具有必要性和现实意义（Bylund & Athanasopoulos 2014a）。

以颜色词为例，早期的研究认为，不同母语背景的受试接受与英语母语者类似的颜色范畴原型（Berlin & Kay 1969：125），该结果成为学者们解读颜色范畴普遍性的证据。问题是上述研究中的受试存在“瑕疵”，所调查的 20 种不同语言背景的受试，有些就是美国移民，英语语言熟练程度各异而已。也有研究发现，尽管俄语中事实上有两个词分指“深蓝”和“浅蓝”，但母语为俄语和英语的受试对“深蓝”和“浅蓝”的相似性判断不存在差异。与此相反的是，Winawer 等人（2007）的研究发现两组受试差异显著。细读上述两项研究，我们发现，参加实验的俄语受试均为双语者，但作者未对受试的双语背景可能产生的影响采取任何控制措施。

与此形成鲜明对照的是，近年有关颜色词的研究，在研究对象的选择上反映了这种多语转向。Athanasopoulos（2009）调查了希腊—英语双语者对颜色词的认知。由于希腊语中存在两个分指“深蓝”和“浅蓝”的词语“ble”与“ghalazio”，希腊—英语双语者可能会把他们对于上述两个颜色词的认知表征逐步向第二语言英语过渡。结果发现，随着双语者二语水平的提高以及文化适应能力的加强，颜色范畴原型发生了语义变化；双语者对颜色词的感知相似性判断方式取决于语义记忆中是否存在相关的颜色词以及在第二语言国家生活的时长。结果表明，认知与特定语言范畴的语义记忆联系紧密，也与在第二语言国家的文化沉浸时间关系密切。Athanasopoulos 等人（2011）以日语—英语双语者为研究对象，聚焦双语者对颜色词的认知加工过程，探讨语言与非语言变量对调节“蓝色”“浅蓝色”的敏感程度。结果发现，经常使用英语的双语者对“蓝色”“浅蓝色”的区分能力弱于那些经常使用日语的受试。结果表明，双语者对颜色词的使用倾向从根本上讲是一个语言使用的频度问题，双语认知具有动态性和灵活性。

由于语法和词汇范畴的多样性可能引起认知方面的跨语言差异，而这种差异会对二语学习产生深远的影响，并由此引发语言和认知界面一系列重要研究问题。这些问题包括二语学习者重新调整他们的认知倾向程度，以二语习得、概念化、认知之间的关系为特征的迁移现象以及解释二语学习者特定认知行为的语言与非语言因素（Bylund & Athanasopoulos 2014b）。以双语者为研究对象有助于我们加深对这些研究问题的了解。这意味着一门新语言的学习对认知产生的影响可能要比传统二语习得研究所构想的大得多。由于语言学习不仅仅需要掌握该语言的形式特征与社会语用特征，也需要重新学习使用该语言感知世界的方式以及对事物范畴化的方式，这对双语学习者的认知观产生潜在的深远影响。

二、研究方法的变革：从一元到多元

有关相对论的研究方法，多年来一直备受关注，其中不乏批评和质疑声。最突出的一个问题是，无论支持还是反对语言相对论观点，相关研究多为基于直觉的理论研究。Lucy 曾提到，一直到 20 世纪 80 年代，仅有几篇实证类论文，数量严重不足（Lucy 1997）。另一个比较突出的问题是循环论证。循环论证的产生源于研究者以某种语言数据支持基于另一种语言数据的假设，但最终却做出有关非语言行为与思维的论断。要避免这种循环论证，需要通过非语言行为为认知差异提供证据。目前，这两类问题都在一定程度上得到改变。

最近研究表明，为进一步了解语言与认知之间的关系，运用数据驱动的证据成为更多学者的选择，实证分析的方法成为主流。其中包括几个比较明显的趋向，比如副语言的使用（语言与手势语的结合）、非言语方法的盛行等，尤以非言语方法的使用为突出标志。

以运动事件的研究为例，副语言的使用逐步成为相关研究的主流方法之一。早期关于运动事件的实证研究多以图片描述法为主。研究者以不同语言背景的受试所产出的语言样本为证据，考察语言系统在语言使用过程中如何影响人们的认知行为。但显而易见，该方法混淆认知特征与语言特征，容易陷入循环论证的怪圈。基于已有研究存在的问题，McNeill & Duncan（2000：148-154）从言语与手势语两个层面考察了英语和西班牙语运动事件表达的特点。发现英语母语者用手势语表达运动路径，而西班牙语者则使用手势语表达运动方式。研究表明，言语仅是表达信息的有效方式之一，手势语与言语共同组成一个完整的意义系统；我们在使用语言表达运动事件的同时，也利用包括手势语在内的其他方式表达运动事件；方式与路径表达均客观存在于英语与西班牙语中，但借助不同的交流媒介进行。上述发现从理论与研究方法层面拓展了运动事件研究，打破了单凭语言惯用研究路径获取研究结果的瓶颈，对语言本体的认知也得以加深。

非言语证据通过完成诸如感知、分类、匹配等任务获取，这些任务不涉及显性语言的产出与理解，与言语证据形成直接的对照。非言语行为通常包括低阶、高阶两种认知任务类型，前者多指自动、无意识的认知过程，后者主要涉及分类等感知后段的认知过程（Bylund & Athanasopoulos 2014a）。

低阶认知任务主要采用事件相关电位（ERPs）完成，常用于颜色词及语法性的研究。如 Athanasopoulos 等人（2013）以母语为希腊语的英语学习者为研究对象，采用视觉 Oddball 实验范式，探讨其对颜色词的加工情况。实验中，希腊—英语双语者与英语单语者接受了颜色、亮度、形状各异的视觉刺激。研究发现，双语者对蓝色呈现出更大的视觉失配性负波，而英语单语者对“浅蓝”“深蓝”与“浅绿”与“深绿”的感知不存在差别。低阶感知差异同样存在于语法性领域。Boutonnet 等人（2012）以英语单语者与西班牙—英语双语者为对象，采用观看三张连续图片的方式诱发行为与 ERPs 证据。受试需要指明第三幅图片是否与前面两幅图一样归属于相同的语义范畴。受试所不知道的是，实验中有一半图片所指名词语法性相同，另一半中第三幅图片与前两张图片不同。结果发现，两组受试在语义范畴任务中的行为表现不存在差别，但 ERPs 发现语法性的不一致导致了双语者的左前负性调节，而英语单语者却没有这种现象。结果表明，双语者能自动激活语法性范畴，进一步支持语言相对论的影响。

高阶认知任务包括三联匹配任务、识别记忆任务等。前者意指受试基于相似性程度把目标刺激与两个刺激物中的一个进行匹配，常用于考察不同语言物体的分类。比如，Lucy（1992：140-147）发现，当受试基于物体的形状或材质把目标物体与两个备选项中的一个进行匹配时，母语中（如英语）有数标记的受试一般会根据物体的形状完成匹配任务，而母语中缺乏数标记或数标记为任选特征的（如汉语、日语等）受试则倾向按照物体的材质进行分类。尽管如此，对日语—英语双语者的研究表明，这种基于物体材质分类的偏好会随着外语学习的进行发生改变（Athanasopoulos 2007）。同样，该范式还曾运用于运动事件研究，用于考察母语为柯萨语和阿非利加语的受试学习新的语言对运动事件认知的影响。这些受试需根据视频的目标方向把目标视频与两个备选视频中的一个进行匹配。结果发现，经常使用英语或其他含有进行体的语言的受试与英语母语者一样倾向将目标视频与表示运动过程的视频进行匹配（Bylund & Athanasopoulos 2014b）。而记忆辨认任务常用于测试受试辨认以前所见到的刺激物的能力。Filipović（2011）曾使用该方法考察西班牙语—英语双语者与西班牙语、英语单语者对包含多个不同方式运动的复杂运动事件的识记。结果发现，英语单语者优于西班牙语单语者与西班牙语—英语双语者。

此外，常用的非言语任务还包括眼动测试、言语干扰、经颅直流电刺激（tDCS）与偏侧化方法。眼动测试一般指通过眼动仪等视线追踪工具监测测试对象在注视特定目标时的眼睛运动和注视方向。以 Papafragou 等人（2008）的研究为例。该研究调查了英语与希腊语母语者在描述运动事件之前如何分配其视觉注意。研究发现，受试均把注意力引向他们母语中所特有的场景要素上，亦即英语母语者优先注意运动的方式，而希腊语母语者则把注意力放在路径区域。然而，这种注意分配的跨语言差异仅存在于有交际需求的情况下。当受试不需要语言交流，仅被要求看完视频后完成相应的记忆任务，组间没有发现差异。结果表明，语言对认知的影响受到限制，语言框架事件不影响事件感知的方式。而言语干扰法意指受试在完成主要任务的过程中处理一个如重复数字之类的次要任务。当我们的语言系统同时处理不同的任务时，依靠语言资源解决主要任务的可能性就会下降。一些研究结果表明，言语干扰活动的引入会导致跨语言差异的消失。如 Bylund 等人（2013）发现，英语与瑞典语母语者在完成运动事件的匹配任务的同时复述了一串数字，非干扰条件下存在的差异就消失了。经颅直流电刺激是一种作用于人脑的非侵入性刺激方法，通常利用恒定、低强度的直流电调节大脑皮层神经元的活动，用于分类过程中控制语言资源的使用，与言语干扰活动的作用类似。通过对颅部微弱电流的刺激，目标区域的大脑活动得以增强或减弱。如 Lupyan 等人（2012）的研究发现，减弱布洛卡区域的活动会导致英语母语者产生分类行为障碍。偏侧化方法通过操控实验刺激物呈现的视域，探讨语言参与非言语任务的问题，即认知加工过程中的跨语言差异是否受半侧视域不对称的制约。

在探究语言对思维的影响的过程中，很多学者明确指出，非语言证据可以检测语言间的差异是否与概念间的差异相对应。也有学者强调，非语言数据并非唯一可验证语言相对论的证据。正如Jarvis（2016）所说，在某些情况下，诸如诱导产出任务、推理任务、图片描述任务类的口头任务足以充任语言对注意、感知、分类和记忆的影响的证据。更为重要的是，我们首先要考虑，无论是口头或非言语任务，哪些证据可以用于考察语言对认知的影响，并仔细选择相应的诱导任务，设计适合自己的特定实验方案。总之，我们在寻求语言相对论的证据时，要努力克服以往研究中方法上的缺陷，推动语言相对论研究在方法论上的发展。

三、研究领域的拓展：从一维到多维

有关语言相对论的研究，早期专注于颜色词范畴，考察颜色词的跨语言差异。现今研究的焦点已从颜色词范畴逐步拓展到时间、空间、运动、数字等不同维度。前文提到，关于颜色词的研究，主要源于 Berlin & Kay（1969）的开创性成果。后续相关成果大多以该研究为基础，探究语言与颜色词感知之间的关系。Berlin & Kay（1969：125）发现，不同母语背景的受试接受与英语母语者类似的颜色范畴原型，亦即不同语言对颜色词的命名受语言普遍性的制约。该研究以及后续的一些类似研究不认同语言相对论的影响，进而质疑语言相对论的整个构念。然而，更多实证研究显示，人们感知和记忆颜色的方式可能受特定语言限制。这为厘清语言和颜色认知之间的关系提供了新的证据。

但是，当我们仔细考量颜色词的特点以及他们在语言、语法系统中所起的作用时，我们发现，在大多数语言中，颜色词并没有丰富的形态标记，也不是一个受人关注的语法范畴。因此，依靠颜色词范畴检验语言相对论的影响这一做法无疑是危险的。基于此，有学者开始质疑使用颜色词范畴验证语言相对论影响的合适性。也正是受这个原因的影响，有关语言相对论研究逐步向其他概念域拓展。这些维度有一个共同的突出特点，即在语言表达层面变化多样。学者们重点关注的概念范畴包括时间、空间、语法性、运动事件、形状等等。其中尤以运动事件的研究最为引人注目。

在语言相对论视域下开展运动事件研究，源于词汇语义学以及心理语言学对运动事件的持续关注。运动事件是“一个包括运动和状态的持续场景”

（Talmy 2000：25），由“图形”“背景”“运动”及“路径”四个主要成分组成。在运动事件表达中，动词既要表达动作或处所意义，同时还兼任原因、方式或路径等要素。根据运动事件在上述不同维度的描述与分析，尤其是运动方式与路径表达的词汇化方式的不同，Talmy（2000：221-229）把语言分为动词框架语和卫星框架语两大类。动词框架语（如西班牙语）倾向选择主动词表达路径，运动方式则非必要成分，常由其他句子附属成分表达。而卫星框架语（如英语）一般由主动词表达运动方式，由介词等附属成分表示路径。随着语言研究范围的拓宽，学者们发现，并不是所有的语言都能融入已有的二分框架中。Slobin（2004：249）随后提出了“均势框架语”概念，把汉语、泰语及部分西非语言归属该类别。这些语言兼具动词框架和卫星框架语言的特征，可同时表达多重语义成分（如运动方式、路径、方向等），并在认知上同时突显方式和路径。该分类得到了相应实证研究证实。由于典型的动词框架和卫星框架语言也可能明显具有归属另一类语言的相应特征，Ji 等人（2011）据此倡导在承认差异的前提下，兼顾不同语言类型之间的相似性；在承认相似性的基础上兼顾同一语言类型内部的差异性。即把不同语言纳入一个特征逐渐变化的语言类型连续统之中。

基于 Talmy 的认知类型学理论框架和相关实证研究结果，Slobin（1996a：71）提出了“Thinking for Speaking”假说，认为每门语言都会提供特定选项训练母语者隐性关注事件的特定细节，因而其在线思维受母语的影响。该假说继承了语言相对论的基本要素并限制了其作用条件，使得从二语习得领域实证探索语言与思维的关系成为可能。也正是基于不同语言类型间存在的这种语言差异，研究者们试图考察运动事件表达中的跨语言差异是否会导致非语言认知中的系统差异。目前，有关运动事件的二语习得研究，近年来发展迅猛，相关成果很多，但尚未达成一致结论。其中 Cadierno & Ruiz（2006）的系列文章以西班牙语与丹麦语的习得为例，考察母语特征及思维方式对语言类型不同的第二语言运动事件习得的影响。研究发现，母语特征及思维方式对二语习得的影响有限；高水平学习者能“重新训练”他们的思维方式，能习得二语“形式—意义”的匹配特征，也能运用二语的叙述风格表达运动事件。Navarro & Nicoladis（2005：102-107）的研究结论类似，高水平学习者运动事件口头叙述方式与西班牙语母语者几乎相同。但与前述结论相反，Larranaga 等人（2011）发现高水平西班牙语学习者存在很大困难，尤其是在如何使用方式动词表达跨界运动方面；表明母语迁移在二语学习的高级阶段作用依然明显。Hendriks 等人（2008）与 Hendriks & Hickmann（2011：315-339）从话语信息组织的视角，考察英国学生法语致使运动及自我运动事件的习得。结果表明，二语学习者致使运动事件表达兼具源语与目标语的典型特征，受母语系统的强烈影响，需要进行认知重构（Hendriks 2008）。Treffers-Daller & Tidball（2015：145-184）的研究聚焦法语运动事件表达中的路径、方式、致使运动和指示动词的使用情况。结果发现，中级水平法语学习者与英、法母语者在运动方式、致使运动和指示动词的使用上差异显著；高水平学习者能够重构路径和方式表达，但仍难以表达法语致使运动事件。上述结果证实了 Hendriks 等人（2008）的研究发现，英、法致使运动事件的差异使得英语母语者很难习得法语致使运动事件，很难完成概念重构过程。

此外，为跳出传统的用语言来论证语言与思维关系的循环论证怪圈，越来越多的研究采用非语言任务探讨运动事件表达和认知的关系，验证语言相对论的合理性。一些研究发现尚无证据表明语言对运动事件认知产生影响。以 Papafragou 等人（2002）的研究为例，该研究采用相似性判断任务和识别记忆任务，比较了母语为英语与希腊语的儿童及成人在空间场景重建和运动事件分类行为实验中的表现。研究发现，两种语言间的类型差异显著影响儿童母语习得，但两组被试在与语言相关的行为表现上并未出现统计学上的显著差异。由于该实验没有限制被试的行为反应时长，相关结论的有效性尚需进一步检验。而另外一些研究则肯定语言对运动事件认知的作用。以 Kersten（2010）的研究为例，研究发现，在基于运动方式的分类任务中，英语单语者和西班牙语—英语双语者在英语环境中的测试表现优于西班牙单语者和西班牙语—英语双语者在西班牙语语境下的表现。与此相反，在基于运动路径的分类任务中，英语、西班牙语单语者表现类似。研究表明，语言学习过程中发展的注意偏好会导致认知层面的普遍性差异。此外，双语者的认知能力可以体现双语的影响。对年少时习得双语的受试而言，其注意偏好受双语的共同影响。先后习得两种语言的受试则表现出不同的注意模式。进一步说明运动物体与运动事件的概念化受母语的影响，支持语言相对论观点。

第三节　结语

纵观国外语言相对论研究，我们发现，由于其首要任务是探究不同母语者是否以不同的方式思维，研究对象以单语者为主逐渐转向为双语者与多语者，既摆脱了以往单语认知研究的局限，也为语言与认知之关系的深入理解融入了双语或多语视角；从研究方法来看，非言语方法的使用避免了陷入循环论证的怪圈，与语言数据的共同使用也为语言对思维的影响研究提供了更加全面准确的证据。而研究领域突破单一的颜色词范围，逐步拓展到时间、空间、运动等多个维度，其中有关运动事件的研究成为焦点。这些变化为进一步推动我国相关领域工作的深入开展奠定了基础，探明了路径。

第四章
语言习得中的概念重构（Ⅰ）：英语自我运动事件表达的习得

运动事件是人类最早认知的事件之一，也是国内外学者们关注的重点课题之一。已有研究往往基于 Talmy（1985，1991，2000）的类型学理论，探讨不同类型的语言如何表征空间关系，取得了丰硕成果。研究表明，不同语言表征空间关系的方式差异显著，但这并不影响儿童习得母语。由于儿童在幼儿期就习得了母语的运动事件表达习惯（Choi & Bowerman 1991），且习得后很难重构（Slobin 1996a），这给二语习得带来了挑战。那么，成年学习者是如何用二语表达运动事件的？尽管相关研究陆续发表（如 Cadierno & Ruiz 2006；Hendriks & Hickmann 2011），但相对于儿童语言发展研究，该问题仍备受忽视（Cadierno 2004）。此外，学习者在多大程度上能够习得二语的在线思维方式（Slobin 1996a），已有研究结论不一。关于中国学生如何习得英语自我运动事件的情况，仍需更多系统性的研究。

第一节　研究背景

运动事件是指“一个包括运动和状态的持续场景”（Talmy 2000：25），是一种基本的认知模式（Talmy 1991）。它由运动的物体“图形”（Figure）、运动物体的参照物“背景”（Ground）、物体的“运动”（Motion）及运动

"路径"（Path）四个主要部分组成，反映物体的运动或处所。在运动事件中，动词主要表达动作或处所这一核心意义，同时还表示运动事件的原因、方式或路径等要素，集两个甚至多个语义成分于一身。运动事件框架中还包括两个选择性成分：方式和原因。Talmy（1991，2000）基于对不同语言运动事件框架的描述与分析，把语言分为动词框架语和卫星框架语两类，认为英语和汉语均属后者。汉语的类型归属存在争议（如 Slobin 2004；Beavers et al. 2010；沈家煊 2003；阚哲华 2010；史文磊 2011；李福印 2015，2017；罗杏焕 2008；史文磊 2011）。有人认为汉语与英语类似，属于卫星框架语（如 Talmy 2000，2016；沈家煊 2003；史文磊 2011），有人认为汉语兼具卫星框架语和动词框架语的特征，属于均势框架语类型（如 Slobin 2004；Chen 2005；Chen & Guo 2009；Ji 2009；阚哲华 2010 等）；还有人认为汉语是动词框架语言（Tai 2003）。本文暂不参与上述讨论，仅采用汉语属于均势框架语言的观点。

基于 Talmy 的认知类型学框架，Berman & Slobin（1994）发现，不同母语背景的儿童在表达运动事件时所提供的信息量及信息种类存在差异。Slobin（1996a）据此提出了著名的"Thinking for Speaking"假说。该假说认为，每门语言都会提供特定的选项"训练"本族语者关注事件的特定细节，因此，语言使用者在理解、表达信息的过程中所进行的在线思维受母语的影响。由于儿童在一岁半左右就习得了母语的运动事件表达习惯(Choi & Bowerman 1991)，且习得后很难重构（Slobin 1996b），二语学习就意味着"重新训练"学习者注意二语输入中的特定细节并学会如何正确地表达，这给二语习得带来挑战和困难。此外，二语学习者的任务不仅仅是孤立地习得单个运动动词，而且要学会如何构建二语运动事件的完整语义域，即运动事件的概念成分与表层特征的特定匹配关系（Cadierno 2008）。那么，成年学习者如何使用二语来表达运动事件值得关注。

目前，有关运动事件的实证研究，多集中在一语习得，探究学习者的口头表达或书面表达，如 Slobin（1996a，1997，2000）的系列研究；其中很多涉及不同语言之间的类型学考察。有关二语习得的研究，数量不多。自 Cadierno（2008b）撰文呼吁加大对运动事件的习得研究力度以来，运动事件二语习得研究从广度到深度都发生了深刻变化。其中 Cadierno（2004）、

Cadierno & Ruiz（2006）的系列文章主要围绕西班牙语（动词框架语言）与丹麦语（卫星框架语言）的使用与习得探讨母语的特征及母语的思维方式对习得语言类型不同的第二语言运动事件的影响。研究发现，母语特征及思维方式对二语习得的影响有限；学习者，尤其是高水平学习者，能“重新训练”其思维方式，能习得二语“形式—意义”的匹配特征，能应用二语的叙述风格熟练表达目标语的运动事件。Navarro & Nicoladis（2005）的研究也发现母语为英语的高水平学习者几乎完全掌握了西班牙语运动事件的口头叙述方式。但是，与上述研究结论相反，Larranaga et al.（2011）认为高水平的西班牙语学习者在表达运动事件时仍然存在很大困难，尤其是在如何使用方式动词表达跨界（boundary-crossing）运动的情况下；表明母语迁移在二语学习的高级阶段作用依然明显。Hendriks et al.（2008）与 Hendriks & Hickmann（2011）从话语信息组织的视角分析了英国学生如何习得法语的致使运动及自我运动事件。研究发现，在表达法语致使运动事件时，英国学生“受母语系统的强烈影响”，且“很难改变，需要进行认知重构”（Hendriks et al. 2008：36）。在表达自我运动事件时，英国学生同样存在明显的困难，说明母语思维方式的影响依然明显，母语对运动事件习得产生较为明显的影响。许子艳（2013）对比了中高级水平学习者运动方式动词的使用差异，发现高水平学生所使用的方式动词更为丰富，能使用细粒度的低频方式动词，但组间并没有显著差异。许文认为，高水平的学习者仍很难习得英语中的丰富的细粒度的方式运动动词。朱海燕（2019）探讨了母语如何影响英语学习者运动方式的表达。研究发现，低水平和高水平学习者差异显著。低水平者对松散句、描述性语言及粗粒度方式动词和细粒度副词都偏好明显；高水平者则倾向使用紧凑句、松散句以及细粒度方式动词，但表达过程中仍选择使用描述性语言甚至错误变换细粒度动词的词性。上述结果表明，母语思维方式对英语运动方式表达习得产生影响，但影响程度因目标语言水平的提高而减弱。作者认为，母语思维习惯对不同水平学习者均产生根深蒂固的影响，难以因英语水平的提高而消失。由此可推知，概念重构任务艰难，过程漫长，必须针对特定的学习者群体进行教学干预或学习指导，否则，学习者难以完成重构任务。持类似观点的还有 Athanasopoulos et al.（2015）、Brown & Gullberg（2010，2011，2012）、Cadierno（2008b）、

Hendriks & Hickmann（2015）、曾永红（2017a）等。还有部分研究认为运动事件英语编码习得中母语与二语相互影响（如邓巧玲、李福印 2017）。综合已有的研究结论，仍很难确定母语的概念系统和思维方式对运动事件习得的影响。

相对于儿童语言发展研究，关于运动事件的二语习得研究量少、面窄、缺乏系统性；尤其是关于中国学生如何习得英语运动事件的情况，相关论文不多。基于此，本章以 Talmy（2000）的运动事件理论框架为基础，主要探讨不同水平的中国学生习得英语自我运动事件的特点，尤其是其所面临的困难与问题。

第二节　研究设计

一、研究问题

由于英、汉语词汇化方式存在差异，这种差异直接影响运动事件表达的选择，对语言习得带来挑战。基于此，本章旨在探讨我国英语专业学生习得英语运动事件的整体情况。具体问题如下：

（1）英汉语分属两种不同的语言类型，这种差异在多大程度上影响中国学生习得英语自我运动事件的表达方式？具体而言，与英语本族语者相比，他们在运动动词的使用选择、背景的描述以及整体风格等方面有何特点？

（2）不同水平的学习者是否呈现出发展特征，即水平越高，他们对运动事件的表达越接近本族语者？

二、研究对象

两组不同英语水平的中国大学生参加了本实验，每组 25 人，均为女性。第一组（G1）为国内某大学英语专业二年级学生，代表中等水平英语学习者；第二组（G2）为同一高校英语专业研究生，代表较高水平英语学习者。12 名美国本科学生，代表本族语者。受试背景信息显示，G1 组受试年龄为

18～21 岁，平均为 19.2 岁；G2 组为 20～24 岁，平均为 21.7 岁。英语学习年限分别为 10.3 年与 14.3 年。总分为 20 分的完形填空测试（克伦巴赫系数为 0.85，表明该卷具有较好的信度）显示，G1 组均分为 13.27，G2 组为 16.33；统计显示，$p=0.000$，表明两组差异显著。

三、数据收集与分析

上述两组学生在阅读一本没有文字的青蛙故事书（Mayer 1969）后用英语口头陈述了整个故事。这本题为“青蛙，你在哪里?”的故事书由 24 幅图片组成，讲述的是一个小男孩和他的小狗寻找青蛙的整个过程，其中包含大量运动事件的使用。两组英语学习者分别到语言实验室参加实验。他们首先逐页阅读了青蛙故事，以了解其主要内容。研究者随后对他们有疑问的关键名词做了说明，以确保能顺利产出所需的语言样本。然后再要求他们口头陈述青蛙故事，所述内容被计算机同步录制供后续分析。本族语者的语料来自 CHILDES（MacWhinny 2000）。

我们把口语语料转写成文本，每组各有 21 篇故事情节完整的文本。我们借鉴 Berman & Slobin（1994：660）使用的方法，选择合格文本，把文本划分为分句，随后挑选出包含运动事件的分句。随后我们分别计算了运动动词的总数与类符数、方式动词的总数与使用特征，统计了运动背景的表达特点、事件合并方式的异同并分析了悬崖场景的运动与静态描写的分布特征。我们把相关数据逐项输入计算机，并利用 SPSS 对相关数据进行了统计。

第三节　结果与讨论

一、运动动词的使用特点

本章分析的运动动词仅包括自我运动类动词（如 walk）。统计表明，本科二年级学生和研究生分别产出了 23 类运动动词，本族语者使用了 37 类运动类动词，差异显著。表 4-1 是三组受试的类符、形符均值以及类符形符比。

表 4-1　类符、形符均值及类符形符比

变量	本科二年级	研究生	本族语者
类符	8.47	8.9	13
形符	16.5	17	23.16
类符/形符	0.51	0.52	0.56

Man-Whitney U 检验表明：本科二年级学生与研究生在类符使用方面没有统计学意义上的差别（$p=0.374$）；二语学习者与本族语者差异显著（均为 $p=0.000$）。类符形符比检验表明三组并不存在显著差别（$p>0.05$）。与本族语者相比，中高水平学习者口头使用的运动动词类符数要少得多。在词汇学习方面，外语学习者要经历一个循序渐进的过程，即使处于学习的中高级阶段，他们能够流利使用的动词数量仍非常有限。

从方式运动动词的使用来看，二年级学生与研究生分别使用了 15 个和 16 个，数量上远少于本族语者的 28 个。不仅如此，中国学生往往过度使用 run、walk、jump 等基本层级词汇，较少使用表达下位范畴的方式动词。例 1（分别为研究生、英语本族语者的叙述）直观展示了学习者与本族语者在方式动词选择上的真实差异：

（1）a. But during the middle night the frog **jumped** out of the bottle and **jumped** away.

b. When the little boy and the dog go to sleep，he **sneaks** out of the jar and **hops** out the window.

关于上述现象，Slobin（1997，2000）认为，每门语言似乎都拥有两类不同层级的（two-tiered）方式运动动词：表达日常用法的第一层级动词；表达更加具体、更多细节、更富有表现力的常用或非常用词汇，如 dash、swoop、scramble 等。上述发现类似于 Cadierno & Lund（2004）的研究结果。中高级水平的西班牙学生过度使用第一层级的常用词汇，比如无论表示何种行走方式都一概使用 ga（相当于 walk）替代，很少使用表示具体行走方式的动词。也支持许子艳（2013）、朱海燕（2019）的研究发现。

众所周知，汉语主要通过“副词＋动词”结构表达运动方式，其动词多属基本层级范畴方式动词，运动方式的精细程度也主要依靠前置副词加以限定；而英语则倾向于使用综合表达式，更多使用精细程度更高的第二层级方式动词，如表示各类运动的 saunter、strut、skitter、sneak 等等。与汉语相比，英语方式动词类型的丰富程度远远超过汉语（邵志洪 2006），其用于表达下位范畴的方式动词在数量上远远超过汉语，许多仅为英语所特有，没有对应的汉语方式动词。其中主要包括以下几类动作动词：声响类词（如 rattle、roar、rumble、thunder、whistle、whiz、whoosh 等）、态度 / 心情类词（如 stamp、stomp、storm、stump 等）和舞蹈类词（如 dance、waltz）等。这几类动词本身并不具备典型的方式动词所具有的［方式＋动作］属性，但一旦进入［动词＋路径］结构便被赋予了方式运动动词的特征（能够进入该构式的动词限制条件详见李雪（2015））。汉语在缺失第二层级方式运动动词的情况下常采取分析式，以“副词＋第一层级方式运动动词”的形式表达，如 tiptoe 为踮着脚尖走，strut 为大摇大摆地走，stumble 为跌跌绊绊地走等等。两种语言在方式表达上的使用偏好可以解释为什么在口头陈述中，中国学生多使用表示基本范畴的第一层级常用动词。而且，即使是常用词，也经常出现误用现象。

尤其引人注意的是，不同水平的学生所产出的运动动词类符均值及类符形符比均值几乎不存在差异，在方式动词的选用上都倾向使用第一层级的基本范畴词汇。与二年级学生相比，研究生学习英语的时间要长 3 年以上，但他们产出运动动词的能力与本科二年级学生相当。这种情况可能与数据收集方式以及应试策略的使用有关系。本研究使用口头叙述的方法采集样本，尽管没有规定任务完成的时间，但因为要现场录制，学生在叙述时有时间压力，从而使用最经济可靠的方式表达最基本的正确意义，这种应试策略的运用也存在于以往的测试中。事实上，对部分学生的随机访谈发现研究生学习者的接受性运动动词词汇量远远超出本科二年级学生。

二、运动背景的描述

本章主要从背景描写的详略度与事件合并方式的使用频度考察英语学习者对运动背景的描述。

对运动事件的描写，根据 Slobin（1996a）的研究，无论是卫星框架语还是动词框架语，均可通过给动词增补表示地点细节的介词短语这种方式来使之完善，表达诸如来源、中介或目标等运动背景。我们参照 Cadierno（2004）的思路，对比了有无背景信息的情况，即把动词＋表达背景的介词短语（plus-ground clause，见例 2a）的出现情况与单独使用动词或动词＋外围成分（minus-ground clause，见例 2b）的情况进行对比。

（2）a. The deer ran to the cliff.

b. Being disturbed，the deer jumped out and ran very fast.

如表 4-2 所示，本科二年级学生使用了 56.8％的背景信息，研究生的比例稍高于本科生，达 60.8％；本族语者的比例高达 82％。对各组的统计分析表明，两种学习者的使用差异不具有统计学意义上的差别（$p>0.05$）；中国学生与本族语者差异显著（$p=0.000$）。

表 4-2　各组使用背景信息的比例

变量	本科二年级	研究生	本族语者
有背景信息	56.8	60.8	82
无背景信息	43.2	39.2	18

英语本族语者倾向于使用较多的背景附属成分，更加关注路径的细节描写（Slobin 1996a，1996b），而中高级水平的中国学生所产出的背景信息远少于本族语者。这种现象是否与母语的思维特点有关？Chen（2007）的研究发现，汉语本族语 5 个年龄组 59 个青蛙故事中，使用背景成分的动词短语仅占 52％。本研究中中国学生的背景信息使用比例略高于上述结果。表明中国学生在表达英语运动事件时仍受汉语的影响，出现了背景信息使用不足的现象。而在 Cadierno（2004）的研究中，由于受丹麦语影响，学习者在产出西班牙语时过度使用了背景信息。对学习者而言，无论是背景信息使用不足还是过度使用背景，都表明母语的思维方式仍在二语表达中起一定的作用。

我们对学习者使用背景信息的情况进行了重新梳理，以分析他们使用事件合并方式的趋势。我们选取了故事中的“悬崖场景”作为分析对象。该场景包括两幅图片：图 17 为小鹿站在悬崖边上，小男孩与小狗在半空中；图 18 中小男孩与小狗掉到了下面的水里。三组受试的事件合并方式使用情况如表 4-3 所示。

表 4-3 事件合并方式（悬崖场景）使用情况

背景信息	本科二年级	研究生	本族语者
一个背景	6（28.6%）	7（33.3%）	1（8.3%）
两个背景	15（71.4%）	14（66.7%）	11（91.7%）
事件合并	1（4.7%）	1（4.7%）	3（25%）

英语本族语者倾向按照事件发生的时间顺序描述运动事件，即在不同的分句中分别提及运动路径的起点与终点，或者习惯使用事件合并方式。而中国学习者通常在一个句子中只提及一个运动背景（路径的源头、中介或终点），且单独选用运动终点的比例远高于本族语者，分别达 28.6%、33.3%。采用事件合并方式的比例则要低得多，仅为 4.7%。例 3、例 4 分别为二年级学生与研究生学习者口头叙述的句子；例 5 为美国学生使用的实例；每个句子中均详述了两个地点。

（3）They cannot stop，so Tom and his dog fell off the cliff into the river.

（4）The deer ran so fast to the cliff that Tom and his dog fell from the cliff to the water.

（5）They are both falling off the little cliff into what seems to be a pond.

汉语中几乎不把两个以上不同的场景合并到一个分句中，Chen（2007）的研究也证实了这个观点。中国学生在悬崖场景中分别使用了 1 次事件合并方式，说明已有学习者开始意识到并逐步习得英语运动事件的典型特征。对所有 42 篇青蛙故事的完整检索发现研究生组学习者还使用了以下 2 次事件合并实例（例 6、7），进一步说明已有学习者注意到了目标语的典型特征并同时在尝试使用这类特征。

（6）Suddenly the dog jumped through the window to the ground.

（7）The dog fell from the window to the ground.

尽管如此，综合以上两个层面，我们发现母语的特征仍非常明显。在路径表达方面，中国学生常使用单个的运动动词加路径的分析式表达法，这种做法类似于汉语中路径的表述，而英语本族语者常使用单个动词加多个介词的综合式；中国学生关注运动事件的终点，所提供的背景信息有限。此外，中国学生受到母语思维方式的强烈影响，所使用的事件合并方式的比例比本族语者要低得多。我们还发现，两组学生之间的差异均不明显，但中国学生与英语本族语者差异显著。

三、物理场景描写

从语言习得的层面来看，语言间的类型学差异不仅体现在对运动动词的描写上，也存在于对运动场景的静态描写层面。那么，二语学习者及本族语者在表达运动事件时注意力集中在动态运动的描写还是静态场景的衬托？针对这个问题，本研究对上文提到的悬崖场景再次进行了分析。结果发现，本科生和研究生中分别有 2 位（9.5%）和 3 位（14.3%）对运动场景进行了静态描述；而英语本族语语料中没有发现这种现象。

表 4-4 场景描写统计（悬崖场景）

场景描述	本科二年级	研究生	本族语者
静态描述	2（9.5%）	3（14.3%）	0（0%）
动态描述	19（90.5%）	18（85.7%）	12（100%）

上述发现印证了汉语的叙述风格特点。根据 Chen（2007）的研究，2 位（17%）成年中国人使用了静态物理场景，如“山坡底下是一条河”这样的句子。本研究中中国学生产出的典型示例如例 8 与例 9。

(8) The animal was so angry and with the boy on his head he ran faster and went to a cliff and then threw the boy down the cliff and the dog was also dropped the cliff. Luckily there was a river at the bottom of the cliff, so they didn't hurt badly.

(9) At the edge of the cliff, the deer threw down Tom and the dog fell down. At the bottom there is a small lake.

(10) Now the deer has thrown the boy over the cliff into a pond.

这几个句子中，学习者先提及小鹿把小男孩与小狗扔下悬崖，然后再说明悬崖下有一条河（或一面湖）。这样，物理场景的静态信息被清楚地陈述出来，目的是补偿运动路径描写不充分的问题。而例 10 所示的英语本族语者产出的典型例句中路径描写充分，但场景需要推断出来，亦即悬崖位于池塘上方。这种差别反映了不同叙述策略的应用。对物理场景的对比分析进一步表明，中国学生仍受母语思维的影响，叙述风格与汉语相类似。

第四节　结语

本章利用诱发性口头叙述的方法收集学习者的文本，主要考察了中高级水平的中国学生习得英语自我运动事件的特点。研究发现，中国学生所使用的运动动词类符、形符均值远低于本族语者；所使用的方式动词数量有限，多属表达基本层级范畴的运动动词；与本族语者产出的运动动词相比，不同水平的学习者差异明显。这种差异不仅表现在方式运动动词的数量上，更体现在“第二层级”方式动词的使用上。在路径表达方面，学习者常选用运动动词加路径信息的分析式，本族语者常使用运动动词加多个介词的综合式表达法；学习者提供的背景信息非常有限，远低于英语本族语者；与英语本族语者相比，中国学生很少借用事件合并策略。从描述的整体风格来看，运动事件发生的场景与事件的终点为中国学生所关注。中、高级水平学习者在上述几个方面的差异均不明显。研究结果表明，在英语运动事件表达上，中国学习者初步习得了目标语的特点，但母语思维方式仍产生明显影响。

对于母语思维的作用，Cadierno（2004）等发现其影响有限。本研究基本支持 Hendriks et al.（2008）、Hendriks & Hickmann（2011）、Larranaga et al.（2011）、曾永红（2017a）及朱海燕（2019）等人的发现，即二语学习者受母语思维方式的影响。这可能与受试语言水平有一定关系，但相关原因有待继续探讨。后续研究可以考虑增加受试组别，尤其是低水平组和语言能力接近于英语本族语水平的受试，以考察不同水平学习者习得二语运动事件的发展路径；也可以根据 Caderino（2008）的建议，进行双向比较，以确定习得过程的差异；还可以采用不同的数据收集方式如口头、笔头以及这两种方式与手势语的结合等形式，考察受试在完成不同性质的任务时的共性与差异。另外，本文主要从运动动词的使用、运动背景的选择以及物理场景描述三个维度展开。今后的研究还可以从深度上进一步挖掘相关维度的习得情况，比如可以重点探讨运动事件中的方式表达（manner expressions），包括方式动词和其他方式表达的使用情况。由于方式表达并不限于动词形式，还可以使用其他或明或暗表述方式的结构来表达。对其他诸如使用 *hurriedly*，She walked *in a happy way* 描述或暗示运动方式的状语；He sidled past，*trying to seem casual* 通过运动实体的内部状态或物理状态的描述推断出运动方式的状语结构以及如 *The trail was steep and slippery* 可能影响运动方式的物理场景特征描述进行分析能得出有意义的发现。今后的研究还可以结合手语和伴语手势考察语言和非言语行为，在研究方法上借用眼动技术、事件相关电位、核磁共振等跨学科方法多角度推进语言与思维的关系研究。

第五章 语言习得中的概念重构（Ⅱ）：英语致使运动事件表达的习得

运动无处不在，在人类日常生活中处于中心地位，也是语言交际过程中的核心话题。由于不同语言的表达方式各不相同，有关运动事件的表达具有明显的异于其他语言的特征。基于此，对运动事件表达的习得研究逐步成为国内外语言学家及心理学家关注的重点课题之一。其中，大多数研究以母语为对象，探讨语言类型效应对语言使用者的思维方式是否产生影响。在二语研究方面，越来越多的学者开始致力研究不同语言背景的学习者如何习得目标语的运动事件（如 Cadierno & Ruiz 2006；Hendriks & Hickmann 2011，2015；Pavlenko & Volynsky 2015；Toratani 2016；许子艳 2013；曾永红 2011；曾永红、白解红 2013b；李雪 2015 等），逐步改变了该研究领域“备受忽视”（Cadierno 2004）的局面。但对于学习者在何种程度上能够习得二语的在线思维方式，已有研究尚未得出一致结论。有关致使运动事件的研究，国内主要集中从不同角度进行英汉对比分析（如熊学亮、梁晓波 2004；潘艳艳、张辉 2005；周道凤、刘国辉 2007；陈俊芳 2009；李雪 2011 等）。有关习得研究数量不多，主要研究如 Hendriks et al.（2008）、Treffers-Daller & Tidball（2015）以及张建理、骆蓉（2014）等研究。关于中国学生如何习得英语致使运动事件表达的情况，仍有待进一步的系统研究。

第一节　研究背景

运动事件是“一个包括运动和状态的持续场景”（Talmy 2000：25）。在运动事件中，动词主要表达动作或处所这一核心意义，同时还表示运动事件的原因（Cause）、方式（Manner）或路径等要素，集两个甚至多个语义成分于一身。运动事件框架中还包括方式和原因两个选择性成分。

尽管致使运动事件均可由原因、运动、路径、图形和背景等语义要素表达，但由于每门语言选择的认知方式迥异，反映在各自语言上的认知结构或概念化系统存在着明显差异（王寅 2007）。也就是说，由于词汇和句法层面的差别很大，不同语言都会提供特定选项“训练”本族语者关注运动事件的特定细节。这种表达的复杂性并不影响本族语者习得各自的特定表达方式，但二语学习者的在线思维受母语概念系统的影响，难以重构（Slobin 1996a）。二语学习就意味着重新训练学习者显性或隐性注意二语输入中的特定细节，关注运动事件的概念成分与表层特征的特定匹配关系（Cadierno 2008：265），这给二语学习者带来挑战。

目前，有关致使运动事件的实证研究，多集中在母语习得，探讨不同语言类型背景下学习者语言表达的特点，如 Hickmann & Hendrinks（2010）以母语为英语、法语的儿童为对象展开的研究，Ji 及其合作者（如 2009，2011）以汉语、英语、法语等为母语的儿童开展的系列研究，以及 Chen（2007）对不同年龄段的汉语母语者开展的研究。

有关致使运动事件的二语习得研究，Hendriks et al.（2008）研究了两个不同层次的英国法语学习者如何表达致使运动，发现学习者最初只能表达部分目标信息，随着语言水平的提高，他们所能表达的信息增多，但依然依赖母语的信息组织模式；他们所产出的语言看起来无懈可击，但话语信息的组织方式仍旧具有非目标语特点。研究结果表明，二语学习者表达致使运动事件时受母语思维方式的强烈影响，且很难改变，因此需要进行认知重构。Treffers-Daller & Tidball（2015）研究了中、高两组不同水平层次的英国学习者习得法语运动事件表达中的路径、方式、致使运动和指示动词的使用情况。研究发现中级水平学习者的口头表达与英法母语者在方式、致使运动和指示动词的使用方面差异显著，高水平学习者能重构路径和方式表达，但在致使运动表达的习得方面存在明显的困难。该结果证实了 Hendriks 等人（2008）关于英语母语者很难习得法语致使运动事件的结论，也同样证实了学习者重构过程的艰难。国内的实证研究不多。杭海红（2011）以英语本族语语料库 LOCNESS 和中国英语学习者语料库 CLEC 为语料，对比分析了英语本族语者和中国学习者在 25 个常用致使运动动词表达上的差异。该研究发现学习者过度使用如 put 在内的动词结构，但对直接接触类致使结构习得最好，对 enable 类的致使结构习得最差。周道凤（2012）以不同层次的学生为对象，探讨他们对六类不同语法整合类型的英语致使运动构式的习得情况。结果发现学生对不同整合类型构式的习得和认知差异显著，呈现从核心义向边缘义扩散的趋势。张建理、骆蓉（2014）也从构式的视角分析了英汉致使运动构式的异同，调查了这些差异对中国学生致使运动构式习得的影响。结果显示，中国学生容易受到汉语的负迁移影响，滥用分析式英语致使构式。

上述研究表明，已有相关研究数量不多，系统性不强。基于此，本研究以 Talmy（2000）的运动事件类型框架及 Slobin（1996a，1996b）的语言与思维关系假说为理论基础，对中国学生如何习得英语致使运动事件的情况进行了系统研究，以期发现不同水平的中国学生习得英语致使运动事件的特点，尤其是其所面临的困难与问题，同时探讨母语思维方式对致使运动事件习得的影响和作用。

第二节　研究设计

一、研究问题

英汉语词汇化方式之间的差异影响运动事件表达的选择，并对语言习得带来困难。本研究旨在探讨我国英语专业学生习得英语致使运动事件的情况以及汉语母语的在线思维方式如何影响英语运动事件表达的习得。具体问题如下：

（1）不同水平的中国学生习得英语致使运动事件的情况如何？具体而言，与英语本族语者相比，他们在英语致使运动动词的使用选择、致使运动结构的习得以及背景的描述等方面有何特点？

（2）汉语母语思维对中国学生英语致使运动事件的习得产生什么影响？

二、研究对象

国内某大学英语专业一年级、三年级学生及研究生各 20 人报名参加了本次实验。完形填空结果显示，三组成绩差异显著（$p=0.000$），可以分别代表中低（G1）、中高（G2）和高水平学习者（G3）。20 名美国研究生和 20 名国内本科一年级学生作为英汉本族语者，也参加了本次实验。

三、数据收集与分析

上述五组学生分别观看了 10 个包含致使运动的动画片段，每个片段时长约 10 秒。使用动态画面有助于受试准确理解并自然产出所观察的场景，相对于静态图片，其结果更真实可靠。受试每观看完一个片段后用英语口头陈述所见事件，所述内容被计算机同步录制供后续分析。

我们把口语语料逐句转写成文本并逐一校对。根据 Berman & Slobin（1994：660）的方法，我们把合格文本划分为分句，并挑选出包含致使运动事件的分句。随后我们分别计算了运动动词的总数与类符数，分析了学习者对英语致使运动构式的习得情况，统计了运动背景的使用特点并分析了事件合并方式的特征。我们把相关数据逐项输入计算机保存，并利用 SPSS 对受试的数据进行了统计分析。

第三节　结果与讨论

一、英语致使运动动词的使用特点

本文分析的运动动词仅包括致使运动类动词。统计表明，本科一年级学生（G1）、本科三年级（G2）学生和研究生（G3）分别产出了 9 个、12 个和 15 个致使运动动词，汉语本族语者（略称“汉语”）使用了 22 类致使运动类动词，英语本族语者（略称“英语”）则使用了 20 个致使运动动词，与学习者相比差异显著。表 5-1 是各组受试的类符、形符均值以及类符形符比。

表 5-1 类符、形符均值及类符形符比

变量	英语	汉语	G1	G2	G3
类符	5.8	7.5	2.95	4.45	5.05
形符	7.95	11.75	4.7	7.45	8.71
类符/形符	0.73	0.64	0.63	0.60	0.58

Kruskal Wallis 检验表明，在类符使用方面，英语本族语者与三组中国学习者均值差异显著（$\chi^2=25.972$，$p=0.000$）；同样，汉语本族语者所产出的类符均值显著多于三组学习者（$\chi^2=26.501$，$p=0.000$）；学习者之间差异显著（$\chi^2=9.62$，$p=0.008$）。进一步检测表明，英汉本族语者之间差异不明显（$p=0.874$）；但两组本族语者与三组学习者之间差异显著（$p=0.000$）；一年级和三年级、研究生组差异显著（p 值分别为 0.021 和 0.003），但三年级和研究生之间差异不显著（$p=0.511$）。

为了更客观地反映所产出的数据，根据 Cadierno（2004）的建议，我们对各组的类符形符比再次进行了检验。结果发现，英语母语者与中国学习者类符形符比差异显著（$\chi^2=12.919$，$p=0.005$）；汉语母语者的类符均值显著高于三组学习者（$\chi^2=10.437$，$p=0.015$）；三组学习者之间也存在显著差异（$\chi^2=10.838$，$p=0.004$）。Man-Whitney U 检验表明，英汉本族语者之间差异不明显（$p=0.282$）；英语本族语与三组学习者之间结果不一致，他们与研究生组差异显著（$p=0.005$），但与其他两组差异不明显；汉语本族语组与三组学习者差异都不显著；三组学习者之间一年级和三年级（$p=0.009$）、一年级和研究生组（$p=0.004$）差异显著，但三年级和研究生之间差异不显著（$p=0.235$）。

从致使运动动词的产出来看，中国学生使用的英语致使运动动词数量及种类均随英语水平的提高而递增，但同时均落后于英语本族语者。即使是较高水平的学习者，其所使用的运动动词类符数要少得多。与方式运动动词一样，每门语言似乎都拥有两类不同层级的（two-tiered）致使运动动词，即表达日常用法的第一层级动词与表达更为具体、更加复杂的常用或非常用词汇，如 nudge、flick、shove 等。中国学生往往依赖 pull、push 等基本层级范畴的词汇，较少使用表达下位范畴的运动动词。下面两组句子（句 a 选自研究生的文本，句 b 为英语本族语者的叙述）清楚地反映出英语本族语者与中国学生在致使运动动词选择上的巨大差异：

（1）a. The deer **pushes** the pot into the water, and then it **pushes** it from water to land.

b. The deer **pushes** the pot in the lake and jumps in after it and **nudges** it back to land.

（2）a. The bird and the mole **put** some balls into a hole one by one.

b. A mole and a bird play a game with several marbles, and they **flick** them into a hole.

中国学生能够使用目标语表述基本的内容，但囿于词汇的局限，往往借助重复使用同一词汇的方式表达（1a 中重复使用动词 push）或者如例 2 一样仅用一个泛指放置动作的词 put 替代另一个表示具体致使运动信息的词。而英语本族语者可以自由地根据语境选择合适的词汇，并借助同义替换的手段表达（1b 中分别使用了 push 和 nudge）。与英语本族语者相比，在词汇学习方面，外语学习者要经历一个相当漫长的过程，即使处于学习的中高级阶段，他们的接受性词汇量很可能比较大，但产出性词汇量仍相当有限。致使运动动词的习得也是这样。

二、英语致使运动结构的习得

由于不同语言在表达致使运动结构时会选择突显不同的语义要素，这种使用偏好可以通过 Choi（2009：183）所提出的方式进行检测。也就是说，给说话人提供可以选择突显他们各自母语表达特点的场景。根据致使显现度（explicitness）的不同，我们选择了三个特定的场景：第一个场景施动者清晰可见（如第 6 个动画片段，下文以 CA 替代），第二个场景中施动者隐而不见（与第 6 个动画片段唯一不同的是，该片段没有显示动作的实施者，下文以 CAI 替代），第三个场景中致使运动和自我运动同时发生（如第 8 个动画片段，下文以CAV替代)。这样，说话者所选择的习惯性表达能清楚地反映出他们的识读视角。

统计结果显示，在施动者清晰可见的场景中（CA)，所测各组均使用施动者作为句子主语，均一致选用致使运动结构进行表达（100％)。这种选择的一致性在施动者隐而不见的场景中（CAI）发生了变化。英语本族语者仅有3人（15％）使用了致使运动结构，而汉语本族语者高达10人（50％)，三组学习者的使用情况介于英语本族语者和汉语本族语者之间，比例分别为25％、30％和30％。在致使运动和自我运动同时发生的场景中（CAV)，英汉本族语者均选择着重描写致使运动，比例分别为75％和80％。三组学习者所选择使用致使结构的比例随语言水平的提高呈发展趋势，分别为55％、70％和75％，并最终逐步习得英语本族语者的使用偏好。可以看出，致使运动的清晰程度在学习者习得英语致使运动结构时起着重要作用，学习者也基本掌握了相关结构的用法特点。

表5-2　各组使用致使运动构式的人数和比例

分组	CA	CAI	CAV
英语	20（100％）	3（15％）	15（75％）
汉语	20（100％）	10（50％）	16（80％）
G1	20（100％）	5（25％）	11（55％）
G2	20（100％）	6（30％）	14（70％）
G3	20（100％）	6（30％）	15（75％）

与Choi（2009）的研究相比，在表达施动者隐而不见的致使运动（CAI）场景中，本研究中的英语本族语组以及三个学习者组使用致使结构的比例明显偏低，这可能是实验中使用的场景存在差异造成的。Choi（2009）的研究中涉及CAI的场景有两个，英语本族语组使用的致使运动结构比例高达65％。场景之一是一串钥匙丢进篮子里；另外一个场景是一个（看不见的）人把球滚进了容器里，当然也可以理解为球自己滚进了容器里。同理，本研究中所使用的“链条”场景也可以看成物体的自我运动，受试使用较低比例的致使运动结构完全可以接受。说明致使运动结构的选择受致使运动清晰度的影响。

为进一步较客观反映学习者对致使运动结构的习得情况，我们对他们所产出的所有语料进行了梳理。结果发现，由于缺少用于表达致使概念的相应词汇，学习者产出了一些比较独特的表达方式，如例 3、例 4 中的“make do”这类分析型结构和例 5 中的信息表达不充分现象。其中例 5 仅仅描述了足球掉进锅里这一结果，忽略了导致这一结果的致使动作。

（3）Two boys are playing football outside the house but one of them **made** the football **go** into the pan，which is cooking.

（4）A mole rang and a bird **let** the basket **down** to carry the mole up to the tree.

（5）The boys' football **falls** in the pan with food.

从语法角度来看，这些句子中加粗的部分表达完全正确。但学习者选择使用这些词和结构进行表达可能与其语言水平以及母语的影响有关。由于英汉语致使运动句在语义上大致相当，但句法实现形式不同（潘艳艳、张辉 2005：63），汉语中多使用分析型的致使结构，这种母语的思维方式和使用习惯影响中国学生习得相应的目标语结构。由于受母语负迁移的影响（张建理、骆蓉 2014：35），即使英语中习惯使用综合式表达的内容，学习者也往往选择分析型致使结构表达。

三、运动背景的描述

关于致使运动事件运动背景的描述，本文主要从背景描写的详略程度以及事件合并方式的使用频度两个方面考察。

根据 Slobin（1996a）的研究，对运动事件的描写可通过给动词增补表示地点细节的介词短语表达诸如来源、中介或目标等运动背景。我们采用 Cadierno（2004）的研究思路，把动词＋表达背景的介词短语（plus-ground clause，见例 6a）标记为有背景信息，而把单独使用动词或动词＋外围成分（minus-ground clause，见例 6b）的情况标记为无背景信息。并对各组语料中使用背景信息的情况进行了统计分析。

（6）a. A deer pushes a red pot into water and swims with it to shore.

b. The animals are walking with the chain letting it drag.

如表 5-3 所示，英语本族语者使用了 59.75％的背景信息，汉语本族语者背景信息使用比例稍高于英语本族语者，达 51.77%；与三组学习者所使用的比例基本类似，分别为 53.19%（G1）、53.02%（G2）和 52.49%（G3）。对各组的统计分析表明，英语母语者与三组中国学习者相比没有显著差异（$\chi^2=2.271$，$p=0.518$）；汉语母语者使用的背景信息均值也与三组学习者差异不显著（$\chi^2=1.315$，$p=0.726$）；三组学习者之间差异也不显著（$\chi^2=1.507$，$p=0.471$）。Man-Whitney U 检验表明，各组的使用差异不具有统计学意义上的差别（$p>0.05$）。

表 5-3　各组使用背景信息的平均百分比

变量	英语	汉语	G1	G2	G3
有背景信息	59.75%	51.77%	53.19%	53.02%	52.49%

以往的研究表明，英语本族语者倾向使用较多的背景附属成分，更加关注路径的细节描写（如 Slobin 1996a，1996b），而本研究中的英语本族语者仅使用约 60%的背景信息，远低于相关研究中有关自我运动事件背景使用的比例（80%左右，见 Slobin 1996a；曾永红 2011，2013）。三组不同水平的中国学生所产出的背景信息稍低于英语本族语者，但与汉语本族语者基本相当。该结果也与有关汉语自我运动背景信息使用情况相近。如 Chen（2007）的研究发现，汉语本族语 5 个年龄组所产出的青蛙故事中，使用背景信息的比例仅占 52%。英语本族语者使用较低比例的背景信息可能与致使运动事件的表达本身有关。致使运动事件中最核心的信息是运动的原因，出于语言表达的经济性，说话者优先选择最重要的信息，符合 Wątorek（1996）所说的“最简回应”（minimal response to task），即在表达复杂信息时使用最少量的语言手段，这也是英语本族语者为什么同样选择仅仅使用诸如 pull away 等结构的原因，而不提及运动的确切起点、中介或终点。由于三组中国学习者产出的背景信息与英、汉本族语者不存在显著差异，且与汉语本族语者自我运动事件背景使用的比例相近，这种现象是否与汉语母语的思维特点有关还是与致使运动事件的表达有关有待开展进一步的细致研究。

我们对使用不同背景信息的语料进行了进一步分析，以发现各组使用事件合并方式（event conflation）的情况，尤其是对三组学习者而言，他们在多大程度上依赖序列式事件（event serialization）表达。

表 5-4　各组使用事件合并方式的比例

变量	英语	汉语	G1	G2	G3
事件合并方式	10（50%）	3（15%）	2（10%）	4（20%）	6（30%）

如表 5-4 所示，英语本族语者倾向使用事件合并方式，10 个受试（50%）选择了这种习惯性的表达方式，汉语本族语者也有 3 个受试（15%）使用了该方式。三组受试随着语言水平的提升逐步使用了更多的事件合并表达方式，使用比例依次为 10%、20%和 30%。与英语本族语者相比，差异显著。英语本族语者一般按事件发生的顺序详述运动的起点与终点，或者在同一分句中使用事件合并方式。例 7、8、9 为美国学生使用的实例，每个句子中均详述了两到三个背景信息。

（7）A speckled deer nudges a pot with snakes on it down a hill and across a river.

（8）The boys were playing football and kicked it through the window into a pan.

（9）Three small animals pull a chain out of a truck and throughout a city into a parking lot.

而中国学习者依赖序列式事件表达方式，通常在一个句子中只提及一个运动背景（路径的起点、中介或终点）。例 10 是典型的汉语运动事件描述方式，而例 11 尽管是用英语进行表达的，但汉语的特点展露无遗。

（10）男孩使劲向足球踢去，足球越过篱笆，飞进窗户，掉进了锅里。

（11）Two little boys played football on the street. They were so excited that one of them kicked the ball with a huge power. The football flew over the high fence, broke the window glass and fell in a woman's pan.

由于英汉语描述运动事件的使用偏好存在系统差异，这种差异在各自的语言表达中表现为不同的特征。具体而言，汉语主要采用［运动+途径］连续表达式，描写状态为重复的动态画面，而英语则倾向使用［途径］连续表达式，描写状态为单一的动态画面。两相比较，英语偏静态，汉语相对呈动态（邵志洪 2006）。因此，汉语中几乎不把两个以上不同的场景合并到一个分句中（Chen 2007）。本章发现汉语本族语者共计产出了三例事件合并方式，但与常规的汉语表达方式相比，几乎可以忽略不计。三组学习者中都有学生开始意识到英语运动事件的典型特征并逐步尝试使用具有该特点的结构，但从总体来看，仍然依赖序列式事件表达方式。

综合背景信息以及事件合并方式的使用情况，我们发现母语的思维方式仍在二语表达中起一定的作用。中国学生所提供的背景信息有限，使用事件合并方式的比例比本族语者要低得多，显然受到母语思维方式的强烈影响。

第四节　结语

本章考察了三组不同水平的中国学生习得英语致使运动事件的特点以及母语思维对习得的影响。结果发现，中国学生产出的致使运动动词数量有限，多为表达基本层级范畴的动词。学习者所产出的运动动词数量及种类随二语水平的提高而递增，但均落后于英语母语者。在所涉及的三类情景中，学习者致使运动结构的使用与英语母语者特点类似，但仍倾向选择分析型致使句式表达致使运动。在背景信息处理方面，中国学生所使用的比例略低于英语母语者，且不同语言水平之间差异不显著。关于事件合并方式，二语水平的影响较为突出，中国学生的使用情况随语言水平的提高呈上升趋势，但母语的影响依然明显，学习者倾向选择序列式事件表达方式。研究结果表明，学习者初步习得了英语致使运动事件的表达特点，但在运动动词的使用及事件合并方式的处理方面，即使是高水平学习者，母语思维方式仍产生明显影响。

由于第二语言的学习缺少持续不断的目标语输入环境，学习者难以形成隐性知识，只有通过有意识地比较和教学，才有可能注意到两种语言在概念系统上的差异。比如，利用 Lantolf & Thorne（2006）提出的概念型教学法（Concept-based instruction）或文秋芳教授（2014：1-5）提出的“认知对比分析法”（Cognitive contrastive analysis）进行显性教学，提升学生对运动事件表达的注意度，无疑会帮助学习者克服母语思维方式的影响，有效重构母语的概念系统，最终习得目标语的特定表达方式。也可以尝试为学习者适当提供以概念为导向的任务，以加速概念重构的进程（Pavlenko & Volynsky 2015：46）。

第六章
语言习得中的概念重构（Ⅲ）：英语口头叙事中的人物指称表达习得

叙事（narrative）又称说故事（story-telling），意指有组织地表述事物或事件的语言能力，是语篇能力的重要组成部分（Polkinghome 1988）。叙事能力的发展是语言习得研究关注的重点话题之一。有关研究主要集中在叙事结构、故事语法和叙事衔接性这几个维度。其中，叙事衔接是否得当很大程度上取决于指称手段的合理使用。已有研究表明，指称能力会随着年龄的增长而逐步提高（Hickmann & Hendriks 1999；Küntay 2002；Chen & Lei 2012）。但大部分关于指称发展的研究仍停留在母语习得或二语习得的早期阶段，对成人及水平较高的二语学习者的指称能力关注不多。基于认知语言学对语言和语言习得的假设，二语学习者和母语学习者面临同样的任务，即掌握一套特定的约定俗成的符号表征系统。第二语言发展的过程，就是学习者逐步重构已有概念系统、学会使用目标语进行思维的过程。基于此，本章试图通过对比中国英语学习者和英语母语者的口头叙事话语，揭示中国英语学习者英语人物指称习得的特点，分析二者在引入、维持和再引入人物时指称行为的差异，并尝试从母语概念迁移的角度对中国英语学习者人物指称的不完全习得进行解释。

第一节　研究背景

指称语是指用于指代或指示语内/语言之外语境中的人、事或物的语言形式，主要分为人物指称、指示指称和对比指称三类（Halliday & Hasan

1976）。其中，人物指称在叙事话语中使用频率最高，常使用人称代词及相应的形容词性物主代词和名词性物主代词指称人或者事物的情况，如英语中的 I、we、him 等，汉语中的“我”“你”等（朱永生等 2001）。除此之外，其他有定或无定名词短语也属于人物指称的范畴，如英语中的 the boy、that dog 等，汉语中的“他的小狗”“一只小青蛙”等（许保芳 2005；许家金、刘霞 2014）。Brown & Gilman（1960）通过采访、座谈、测试和影视剧本研究等形式对包括英语、法语、西班牙语在内的几种欧洲语言进行了实证研究，发现代词和名词是言语交际过程中基本的人物指称形式。乐耀（2010）在对 40 名在校大学生观看电影后记录故事情节的书面语篇的调查中发现，其人物指称形式均为代词、名词及其词组或短语。刘桂玲和王越利（2015）用网络资源建立了包括《亮剑》《疯狂的石头》《乡村爱情》等 15 部影视剧在内的电子文本语料库，从中检索到 317 个剧中会话人物指称实例。结果发现，剧中人物口语中的人物指称形式基本是代词、名词及其词组或短语。概言之，依据以上学者的调查研究结论，无论是书面语还是口语，人物指称形式主要为代词指称、名词指称及其词组或短语指称（刘畅等 2019）。

根据其功能，人物指称主要用于引入人物（referent introduction），再引入人物（referent re-introduction）与维持人物（referent maintenance）。人物第一次出现称之为“引入”；再引入主要包括以下几种类型：当指称对象（主语或宾语）在上一分句未出现，或作为主语的指称回指上一分句的宾语（Serratrice 2007：1060），或指称对象由两个及以上人物转为单一人物出现时（Colozzo & Whitely 2015：144）；其余维持人物的表达，称之为指称维持。为了确保交际效果，说话者必须选取合适的人物指称方式引入、再引入、维持人物以便确保语篇实体的地位（Levelt 1989）。这些指称表达方式可以依据预设所指存在逐渐过渡到确定所指对象而形成一个连续统（Hickmann 2002），如：

indefinite nominal＜definite nominal＜pronoun＜Ø

a boy　　　　the boy　　　　he

一般而言，不定短语通常用来引入所指对象，标记新信息；有定名词短语和代词维持前面所描述的对象，标记已知信息。零形回指（“Ø”）指的是句子中的空语法槽，代表前文已提及的所指对象，而此处无任何语法标志明确所缺失的所指对象（Tao & Healy 2005）。零形回指是汉语叙事中一种非常普遍的指称行为，在英语语篇中的出现频率却比较低。

研究发现，母语对二语指称习得产生影响。如 Chen & Pan（2009）认为，学习者母语指称表达的知识会在他们学习二语时出现迁移或产生跨语言影响，尤其是在本族语与目标语指称系统差异很大的情况下，学习者往往会依赖本族语系统的语言使用习惯。比如说，Clancy（1980）发现日语叙述者在英语叙事语篇中从不使用第三人称代词，而代词却是英语语篇中维持人物很重要的一种手段。Clancy 解释道，日语中的第三人称代词有其特殊地位，不同于英语中第三人称代词扮演的角色。类似的研究不胜枚举。Serratrice（2007）发现意英双语儿童和单语者一样能根据其功能选择合适的指称语，唯一的不同在于维持人物时，意大利英语学习者更多地使用了名词进行回指。Kang（2004，2009）在母语为韩语的英语学习者的语篇中发现了明显的韩语语言策略的使用，即经常使用指示代词和重复。但该中介语的语言形式也和母语不完全一致，显示出特定的目标语言策略，体现出学习者的阶段性习得特征。Jin（1994）表明汉语是一种“主题显著”（topic-prominent）的语言，而英语是一种“主语显著”（subject-prominent）的语言，英美人在未能真正理解“主题”这一概念时，在学习汉语的过程中会迁移“主语显著”的特点。国内的研究则更多从理论上进行对比。比如说胡壮麟（1994）和王力（1985）对中英语篇指称衔接进行了对比研究，发现中英不同的指称系统受句式结构的影响。徐玉臣（1996）发现英美人使用代词和有定名词词组更频繁。朱永生、郑立信和苗兴伟（2001）分析了中英指称的差异，认为英语语篇中主要依靠语言形式实现衔接，而中文语篇更注重语义关系，并建议英语学习者多加注意这方面的差异，避免母语产生的负迁移。英汉语言系统差异显著，中国学习者很有可能在使用了汉语的指称系统后，从而产生指代不清或表达不地道的现象。如陈霄（2004）通过研究中、法、日英语学习者口头叙事语篇发现了中国英语学习者所独有的指称特征，即过多使用名词策略，在对女主角的代词化指称中出现错误，且无明显证据表明指称策略和语言水平的相关性。许家金、刘霞（2014）对比了中国英语学习者与英语本族语者的英语口头叙事话语，发现在人物指称方面，中国英语学习者较多运用名词回指，少用代词和零形回指，这种情况与叙事话语的人物主次和情节复杂程度紧密相关。即使是在思考充分的书面语中，中国英语学习者仍然存在人物指称过度显化问题。

另外，以往的研究还发现人物的重要程度等维度也会对人物指称的选择产生影响。维持人物时，主要人物多采用代词回指的形式，而次要人物多采用名词回指（Karmiloff-Smith 1981）。Clancy（1992）将该现象称为“主要人物略称策略”（inexplicit reference for hero）。该策略认为说话人从主要人物转到次要人物，主要人物再次被提及时，仍然倾向于使用缩略形式。若是次要人物，为避免指代不清，说话人往往会使用名词回指（许家金、刘霞 2014）。刘畅等（2019）发现人物的指称类型与语篇内容的变化有着密切的关联。故事高潮部分，多采用名词指称回指，故事开端或结局，则多采用代词指称回指。

近年来，Slobin（1987）提出的“为言而思假说”（Thinking for Speaking Hypothesis）促使研究者们更多关注人类在形成话语时的大脑活动。该假说认为在说话时，思维活动扮演着一种特殊的角色：在构建话语的同时，人们使自己即时产生的思维活动或思维方式与合适的语言形式保持一致（Slobin 2002）。由于每门语言都会提供特定的选项训练本族语者关注事件的特定细节，儿童在母语习得阶段就已经形成了相应的思维方式。语言使用者在理解、表达信息过程中的在线思维必定受到母语思维活动的影响。二语学习就意味着重新训练学习者注意二语输入中的特定细节并最终实现概念重构，达到正确表达的目的（杨连瑞等 2012；许家金、刘霞 2014）。这与认知语言学中意义等同于概念化的观点不谋而合。概念化既包括概念内容，也包括对该内容加以识解的特定方式（Langacker 2008）。识解是指我们以不同方式对同一情景加以构想与描写的能力，包括详略度、突显、聚焦和视角四个维度，是一种重要的思维活动。从发话人的角度出发，指称行为的概念化可理解为发话人在当前话语空间对指称对象进行识解的过程。

综上所述，如果学习者不熟悉英语的语言习惯、叙事策略与识解方式，必将直接或间接地依赖母语的符号表征系统和思维方式，难以产出自然连贯的英语叙事篇章。中国英语学习者在英语叙事中的人物指称表达上可能存在问题，但这些问题并未得到有效关注与解决。本章将采用实证研究的方法，进一步考察中国英语学习者人物指称的习得现状，并从母语概念迁移的角度对其进行解释。

第二节 研究设计

一、研究问题

本章主要回答以下两个研究问题：

（1）不同学习阶段的中国英语学习者英语人物指称习得情况如何？

（2）母语对中国英语学习者的英语指称表达习得有何影响？

二、研究对象

本实验参照许家金（2013：72）的“中介语对比分析扩展模型”，收集了英语母语者、三组不同学习阶段的中国英语学习者的英语口头叙事话语各20篇，汉语母语者的同题汉语口语20篇。其中，英语母语者的语料有12份来自共享语料库CHILDES，8份为英国至少取得本科学位的英语成人母语者。中低级学习者为随机挑选的某师范大学英语专业入学不超过两个月的新生，该群体已有九年以上的英语学习经验，但英语专业学习系统性不够。中高级学习者为同校同专业的大三学生，且已通过专业四级考试，英语学习取得阶段性进展。高级学习者已在英国工作或生活一年及以上，硕士在读或已毕业，出国前已通过专业八级考试，或在雅思、托福、大学六级等考试中达到入学要求的分数。汉语母语者均来于上文中的中国英语学习者，熟练掌握母语叙事方法与策略，其产出的语言样本主要用于对比分析母语概念迁移在二语习得中的影响和作用。

三、实验材料

本实验利用Mayer（1969）的无字图画书*Frog, Where Are You?*来收集口语叙事语篇材料。故事描绘了一系列复杂的运动事件，其中涉及三个主要人物：小男孩、小狗和小青蛙。一天晚上，小青蛙逃跑了，在寻找小青蛙的途中，小男孩和小狗遇见了四个次要人物：蜜蜂、猫头鹰、田鼠和鹿，于是开始了一系列冒险故事。选择这份材料的原因主要有两个，其一，这些故事情节给说话者提供了一个丰富的语境，可以自然产出指称表达，以引入、再引入和维持故事中的人物指称。其二，该材料也广泛运用于其他叙事语篇研究（如 Hickmann 1995；Kang 2004；Serratrice 2007；Chen & Pan 2009）。

四、数据收集

数据处理主要包括三个步骤：

第一，语音收集。根据研究问题，本研究收集了三类语料，中国英语学习者语料（包括英语口语、汉语口语）和英美人英语口语。在收集中国英语学习者语料时，为了减小双语知识相互作用对指称表达产出的影响，我们借鉴了 Serratrice（2007）的操作程序，即：研究人员给每位受试三个信封，信封里的内容都是绘本故事 *Frog，Where Are You？* 的复制版本，但告诉受试三个信封内容不同，要求他们讲述自己抽选的内容。受试选择任务，依次浏览每一张图片，熟悉之后再回到第一张图片开始讲述。每个阶段的 10 名学习者先用英文讲述，其他 10 人用中文讲述；一周后，角色互换。为减少研究人员对学生语篇叙述产出的影响，他们只能提供一些简单的必要的提示，比如“这是关于一个男孩和狗的故事”“接下来呢?”或“男孩怎样了?”每名受试所需时间为 10 分钟左右。同样，20 名英语母语者也是基于同一材料用英语讲述内容。所有收集的材料都是通过录音的形式保存。

第二，转写。我们共收集了 100 篇口头叙事文本，并逐一将录音材料转写成书面语料。英文语料共 29686 词，其中英美人的语料为 9254 词，学习者语料为 20432 词。中文口语叙事语料为 8229 个词（实际统计数是 13166 个汉字，按 1.6 个汉字对应一个英文单词计算）。

第三，标注。对数据进行校对之后，我们对文本中 7 个人物的人物指称进行了手工标注。标注主要包括三个部分：语篇功能（introduction、re-introduction、maintenance）。指称类型。本文借鉴 Halliday & Hasan（1976），Gundel et al.（1993）和 Colozzo（2015）的框架，将人物指称分为三类：不定短语（indefinites），包括不定名词短语如 a boy、two frogs 和不定代词如 someone、each 等；可识别的名词短语（identifiable nominals）如 the boy、his frog、人名等；具有指称功能的代词（referential pronominals），如人称代词 he，物主代词 his、hers，关系代词 which、who，反身代词 himself 和零形回指（Ø）。细分指称语形式（indefinite NPs、definite NPs、pronouns、ellipsis 等）。下面节选来自于英语母语者：

> There is a boy〈I，ind，indA〉. He〈M，ref，perP〉has two pets〈I，ind，indN〉，one pet dog〈R，ind，indA〉and one pet frog〈R，ind，indA〉. One night while the boy〈R，ide，defN〉was sleeping，the frog〈R，ide，defN〉run away and〈M，ref，Ø〉skate.
>
> （其中 I、M、R 分别代表人物的引入、维持和再引入；ind＝indefinites，ide＝identifiable nominals，ref＝referential pronominals；第三位的是指称类型的进一步细分，如 indA 代表带冠词的不定短语，defN 代表可识别名词短语中的有定名词短语结构，perP 代表代词中的人称代词。）

为保证编码信度，本章的两位作者依据上述标注系统和代码命名方式独自完成了 20 篇语料的标注，再逐一检查对照，一致性达到 95.8%。我们集中讨论了标注不一致的地方，随后余下语篇的编码标注工作由第二作者独自完成。

根据编码的数据，我们计算了每一种人物指称在引入人物、再引入人物以及维持人物中所占的比例，并利用 MANOVA 进行组内组间比较，对比了中国英语学习者与英语母语者语篇中人物指称使用的情况以及中国英语学习者同题汉语语篇的差异，最终得到中国英语学习者习得人物指称的情况。

第三节　结果与讨论

一、中国英语学习者的人物指称习得

我们对 60 名不同学习阶段的中国英语学习者和 20 名英语母语者的英语叙事语篇进行了手工标注，得到了 5889 处英语人物指称表达。英语学习者

与母语者在引入、再引入和维持故事人物时所用人物指称的分布情况如表6-1所示。

表 6-1 英语学习者与母语者在英语口头叙事中的人物指称使用情况

指称类型	引入人物		再引入人物		维持人物	
	学习者	母语者	学习者	母语者	学习者	母语者
不定短语	71.90%	75.46%	3.82%	5.80%	2.83%	2.23%
可识别名词短语	27.03%	24.04%	73.65%	73.52%	19.64%	15.64%
代词	1.07%	0.50%	22.53%	20.68%	77.53%	82.13%

总体来看，两组受试在引入、再引入和维持人物三种状态下的人物指称分布基本一致。在引入人物时，两者都倾向使用不定短语（$F=0.051$，$p=0.985>0.05$）来标记新信息；在再引入人物时，可识别名词短语被普遍选择（$F=0.074$，$p=0.974>0.05$）；在维持人物时，母语者采用了更多的代词回指（$F=0.065$，$p=0.978>0.05$）。上述结果表明，中国英语学习者已初步习得了英语指称行为中语篇功能与指称类型的对应关系，但对指称类型进一步细分后，我们发现学习者并未完全习得特定的用法，仍与母语者之间存在较明显的差异。

（一）引入故事人物所用指称语的分布特点

从指称成分在语篇位置的角度看，不定指的带有表示人物描写和人物活动修饰成分的名词指称常常出现在语篇所述事件群之首（乐耀 2010：338），是用于引入新人物的最佳选择。表6-1显示，所有受试都倾向于使用不定短语来引入人物。我们省略使用频率不足5%的人物指称后，得到表6-2。

表 6-2 英语学习者与母语者在引入人物时人物指称的分布情况

指称类型	中国英语学习者			英语母语者
	中低级	中高级	高级	
不定名词短语	69.4%（118）	62.7%（96）	66.1%（113）	66.7%（122）
有定名词短语	10.6%（18）	10.5%（16）	15.2%（26）	13.7%（25）
所有格名词短语	10.6%（18）	8.5%（13）	12.9%（22）	9.8%（18）
人名	5.9%（10）	5.9%（9）	1.2%（2）	0.0%（0）
合计	100.0%（170）	100.0%（153）	100.0%（171）	100.0%（183）

表 6-2 展示了不同英语水平学习者语篇表达中引入人物时使用的人物指称的百分比情况。无论是中国英语学习者还是英美人，都主要通过四种表达方式引入故事人物：不定名词短语、有定名词短语、所有格名词短语以及人名。其中，不定名词短语出现的频率最高，在中国英语学习者语篇中的平均比率是 66.1%，英美人的表达中为 66.7%，几乎没有差别。该类用法主要出现在存现结构（1）、被动结构（2）与主动及物结构（3）中。

（1） Once there was a boy living next to my house, named Tom.

（2） The little boy climbs up the tree and is frightened by an owl.

（3） One day, a little boy and his dog found a little frog and put it in a glass.

其次，所有受试均较多使用有定名词短语（如 the dog, the bees 等），各组分别达 10.6%、10.5%、15.2%和 13.7%。这种表述方式容易理解，说话人在上下文语境中已获知有关物体的相关信息，在引入新的人物时使用了交际双方都有明确所指的表达方式。

（4） He knocked down the beehive and the bees are now coming out in full force.

（5） The dog's attention was attracted by a bee comb. He wants to eat some honey, but the bees were very angry at him and tried to attack him.

此外，所有格名词短语使用较多，如：At night Tom and his dog was staying in his room together with his frog in a big jar. 但该类结构仅运用在介绍主要人物中，原因在于狗、青蛙和男孩之间存在所属关系，而次要人物并没有。我们还发现，英语母语者没有使用人名的现象，而中国学习者产出的少量语篇中使用人名来引入故事人物，比如：

（6） **Tom** and his dog are looking at the frog.

（7） One night, **John** was playing with his frog.

与英语母语者相比，中国英语学习者在引入人物时的特点主要不是体现在所用语言形式的频数上，而在于他们更多选择了精确度较低的上位词（见图 6-1）。以“鼠”为例，我们将所用的指称语按详略度排序：animal＜mouse / rat＜mole / gopher。除去未使用这一特定指称的情况，英语学习者和母语者出现了两个不同的峰值。在学习者语篇中使用频率最高的是 mouse / rat，有 36 人（平均每组 12 人），占 60%；相反，英语本族语者使用最多的则是细节描写更丰富的下位词如 a mole，a gopher and a groundhog 等，有 12 人，占比 60%。与此同时，汉语母语者使用了与英语母语者相同数量和比例的下位词。

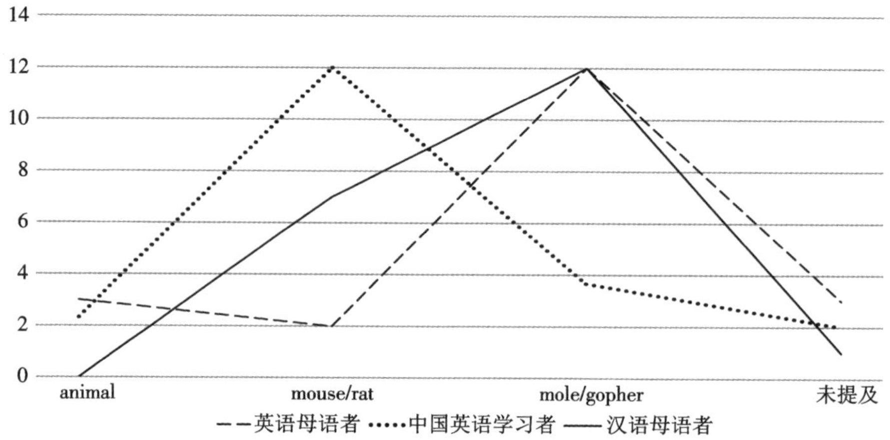

图 6-1 英汉语篇中引入老鼠时的指称表达

对此，有两种可能的解释。一方面，可能是学习者的母语思维活动对动物大小、种类等细节的关注不够多。因此，说话者在二语产出中受母语影响，只给出了粗略的老鼠这一动物形象。然而对汉语叙事话语的分析发现，最优选择仍然是详略度极高的词语，如田鼠、小鼹鼠、地鼠、土拨鼠等。这就排除了母语概念迁移的可能性，指向另一种可能的解释，即学习者二语知识的不足使其无法迅速地以地道准确的指称语引入人物。这与许家金、刘霞（2014）的研究结论一致，中国英语学习者倾向使用上义词来代替不熟悉的具体词汇，即用 mouse / rat 来代替 mole / gopher。

另外，中国英语学习者在引入人物后使用的代词和动词较少。也就是说，在引入人物后，他们并未对其细节进行具体描述。在英语本族语者的叙述中，大多数人物的引入后都会有短语或从句用来交代其动作、位置等细节，而学习者在引入人物后，则重点表达了另一个人物的动作，彼此间的关联不大。以下四个句子都以猫头鹰的引入为例（例句 8、9 为英语学习者，10、11 均为英语母语者）：

（8） They met a lot of difficulties in the forest，for example... and the eagle 〈I，ide，defN〉 was really scary. But the boy did not want to...

（9） An owl 〈I，ind，indA〉 came out from the hole and Tom dropped down to the earth and a flock of bees come suddenly to catch up...

（10） An owl 〈I，ind，indA〉 flew out of the hole in the tree and knocked him down out of the tree.

（11） But there's an owl 〈I，ind，indA〉 in there who bumps him down to the ground.

例句（8）中的猫头鹰只是作为小男孩在森林中冒险遇到的困难之一出现，三幅图片的内容被说话者一笔带过，没有提供其他任何信息。例句（9）中的猫头鹰只有从洞中出来这一个动作，并列连词 and 后的小句则开始描述小男孩掉下去、蜜蜂追逐他的场景。三者之间的及物关系在语言表达中并不明显。例句（10）和（11）中有更加具体的细节描述，猫头鹰不仅出来了，而且是从树上的洞里飞出来的，之后把小男孩撞倒在了地上。说话者通过公用主语 an owl 或者用关系代词 who 构成定语从句的形式及时呈现了猫头鹰与小男孩之间力的传递。反映到人物指称语的使用上，在引入人物后，英语母语者更多使用关系代词和零形回指形式。

从相对广义的指称语分类来看，中国英语学习者已经掌握了指称语与功能的对应关系，即用不定短语来标记新信息，完成引入人物时的指称表达；在前文已提及人物处所、位置、身体部分等情况下使用有定名词短语结构。他们与英语母语者在引入人物时使用的指称差异主要体现在词语表达的详略度上，学习者所使用的名词详略度不高，对引入的人物细节描写不足。

（二）再引入故事人物所用指称语的分布特点

从功能的角度看，可识别的名词短语主要用于再次引入之前提及过的指称对象，有时也可标示一个新的段落的开始。这些名词指称形式一般不出现在篇首，它们的语篇功能相似，都具有命名和追踪人物角色的功能（乐耀 2010：338）。由表 6-1 可知，再引入人物时，主要运用到可识别名词短语和代词短语这两种指称表达方式。表 6-3 将这两种主要类型做了细分，展示了英语学习者和母语者再引入人物时的指称语分布特点。

表 6-3 英语学习者与母语者在再引入人物时人物指称的分布

指称类型		中国英语学习者			英语母语者
		中低级	中高级	高级	
不定短语		2.8% (22)	4.3% (26)	4.5% (37)	5.8% (57)
可识别名词短语	有定名词短语	50.2% (398)	41.2% (251)	51.9% (427)	66.3% (651)
	所有格名词短语	6.9% (55)	12.0% (73)	11.1% (91)	6.3% (62)
	人名	16.1% (128)	20.5% (125)	10.1% (83)	0.5% (5)
代词	人称代词	24% (190)	21.7% (132)	21.8% (179)	20.7% (203)
	合计	100.0% (793)	100.0% (609)	100.0% (822)	100.0% (982)

省略使用频率不足5%的人物指称后，我们发现再引入人物时，英语本族语者主要运用了四种指称表达方式：有定名词短语、所有格名词短语、人物名字以及人称代词。其中，有定名词短语所占比例最高，其次是人称代词（分别为66.3%、20.7%），如表6-3所示。从可识别名词短语的实验情况来看，三组受试和英语母语者分别占73.3%、74.1%、73.7%和73.5%，组间没有显著差异（$F=0.074$，$p=0.974>0.05$）。三组学习者在不同维度上呈现不同的特征：有定名词短语使用最为频繁，使用比例分别达到50.2%、41.2%和51.9%，组间差异显著（$F=4.795$，$p=0.012<0.05$）；所有格名词短语的使用同样存在显著差异（$F=3.283$，$p=0.045<0.05$）；人名使用差异明显（$F=0.890$，$p=0.049<0.05$），而人称代词的使用不存在显著差异（$F=1.491$，$p=0.234>0.05$）。从再引入人物时各指称形式使用的总频数来看，中低级水平组和高级组无明显差异，而中高级水平组远低于其余两组，呈现明显的U型过程。从各维度的实验情况来看，中高级水平组所使用的有定名词词组频数远低于其他两组学习者。而且，学习者再引入人物的总频数远远低于英语母语者。但在人名使用方面，英语母语者很少使用该策略，但学习者使用频繁，尤以中高级水平组的学生为最。该结果反映了中国英语学习者在人物指称表达方面存在的困难，重构任务没有完成。

在叙事语篇中，中国英语学习者使用有定名词短语的频率远不及英语母语者（所占比例分别为47.77%和66.29%），主要原因可能是前者更倾向于给故事中的人物取名。对比汉语语篇后，我们认为这种现象明显受到母语叙事习惯的影响。另外，中国英语学习者更多地使用所有格名词短语，往往是因为在故事中基于语境编造了对话的原因，如例句（12）、（13），而不是像英语母语者在例句（14）中直接说出人物动作。

（12）The boy〈M，ide，defN〉said：“*Do you see my frog*〈R，ide，posN〉? *I cannot find it*〈M，ref，perP〉. *It*〈M，ref，perP〉*is missing*.”

（13）The boy〈R，ide，defN〉opened the window and〈M，ref，0〉shouted at outside：*Is there anybody see my frog*〈R，ide，posN〉?

（14）The boy〈R，ide，defN〉is calling for the frog〈R，ide，defN〉，and the dog〈R，ide，defN〉is sniffing for the frog〈R，ide，defN〉.

基于前面的故事情节，中国英语学习者倾向选择对话形式，将会话内容完整地呈现出来，突显现场感，从而拉近说话者与听话者的心理距离，使故事情节更加生动形象，描写更加细腻丰富。以高级英语学习者的口头叙述为例，多达55％的学生使用了该策略，全组20人中，共有11人选择了对话形式。

总的来看，中国英语学习者在再引入时的指称总频数低于英语母语者，其中，中高级组学习者使用数量最低，其结果远低于其他两组学习者。另外，他们在叙述故事时编造了更多对话，使用了更多所有格名词短语。学习者较为普遍地使用人名指称其中的人物，该习惯导致有定名词短语使用的频率低于英语本族语者。随着语言水平的提高，学习者逐步重构了目标语言体系中的叙事习惯，但中高级水平组在各主要维度上重构程度最低，整体呈现U型过程。

（三）维持故事人物所用指称语的分布特点

维持故事人物时所使用的人物指称形式最为丰富，几乎每种指称都有涉及，但最主要的是代词（学习者和英语母语者分别为76.8％、82.1％），其次是可识别的名词短语（学习者和英语母语者分别为19.6％、15.6％）。乐耀（2010：338）指出，代词指称一般用于所述事件群的“非群首”位置，更准确地说是语篇句链之中，用来追踪回指故事人物。为了探知中国英语学习者在维持人物时是否能和英美人一样使用相似的策略，我们对英语本族语者叙事语篇与中国学生英语叙事语篇进行了统计分析，省略使用频率不足5%的不定短语和其他指称语后，结果如表 6-4 所示。

表 6-4 英语学习者与英语母语者维持人物时人物指称的分布

指称类型		中国英语学习者			英语母语者
		中低级	中高级	高级	
不定短语	有定名词短语	14.7%（70）	7.3%（28）	11.0%（65）	14.6%（85）
	人名	9%（43）	5.5%（21）	5.9%（35）	0.3%（2）
	合计	24.3%（116）	14.7%（56）	19.1%（113）	15.6%（91）
代词	人称代词	45.3%（216）	44.5%（170）	53.7%（318）	47.8%（278）
	零指称	26.2%（125）	31.7%（121）	22.0%（130）	30.1%（175）
	合计	73.4%（350）	81.7%（312）	76.5%（453）	82.1%（478）
	总计	100.0%（477）	100.0%（382）	100.0%（592）	100.0%（582）

总的来说，在维持人物时，所有受试频繁使用代词，使用比例远高于其他方式；有定名词短语的使用也占了较高比例。具体而言，四组受试都倾向选择人称代词和零形回指来维持人物。这两种形式处于指称语连续统（Hickmann 2002）的末端，其所指对象可及性最高，不存在指代不明的模糊现象，也就不需要使用包含更多细节的语言形式如有定名词短语等来确定所指。这再次证实了乐耀（2010）提出的指称成分与语篇位置的关系结论，即代词指称一般用于所述事件群的“非群首”位置；从功能的角度看，话题位置的代词把语篇句组胶合为同一时空域下的语篇句链，组成了以代词所指为话题的话题链，用来追踪回指之前引入的人物。

与英语母语者相比，中国学习者在英语语篇表达中人名的使用频数较多，零形回指较少。数据显示，存在最显著差异的表达方式依旧是人名（$F=20.43$，$p<0.001$），中低水平组使用频数偏多，中高级和高级水平组使用频率接近，而英语母语者却很少使用这种表达方式。结果表明中国英语学习者对人名在中英语言中的使用差异认识不够。下面所节选的中低级学习者语篇中的一段话，反映了这一特点：

（15）In the forest，Edison shouted at a small hole on the ground， which came out a squirrel. At the same time, Bobby was trying to shock a beehive and he succeeded. A float of bees followed behind Bobby. Edison found a big hole in the tree, so he climbed up and checked it. This time came out an owl which scared Edison to fall down the tree. Never give up! Edison thought about this and kept his searching. Bobby chased Edison to the edge of a cliff and threw him down. Bobby chased its host and rushed down the cliff.

这段话很好地展示了中国学习者在英语表达中仍然保留本族语语言的特点。当中国学生运用大量的名词进行回指时，英语母语者往往利用代词或者有定名词短语维持人物关系，这也证实了 Kang（2004）所提出的观点，二语/外语的指称系统与母语的差异越大，学习者在学习与使用目标语时极可能存在较大的困难。

在分析文本时，我们还发现英语母语者使用代词的频数要高于中国英语学习者，其人称代词 he 的所指范围也更加广泛。所有受试者都会用 he 来指代小男孩，这也完全符合英语语法中用 he 指代男性角色这一规则。但是，英语母语者在无明显线索指向小狗性别的情况下，仍会使用 he（例 16）；而中国英语学习者更倾向选择 it 指称故事中的小狗（例 17）。

（16） The dog is happy. He licks the boy and he finally got the jar off his head.

（17） The dog falls over from the window, luckily, on the ground floor. And it breaks the fish bowl.

这是一种明显的母语概念迁移现象。在汉语中，我们用“他、她、它”分别指代男性、女性与性别不明的个体。所以为了降低学习英语人称的难度，教师往往将其和 he、she、it 一一对应，导致学习者忽视了 he 和 it 更深层次的差异。不同于法语、西班牙语和其他欧洲语言，现代英语中的名词没有性这一语法属性。人物指称 it 常用于指代桌子、椅子等无生命物体。一般来说，当说话者不知道所指动物的性别或不想与之产生联系时也会使用 it（例 18）。

（18） I saw a snake yesterday. It was so scary.

用 he 或 she 指代动物的用法在某些圈子里却十分流行。爱动物人士往往通过这样的词汇将其拟人化，突显他们对这一家庭成员的深厚感情。在青蛙故事中，小狗是一直伴随小男孩找青蛙的主要人物之一，所以被英语母语者习惯使用 he 来指代。这也证实了许家金、刘霞（2014）所提出的观点，在语言认知发展中，在一些涉及具有形式—意义—功能的语言形式时，需要进行一定程度的“概念重构”。

最后，尽管这四种表达方式上与英语母语者之间仍然存在显著差异：人称代词（$F=10.51$，$p<0.01$）、零形回指（$F=6.33$，$p<0.05$）、有定名词短语（$F=17.48$，$p<0.05$）与人名（$F=20.43$，$p<0.001$），但学习者英语口语中的指称方式介于英汉语之间，具有较明显的中介语特征，这说明中国学习者已经意识到了英汉语之间的差异，在很大程度上逐步摆脱母语语言的影响，所产出的语言形式呈现向英语目标语靠拢的趋势。在使用人称代词回指时，高级水平组甚至存在过度使用的现象，所使用的代词频数和比例均高于英语母语者。

综上，通过对比学习者与英语母语者的人物指称使用情况，我们发现，维持人物时所使用的回指方式差异最为显著。从表面上看，中国英语学习者已经习得了在维持人物时的指称表达，较多地使用人称代词和零形回指，也有适量的有定名词短语出现。但从指称语数量和范围来看，中国学习者维持人物时使用的人物指称方式与英语本族语者仍存在较大差异，还存在很多问题，指称习得并不完全。各语言形式出现的频次也并无总体上升或下降的趋势，无明显证据表明维持人物时所用指称策略和语言水平之间的相关性。

二、人物指称习得中的母语概念迁移

汉语和英语分属类型不同的语言，有着迥然不同的词汇文法体系，在语篇衔接方式的运用上差异很大（Halliday & Hasan 1976）。这种差异反映了英汉母语者对现实世界的不同释读方式。Carroll & Stutterheim（2003）指出，语言学习不单单是词汇、语法的学习，更要包含思维层次的切换，即学习者应该对每种语言中的事件识解方式与所使用的语言形式进行合理匹配。所以当习得不完整，英汉思维转换不成功时，中国英语学习者在习得人物指称时往往会出现各种问题。为了进一步探究中国学习者在英语表达中是否会迁移汉语表达策略，我们对学习者的英语叙事语篇与汉语叙事语篇进行了组间对比。除上文提到的 he 的用法外，我们认为主语的选择、人名的选取和关系代词的使用也都可从母语概念迁移角度作出相应的解释。

（一）中国英语学习者识解的突显影响其主语选择

突显是事件识解的重要维度。Langacker（2008）将语言信息中的突显分为两大类：侧显（profiling）和图形/背景分离（trajectory / landmark alignment）。尽管二者概念不完全一致，但都极为关注注意力的聚焦。语言表达的侧显往往是当前语域下注意力的焦点，也就是突显程度高的图形，它可以是一个物体，也可以是一段关系。背景在识解过程中往往不处于话题中心，受到的关注较少，突显程度低。在图形/背景分离原则的作用下，图形的选择往往直接决定了小句主语的选择。即使是同一事件，只要主语选择不同，说话者对人物突显程度的识解就会不同。Chen & Oller（2008）将主语的选择进一步细分，研究了学习者不同形式的被动语态表达，提出了其背后蕴含的不同识解过程。被动语态的原型结构从受事的角度出发描述事件，在英语中出现了许多不同的形式，每种形式都体现出对参与对象识解的突显程度。中国英语学习者尽管习得了被动语态的各种形式，但在叙事中语言形式和功能的语用匹配上，却不如英语母语者灵活。为了探究不同场景下说话者识解过程中不同人物的突显程度，我们选了三个运动事件作为研究对象，对比英语本族语者叙事语篇与中国学生英汉叙事语篇（见表 5）。他们分别是：①小男孩被猫头鹰吓得掉到地上；②小狗被一群蜜蜂追逐；③小男孩被鹿拖着跑再被扔进池塘。这些事件都包含两个人物，根据英语表达习惯，我们把句子主语看成是突显程度较高的图形。

表 6-5　英汉母语者与英语学习者句子主语的选择

人物类型	汉语母语者	中低级学习者	中高级学习者	高级学习者	英语母语者
次要人物	86（65.7%）	56（63.6%）	68（62.4%）	73（62.4%）	66（49.6%）
主要人物	43（32.8%）	32（36.4%）	34（31.2%）	36（30.8%）	60（45.1%）
未提及	2（1.5%）	0（0.0%）	7（6.4%）	8（6.8%）	7（5.3%）
合计	131（100.0%）	88（100.0%）	109（100.0%）	117（100.0%）	133（100.0%）

从表 6-5 中我们发现，英汉母语者与不同阶段的英语学习者在选择句子

主语方面存在的差异。英语母语者语篇中，主次要人物分别做主语的比例为45.1%、49.6%，使用频率相当，表明说话人注意力分配较为均衡，主次要人物均得到了适度的关注。而汉语母语者在汉语叙事中，则更多地关注次要人物的行为，使用比例高达65.7%，这与他们在英语语篇中主语的选择保持一致。以下三个例句分别为英语母语者、学习者和汉语母语者对事件③的描述：

(20) Suddenly a deer comes, and the boy falls onto the deer. The deer takes the boy and froze him off the edge, and the boy lands in the river with his dog.

(21) He, getting on something like the branch of a tree, finds himself on the head of a deer. It seems as if the deer does not like Tom. It tries to get Tom down. Suddenly the deer stops and throw Tom into the water.

(22) 小鹿似乎不高兴被人打扰，它载着杰克奔跑起来，直到来到一个小塘旁。它把杰克和狗狗一起甩入了池塘。

英语母语者的句子相对较短，主语兼顾了主次要人物，并依据场景灵活运用：鹿—小男孩—鹿—小男孩。中国英语学习者在英汉叙事中，都更多地选择次要人物小鹿作为连续几个句子中的主语，所使用的主动语态多，关于小鹿的信息描写更为具体丰富，学习者在识解过程中叙事焦点的持续时间更长。不同于人名和其他指称语的分布，学习者主语的选择并未随着其英语水平的提高而逐渐接近英语母语者。我们认为，这是由于学习者习惯了母语思维中的叙事策略，焦点转换并不频繁。这也验证了 Carroll & Stutterheim (2003) 所提出的观点，即语言形式的习得并不意味着学习者在此过程中自动习得了目标语言体系中构建信息的原则。每种语言都有其特定的词汇语法编码方式，学习者不仅要明确目标语言中的编码体系，还要学习决定此种编码方式的内在原则。这种思维层面的习得和转换是漫长的，即使是高级英语学习者，也并未能按照英语母语者所习惯的方式分配注意力。

（二）中国英语学习者人名使用频繁

人物专名和有定名词短语都是指称语中可及性较低的表达。二者的使用情况很大程度上能体现学习者的目标语言水平，中低级学习者往往很难对二者加以区分。对此，Hickmann（2002）提供了一个解决方案：人名往往是最清晰的指称语，而有定名词短语却可以有多个回指对象，说话者需要根据语境做出不同的选择。当姓名已经提前与故事情节中某个特定的人物建立起联系时，可以使用人物专名，否则便应该使用有定名词短语。在例句（23）中，人名 Danna 比名词短语 your daughter 更合适，而在例句（24）中，则应该使用 the NP 的结构。

（23）We're having a birthday party for Dana / your daughter next week. Don't forget.

（24）Joan Smith / The Tyberias chief of police has called up an investigation of the scandal.

与英语母语者相比，汉语母语者无论是在何种语言的叙事中都更偏爱给人物取名（许保芳 2005；Chen & Lei 2012；刘桂玲、王越 2015）。本研究整理了四组受试英汉语篇中使用人名的频数，结果如图 6-2 所示。

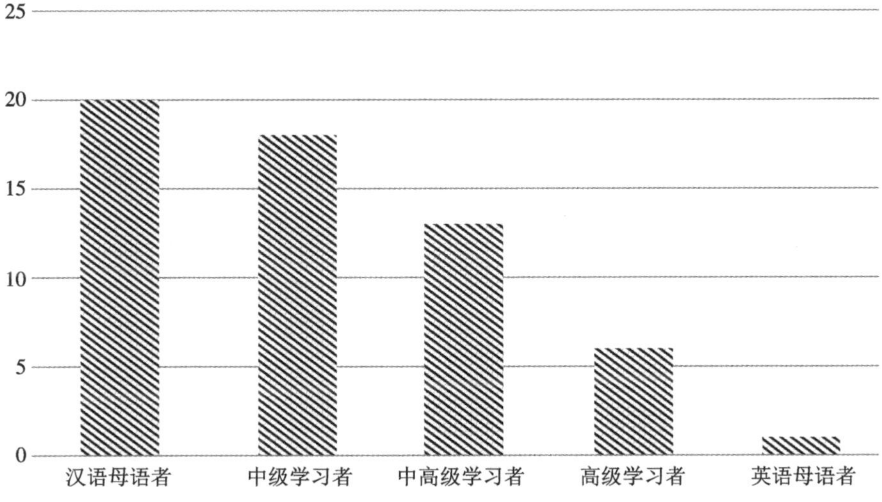

图 6-2　英汉叙事语篇中人名使用频数

从图 6-2 中可以看出，随着目标语言水平的提高，中国英语学习者在人名使用方面正在逐步摆脱原有的汉语叙述习惯，展现了中介语的发展性特征。在汉语叙事中，所有 20 名母语者都给主要人物命名为小明、小新、小白等；英语叙事中，三组学习者中分别有 18、13、6 人做出相同选择，而英语母语者仅有 1 人采用了命名策略。看图说话时，给人物取名是汉语的传统叙事策略，可借助 Hall（1976）的高低语境文化理论加以解释。

中国文化是一种典型的高语境文化（high-context culture），信息传递主要来自于交流的场合，即语境。除了语言形式本身的意义，其隐含意义、声调、手势、停顿等都包含了交际信息。所以在汉语叙事过程中，说话者较少依赖指称语，这也解释了为什么表 2、表 3 中，中国英语学习者的指称语使用频数均低于英语母语者。在这种文化下的人们组成了不同的交际圈（communicative group），这就使得某些词在圈内个体解读出的丰富信息在圈外无法有效传播。通过给故事中的人物取名，说话者就是在刻意营造一个属于他和听话者的新的临时交际圈。在引入人名后，下次再听到 Tom 时，听话者能立刻准确反映出所指对象。这一方面缩短了和听话者的心理距离，使人物形象更加真实饱满，同时也提高了语言的简洁性。而英美文化属于典型的低语境文化（low-context culture），信息传递几乎完全依赖语言形式本身的字面意思。在英语叙事中，说话者必须通过语言的形式将每个信息准确传达。不采用命名策略可能是因为他们不想通过 Tom 和小男孩的对应关系来塑造一个严格的交际圈界限。因此，在指代小男孩时，他们使用的是具体的语言形式如 a / the boy、he 等等。

总之，学习者水平越高，其人名策略使用频数越低；高水平学习者逐步习得了目标语言的选择习惯。这可能是因为随着语言学习的深入，学习者接受的输入越多，其完成重构的可能性越大，从而会有意识地避免使用特定人名指称具体人物。

（三）中国英语学习者较少使用关系代词

代词一直是中国英语学习者口头叙事语篇中出错最多的地方，所使用的代词频次往往少于英语母语者（陈霄 2004；Chen & Pan 2009；许家金、刘霞 2014；刘畅等 2019）。这种代词的缺失既可能是汉语指称模式影响的直接结果，也可能是使用交际策略以避免错误的间接结果。其中，关系代词作为中国英语学习者学习的难点，其使用正确与否具有典型的研究意义。关系代词指代先行词，有主格、宾格和属格之分，并有指人与指物之分，用来引导定语从句。对比英汉语篇后，我们发现英汉母语者维持人物时关系代词的分布出现了明显差异（见表 6-6）。

表 6-6　英汉母语者维持人物时关系代词的使用情况

分类	英语母语者	高级学习者	中高级学习者	中低级学习者	汉语母语者
频数	24	3	13	5	0
频率	4.1%	0.5%	3.4%	1.0%	0.0%

英语母语者使用关系代词引入定语从句，丰富了故事中的人物细节描写，是一种重要的叙事策略。相应地，英语学习者开始注意到了关系代词的运用，尽管使用频次仍然过低。这可能与已有关于关系代词使用的研究结果相符。由于汉语中缺失关系代词，学习者受母语概念迁移的影响，尚未完成重构的任务。学习者较为普遍地采用回避策略，以避免出现错误。与前文中提到的其他人物指称形式不同的是，中高级学习者的使用情况（3.4%）接近英语母语者（4.1%），远超中低水平组和高水平组，具体原因尚待进一步分析。

在本故事中，英语关系代词的作用主要有：搭配介词传递方位信息；赋予先行词两个动作。下面分别节选英汉母语者语篇中的例句说明。介词和关系代词的结构将两个彼此相关的小句有效连接，是英语叙事中常见的现象。

（25）What the boy took to be branches were really antlers of a deer 〈I, ind, indA〉 on which 〈M, ref, relP〉 he gets caught.

在故事开头，小男孩和小狗看着瓶子里的青蛙时，英语母语者会这样描述：

（26）And they're both looking at a frog 〈I, ind, indA〉 who 〈M, ref, relP〉 's inside of a jar.

先行词 frog 既是主句中的界标/背景，也是从句中的射体/图形/主语。通过主句和从句的两个动词传递先行词的两个行为动作或状态。在主句中，青蛙做宾语，突显度不高，处于被小男孩和小狗观察的状态；从句中，青蛙成了突显度高的主语，后续信息明确告诉读者青蛙的处所位置。现代汉语中的代词包括人称代词“你、我、他”，指示代词“这、那”和疑问代词“谁、什么、哪”三类，并无专门修饰先行词的关系代词，更没有类似英语的定语从句结构。汉语的定语都是直接放在被修饰的名词或代词的前面，由结构助词“的”连接，形成定中结构。因此在汉语语料中，表达例句（26）的意义时，常用的句子是：

(27) 小新跟小白两人在床脚看着瓶子里的青蛙。

或者是将两条信息分别放在两个句子中，如：

(28) 他们抓到一只青蛙，并把它放进一个玻璃缸内。他们非常喜欢它，很好奇地看着青蛙。

这更符合汉语口语中句子短、碎片化的特点。在 Langacker（2008）的识解理论中，个体都有能力唤醒一个实体概念以和另一个实体建立认知联系。被唤醒的实体叫参照点，通过参照点被认知的实体叫目标。一个特定的参照点可以触发不同的目标。在青蛙故事中，小男孩是一个很重要的参照点，由此产生了 the boy's dog、his frog 等诸如此类的表达。关系代词将这种联系更推进一步，使人物彼此间联系更加紧密。

第四节　结语

研究发现，在英语口语叙事语篇中，中国英语学习者在引入人物时都倾向使用不定名词短语，与英语母语者相比，二者并没有明显差异。但其使用的名词详略度不高，对引入的人物细节描写不足。在再引入人物时，多使用可识别名词短语，尤其是 the NP 式的有定名词短语。但其指称行为总频数低于英语母语者，偏重使用对话策略，更多使用所有格名词短语，且因为命名策略的使用导致有定名词短语使用的频率略低。在维持人物时，学习者较多使用人称代词和零形回指，以及适量的有定名词短语。但其使用代词的频数较低，人称代词 he 的所指范围也更小；总体呈现过度显化的问题。通过对比中介语（英语口语）和目标语（英语口语）二类叙事话语，并结合中国学习者的同题汉语口语语料，我们发现中国学习者虽然意识到了两种语言人物指称表达方式的差异，并有意向目标语靠拢，但仍未能真正掌握目标语的人物指称策略。

我们认为产生这种现象的原因主要是中国英语学习者未能真正认识到两种语言本质的差异，从而克服母语的概念迁移，逐步重构人物指称策略。一方面，东西方思维方式的差异性对习得产生影响。英美人的思维方式以理性、分析和完整性为标志，而中国人更注重感知、综合、暗示（孙致礼 2003），所以英美人交流时，信息以语言代码的形式传递，而中国人更多依靠语义衔接。由此带来英汉母语者识解方式的不同。英语母语者焦点并非稳定不变，而是均匀分配在主次要人物身上。所以他们的语篇中，主语也是灵活选择的。中西方高低语境文化的差异使得中国英语学习者频繁使用人名取代有定名词短语。另一方面，思维习惯的不同，体现在语言层面的是英汉语言结构的系统性差异。汉语是一种分析语，语法意义主要通过语境和暗示来实现，而英语是一种综合语，主要通过形态变化来表明含义（连淑能 2006）。汉语重意合，而英语重形合，所以英语是标记性很强的语言，总是通过各种手段达到结构和形式上的完整；而汉语则是通过潜藏在本民族所共存的文化意识传达信息。汉语主题显著，所以零形指称的表达方式很多，而英语主语显著，语法严重受限，也就缺少了零形指称使用的条件，而是更多地使用关系代词。因此，在今后的指称教学中，有必要让学习者认清英汉人物指称差异，了解叙事语篇的人物特点，更好地分配话语交际的注意力，提高学习者口语叙事的认知策略，以便有效利用目的语的人物指称策略进行交际。

第七章 语言习得中的概念重构（Ⅳ）：定冠词非类指用法使用研究

英汉两种语言都能表示有定无定的概念，不同的是，英语使用冠词这种显性形式标记，汉语没有相应的形式标记，而受句法位置和语境信息等因素的制约（王军 2013）。英语语言交际中，冠词使用的频率最高（Sinclair 1991），但其在语义层面的模糊性以及用法的复杂度往往会导致误用，而误用又影响交际质量。尤其对于母语中缺失冠词系统的学习者而言，冠词的突显度不高，一般不会引起学习者的注意，很难教授和习得。此外，对这些学习者来说，要习得一种新的语言形式的分布限制条件（distributional restrictions）无疑是一场挑战，因为这意味着要重构以母语为基础的二语概念系统（Han 2010）。基于冠词的上述特征，国外学者采用心理语言学、形式语言学、语料库语言学、认知语言学等研究范式，从句法、语义、语用、语篇等角度出发，对冠词习得的特点和规律进行了细致描述，对影响冠词习得的主要因素展开了持续深入的研究（如 Master 1997；Garcia Mayo 2008；Chrabaszcz & Jiang 2014 等），对母语缺失冠词系统的中国英语学习者习得冠词的情况也进行了大量研究（如 Robertson 2000；Lu 2001；Liu & Gleason 2002；Wong & Quek 2007）。国内的相关研究早期多以描写为主，如李景泉、蔡金亭（2001）、王剑（2005）、阎丽莉（2003）等；后期研究重点探讨名词短语的语义特征、任务类型、语言迁移等各种因素对冠词习得的影响（如蔡金亭、吴一安 2006；周保国 2007；戴炜栋、韦理 2008；朱叶秋、文秋芳 2008a，2008b；陈新仁 2010；韦理、戴炜栋 2010；赵哲、张绍杰 2010；杨梅 2011；郭鸿杰、周芹芹 2012；刘艾娟等 2013；张京鱼、马拯 2015 等）。这些研究从不同层面加深了我们对冠词特点及其用法的了解，有助于学习者的冠词用法习得。由于冠词系统相对复杂，单一研究无法解决冠词习得的所有问题，本章仅考察中国学生对使用最为频繁、习得难度最大（Master 1995，1997）的英语定冠词非类指用法的习得情况，重点探讨中国英语学习者英语定冠词非类指用法的习得程度以及语言水平的影响，进一步揭示影响英语定冠词习得的原因，为定冠词的习得提供一种新的视角。

第一节　研究背景

一、英语定冠词非类指用法

一般认为英语定冠词可为两大类：类指与非类指（Hawkins 1978；Quirk et al. 1985；Celce-Murcia & Larsen-Freeman 1999）。表示类指用法的定冠词常指一个物种、种族或某一国家的人们，常与单数名词搭配（如例 1），亦可与复数名词使用（如例 2）。与单数名词搭配时大部分情况下可用不定冠词替代，与复数名词搭配时可被零冠词替代。

（1）The German is very athletic.

（2）The Germans are very athletic.

除此之外的其他用法均被认为是非类指。由此可见，定冠词的非类指用法使用更为频繁，用法更为复杂，给学习者带来的困难也更大（Liu & Gleason 2002）。

Hawkins（1978）根据对定冠词的分析，把其非类指用法区分为八大类，Liu & Gleason（2002）在 Hawkins 的研究基础上，把上述八大类归纳整理为四种主要类别：

文化用法（cultural use）：名词所指在某一语言社区内独一无二或众所周知，如：

（3）<u>The</u> White House is in Washington.

(4) The earth goes around the sun.

情景用法（situation use）：所修饰的名词第一次被提及，名词所指可以直接或间接地被说话者及听话者感知或被当地人所熟知。如：

(5) Pass me the salt，please.

(6) Did you see the cat?

结构用法（structural use）：the 所修饰的名词第一次被提及并带有修饰语。如：

(7) The movies that are shown here now are really old-fashioned.

(8) There was a touching story on the front page of the Times yesterday.

篇章用法（textual use）：名词已被提及或与已提及的名词有关联。如：

(9) Fred bought a car on Monday. On Friday，he crashed the car.

(10) I read several old novels recently. I love reading the old novels.

由于汉语中缺少相应的功能语素，非类指用法只能通过其他语言手段标记，如“通过语序的变化或指示代词”实现（Robertson 2000：140）。

二、文献综述

中介语冠词系统一直是二语习得学界关注的热点问题。对于母语缺少冠词系统的外语学习者来说，定冠词给他们带来很多问题，如正确理解其意义，如何避免零冠词泛化策略的使用以及了解在何种语境下 the 的使用受规约调节（Zegarac 2004）。由于定冠词的非类指用法使用最频繁，习得难度最大（Master 1995），也是研究者感兴趣的核心问题之一。Liu & Gleason（2002）研究发现，定冠词的四种非类指用法在习得过程中呈现不同的难度，学习者遵循一定的习得顺序，即学习者首先习得情景用法，然后是结构用法和篇章用法，最后是文化用法。学习者对四类用法的误用情况随水平的提高而减少。Liu & Gleason 研究中的受试来自 18 个不同的国家，但大部分来自东亚地区的中国、韩国和日本。Ansarin（2004）和 Wong & Quek（2007）分别调查了母语中缺少冠词系统的波斯语和马来西亚两组母语分别为汉语和马来语的英语学习者，结果支持 Liu & Gleason（2002）的习得顺序。Garcia Mayo（2008）以母语中有冠词系统的西班牙语受试为对象，也验证了上述研究中的结论。但 Chrabaszcz & Jiang（2014）的研究结果与上述几项研究的习得路径并不完全相同。该研究采用口头诱导模仿测试方法，研究了母语为俄语和西班牙语、生活在美国多年的高水平英语学习者习得定冠词非类指用法的情况。母语为西班牙语的受试最难习得文化用法，其次是篇章用法和情景用法，结构用法最为容易。而对母语为俄语的受试来说，文化用法仍然最难习得，情景用法次之，其后是篇章用法和结构用法。该结果均与同一研究中作为控制组的美国受试路径存在细微差异，对母语者而言，情景用法最难，文化用法和篇章用法次之，而结构用法最容易。

国内专门探讨定冠词非类指用法的相关研究很少，王剑（2005）利用中国学生英语语料库（CLEC）中不同水平的作文子语料库对定冠词的非类指用法进行了系统研究，发现定冠词的误用包括过度使用与使用缺失两种不同的情形，结果与前述研究结论整体相近，但遵循文化用法＞结构用法＞篇章用法＞情景用法的路径，在习得结构和篇章用法方面存在差异。这种差异是因为任务类型的不同造成的还是中国英语学习者的特性，有待进一步研究，但作者并没有深究造成这一现象的原因。考虑到任务类型的不同可能是造成路径差异的原因之一，Chan（2005）利用复述故事、合乎语法性判断测试两种任务考察了两组不同英语水平的香港学生定冠词的习得情况，结果发现任务类型与语言水平不影响学生非类指用法的习得，均遵循文化用法＞结构用法＞情景用法＞篇章用法的路径。显然，就定冠词非类指用法的习得路径，各研究结论并不一致。究竟是什么原因引起的这种差异，学者们众说纷纭，但尚无为大家所接受的解释。

在已有的原因探究中，学者们的视角不同，观点各异。不同的任务类别导致不同的语言样本的产出，这对测试的结论产生直接影响。关于这一点，相关研究已有所论及，如 Tarone（1985）和 Tarone & Parrish（1988）的研究表明，任务类别是影响冠词使用的重要因素。蔡金亭、吴一安（2006）的研究发现，受试在作文中使用冠词的正确率普遍高于完形填空，他们认为这种现象的存在是因为受试在写作时表达的内容都是自己熟悉的，对文中的名词把握较好，因此能较为恰当地选用冠词，而在完形填空中不具有这种优势。朱叶秋、文秋芳（2008a）利用中国学生口语语料库，发现语言交际中的冠词正确率远高于知识测试中的正确率。

周保国（2007）的研究显示，定冠词过度使用与其语义的复杂程度密切相关，英语冠词语义是影响冠词习得难易度的一个重要因素。杨梅（2011）考察了不同的语境条件下英语冠词选用的规律和特点，发现语义特征和语境因素导致了英语冠词替代误用的产生。赵哲、张绍杰（2010）从关联理论的角度，探讨英语学习者冠词使用中的滥用、漏用和混用现象，认为明示刺激不强、认知语境中相关信息的缺失是导致上述错误的主要原因。韦理、戴炜栋（2010）从句法与语用接口的视角考察中国学生对英语定冠词的习得，发现中国学生能够渐进地习得定冠词这一功能语类，但学习者受语用因素的影响，其习得困难主要在句法语用接口，不同的语用语境造成了不同的学习难度。

部分研究涉及母语因素的影响。蔡金亭、吴一安（2006）发现母语因素可能是受试冠词缺失的结果。朱叶秋、文秋芳（2008a）发现中国学生口语中定冠词使用的正确率最高，但常见漏用和滥用定冠词的现象。作者认为母语影响可能也是中国学习者漏用冠词的原因。他们（2008a：62）认为“滥用和漏用冠词同时并存。一方面，由于母语没有冠词，学生受到了母语的影响，在应该使用冠词的地方不用冠词；另一方面，因为没有掌握好冠词，而对冠词的使用过度敏感，导致许多不该用的地方又使用了冠词。”陈新仁（2010）的研究表明概念的母语表征方式会不同程度地影响相同概念的二语表征及标记。

上述研究都有助于我们从不同角度加深对冠词特点及其用法的了解，有助于促进学习者的习得。基于此，本章将利用 Liu & Gleason（2002）所设计的测试量表，重点考察中国学生英语定冠词非类指用法的习得情况，探讨非英语专业学习者重构英语定冠词非类指用法的程度以及语言水平对重构的影响程度，进一步揭示造成英语定冠词习得困难的主要原因，尝试为定冠词的习得提供一种新的视角。

第二节　研究方法

一、研究问题

本章拟回答以下两个问题：

（1）英语专业学生对定冠词非类指用法的掌握情况如何？其习得是否呈现以下难度梯度：文化＞篇章＞结构＞情景？

（2）语言水平在多大程度上影响学习者重构定冠词非类指的四种用法？

二、研究对象

某大学英语专业一年级、三年级及研究生一年级各 30 名学生被随机挑选参加了本次实验。所有的学生均为女生。实验前，三组学生在同一时段内参加了一次完形填空测试。在总计 20 个空的测试题中，三组的均分分别为 12.37、14.85 与 17.76，组间差异显著（$p=0.000$）构成一个水平呈显著差异的三组受试群体。

三、研究工具

本实验采用 Liu & Gleason（2002）所开发的测试卷，共 91 个句子，其中 51 个句子中包含 60 个已被删除的必要用法，每类 15 个。余下的 40 个句子为控制句，每类 10 个。

四、数据收集与分析

上述三组学生在同一时段参加本实验，在他们认为必要的地方填充定冠词。为了更真实地测试学习者的定冠词使用情况，测试卷中需要填充冠词的地方均不留空。测试时间为 45 分钟，测试者在完成试题的过程中不能使用字典等任何工具。测试结果分类统计，并运用 SPSS 分析结果。在测试后的一个星期内，作者在每组随机选择了三位受试进行了半结构式访谈，试图从学生的视角进一步了解造成习得困难的原因。访谈的过程中以受试自己的自我反思为主，受试逐一讲述每一处定冠词填写的原因，作者仅在必要的情况下追加提问。

第三节 结果与讨论

一、定冠词非类指用法的习得情况

本章从两个层面考察英语学习者对定冠词非类指用法的习得程度，即定冠词必要用法的缺失和过度使用情况。非类指定冠词的必要用法缺失在情景、结构、篇章、文化四类用法方面均存在，分别用 MSi、MSt、MT 与 MC 表示。定冠词非类指用法的习得还可以从学习者对各类别用法的过度使用层面考察。本文分别用 OC、OSt 分别代表文化、结构用法的过度使用，用 OG、UG 分别指代语法错误（ungrammatical）及与类指名词搭配错误（general reference）。

从总体来看，学习者各类用法的平均缺失值达到 4.2，缺失率高达 28%。表 7-1 可以清楚地反映出学习者在四类必要用法方面的缺失情况。情景、结构、篇章、文化必要用法的缺失均值分别为 2.44，2.51，2.98 与 8.87，缺失率从最低 16%到最高 59%，表明学习者对定冠词非类指用法的重构程度并不理想，总体呈现文化用法>篇章用法>结构用法>情景用法的重构难度梯度。

表 7-1 定冠词非类指用法必要用法缺失统计

变量	均值	标准差	人数
MSi	2.44	1.423	90
MSt	2.51	1.508	90
MT	2.98	1.607	90
MC	8.87	2.100	90

T检验结果（表7-2）显示，MSi与MSt之间不存在统计学意义上的差异（p=0.657），而其他各组之间差异显著（除MSt与MT之间p=0.003外，其他各组间p值均为0.000）。

表7-2　配对样本t检验

分组	配对差值			95%置信空间		t	df	p值
	均值	标准差	标准误	低	高			
MSi-MSt	−0.067	1.421	0.150	−0.364	0.231	−0.445	89	0.657
MSi-MT	−0.533	1.283	0.135	−0.802	−0.265	−3.945	89	0.000
MSi-MC	−6.422	2.072	0.218	−6.856	−5.988	−29.410	89	0.000
MSt-MT	−0.467	1.447	0.153	−0.770	−0.164	−3.059	89	0.003
MSt-MC	−6.356	2.063	0.217	−6.788	−5.924	−29.233	89	0.000
MT-MC	−5.889	2.106	0.222	−6.330	−5.448	−26.522	89	0.000

关于学习者在习得定冠词的四种非类指用法时所表现出的差异，我们可以从这四类具体用法的特点着手进行分析。Lyons（1977）曾指出，以英语为母语的人，因为在实际的会话场景中用the指称在上下文中出现的事物，因此the的这类用法习得最早。本研究及前述相关研究结果从另一个角度表明，外语学习者在习得定冠词的四种非类指用法时，最早习得的也是情景用法，证明母语习得与二语习得在一定程度下存在着共通之处。篇章用法的习得也相对较容易，因为上下文中某事物如已被提及，相关信息就会成为会话双方所共有的知识，再次被提及时必然要求用定冠词来修饰或限定，王剑（2005）也持类似的看法。因为学习者很容易混淆名词的类指与非类指用法，在不需要使用定冠词的名词前错误地使用了定冠词，相比之下，学习者习得结构用法要比情景和篇章用法困难一些。而文化用法是四类用法中习得最为困难的一类。因其规则繁多，再加之时有例外存在，学习者很难分辨是否要在Mississippi River、Mojave Desert、Florida Everglades、New York Times这类名称前添加定冠词。对本实验的研究对象英语专业学生来说，尽管他们习得定冠词的非类指用法存在困难，但随着英语水平的提高，他们能够使用定冠词的正确率逐步提高，但仍然远低于其他三种用法。

正如前述研究指出，如果一个名词在上文中已被提及，或与上文中的名词有关联，或者是被谈话双方所共知，那么必然要求用 the 来修饰，所以一般情况下不存在情景与篇章用法的过度使用现象。本研究结果也反映出这种趋势。因此，本研究对定冠词非类指用法的过度使用仅从文化、结构用法的过度使用以及语法错误和类指名词搭配错误四个层面考察。

表 7-3 定冠词过度使用描写统计

变量	人数	均值	标准差
OC	90	5.38	2.997
OSt	90	1.98	1.817
OG	90	1.89	1.974
UG	90	0.44	0.655

我们按上述四个类别对定冠词的过度使用现象进行了统计，从表 7-3 可以看出，对所测试的 90 个学习者来说，语法错误较少，均值为 0.44；与类指名词搭配错误均值为 1.89；结构用法的过度使用现象稍多于与类指名词搭配错误，均值为 1.98；文化用法的过度使用现象十分明显，均值为 5.38，远多于其他三类用法的过度使用数据，说明文化用法的过度使用仍是一个难以克服的问题。

访谈结果也表明，受试现有的定冠词知识体系不完整，缺乏系统性，造成使用缺失及过度使用现象共存。其中一个受试提到，“我只记得文中已经出现过的名词要用定冠词，独一无二的东西要用定冠词，其他地方全凭感觉。”也有受试提到自己的冠词知识多年以来并没有发生根本性的变化，她说：“进了大学后，语法课上并没有对定冠词进行系统的介绍，老师也没有针对我们的实际困难进行教学。我现有的冠词知识都是零碎的，不成体系。”

与蔡金亭、吴一安（2006）、陈新仁（2010）等的研究发现类型，受试在定冠词的使用过程中都提及了母语的作用，认为母语在一定程度上影响了定冠词的使用。有受试提到，“我遇到困难的时候会不自觉地与汉语中的‘这（个）’‘那（个）’进行比对，找到依据后才会选择填写定冠词。”由于每门语言选择的认知方式迥异，反映在各自语言上的认知结构或概念化系统存在着明显差异（王寅 2007）。不同语言在词汇和句法层面的选择差别很大，都会提供特定的选项“训练”本族语者关注运动事件的特定细节。这种表达的复杂性并不影响母语学习者习得各自的特定表达方式，但二语学习者在理解、表达信息的过程中所进行的在线思维受母语概念系统的影响，很难重构（Slobin 1996a）。二语学习的过程就是“重新训练”学习者注意二语输入中的特定细节、重构母语的概念系统、学会如何正确表达的过程。因此，创造条件让学习者显性隐性注意到母语的表征方式与目标语的差异可能会不同程度地加速学习者二语表征及标记的习得。

也有受试提及测试时的应试策略的影响。她说：“当我意识到这次的主要任务是填写定冠词的时候，我在没有把握的地方都填上了定冠词。”这种现象类似于朱叶秋、文秋芳（2008a）发现的冠词的使用过度敏感现象，导致许多不该用的地方又使用了冠词。

二、语言水平对定冠词非类指用法习得的影响

语言水平对定冠词非类指用法习得的影响也从定冠词必要用法的缺失和过度使用两个方面展开。我们把定冠词的非类指用法的缺失情况按学习者的水平分别统计，所得均值及标准差如下。

表 7-4　不同水平组四类非类指用法描写统计

变量	人数	研一		三年级		一年级	
		均值	标准差	均值	标准差	均值	标准差
MSi	30	1.27	0.944	2.93	1.143	3.13	1.358
MSt	30	1.40	1.329	3.00	1.232	3.13	1.332
MT	30	1.87	1.383	3.53	1.432	3.53	1.432
MC	30	7.77	2.128	9.33	2.057	9.50	1.697

从三个不同水平组的学习者在四类非类指用法的缺失情况来看，总体仍呈现文化用法＞ 篇章用法＞结构用法＞情景用法的难度梯度。一年级组在情景及结构方面的缺失数据完全相同，反映出他们在这两类用法的习得程度相当。一年级与三年级在篇章用法方面的缺失数据完全相同，反映出三年级学习者在经过两年的学习后，在篇章用法方面没有进步。研一学习者分别与三年级、一年级学习者在情景、结构以及篇章三个维度的缺失有显著差异，$p=0.000$；他们与三年级、一年级学习者在文化用法误用方面也呈显著差

异，p 值分别为 0.006 与 0.002；一、三年级在以上四类用法方面均无统计学意义上的差别。四类用法中，最突出的问题还是文化用法的习得，在每类必要用法缺失总分为 15 的情况下，研究生一年级学习者平均仍缺失 7.77 分，错误率达 50%以上，本科三年级、一年级分别达 9.33 与 9.50，缺失率在 62%以上。这些数值均远远高于 Liu & Gleason（2002）以在美国学习的不同水平的外国学生与 Garcia Mayo（2008）研究中的母语为西班牙语的学习者的缺失值。由于汉语中缺失冠词系统，多凭借指示代词“这（个)”“那（个)”来标明所指具体对象，直接造成定冠词的误用和滥用现象。学习者对冠词系统的用法重构程度差，在习得其中的文化用法时尤为如此。而西班牙语有一套类似于英语的冠词系统，所测试的英语专业学习者大多情况下可以把母语的冠词用法正迁移到目标语中。图 7-1 可以更加直观地反映出本实验各组的必要用法使用的缺失情况。

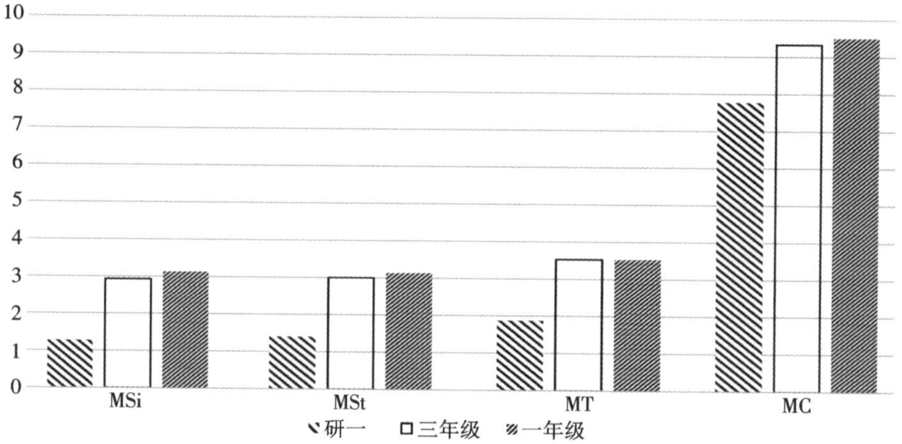

图 7-1　不同水平学习者四类用法缺失情况图

实验发现，无论是把实验对象归类为一个组还是按水平划为不同的三个实验组，定冠词的四种非类指用法均呈现一定的难度梯度，情景用法较易习得，结构与篇章用法次之，文化用法最难，即四类用法存在文化用法>篇章用法>结构用法>情景用法的难度梯度。随着学习者学习水平的提高，定冠词非类指必要用法缺失均值越来越低，使用的准确率越来越高，习得情况更好。该发现证实了 Liu & Gleason（2002）、Ansarin（2004）、Wong & Quek（2007）和 Garcia Mayo（2008）的实验结果，但与王剑（2005）和

Chan（2005）的研究发现存在较大差异。

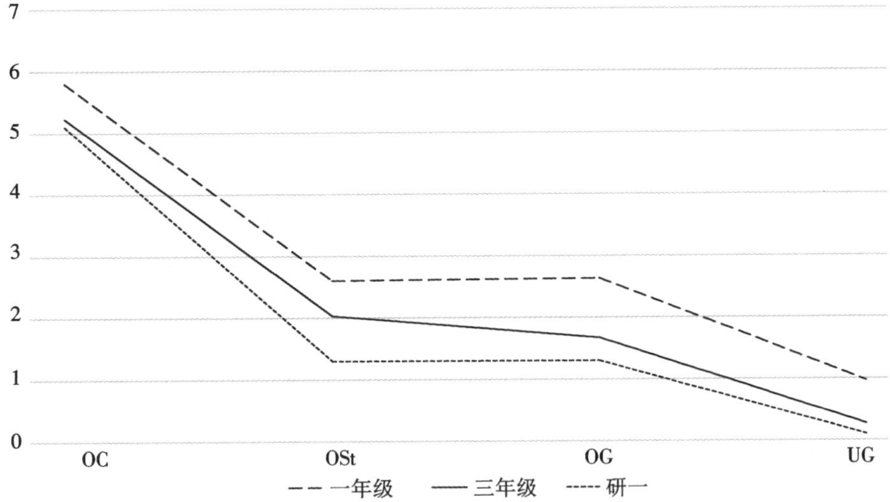

图 7-2　不同水平组四类过度使用现象统计图

有关过度使用等情况，我们按类别对三个不同的水平组进行了再统计。如图 7-2 所示，在 OSt 与 OG 两类用法方面，研一与一年级之间差异显著，$p<0.05$，研一与三年级，三年级与一年级之间的差异不具有统计学意义上的差异。在 UG 方面，研一分别与三年级、一年级之间呈显著差异，$p=0.000$。研究表明，随着学习者语言水平的提高，过度使用均值呈下降趋势，使用准确率逐步提升。该结论与 Garcia Mayo（2008）以及王剑（2005）的实验结果类似，但异于 Liu & Gleason（2002）以东亚学生为主要受试群体的研究结果：学习者水平由低级向中级发展时，过度使用现象增多；学习者水平由中级向高级发展时，过度使用现象逐步降低。研究还发现，学习者在使用定冠词的过程中往往依据业已形成的有限目标语知识体系，同时深受母语思维方式的影响，导致这些用法的过度概括。这一点也从学生的访谈中得到证实。

第四节　结语

本章发现，关于定冠词非类指用法的习得，即使是英语专业学习者，其总体习得情况仍不理想，必要用法缺失现象较为普遍，过度使用情况较为常见。学习者对四类用法的习得顺序不同，呈现文化用法>篇章用法>结构用法>情景用法的难度梯度。在习得过程中，无论是必要用法的缺失还是不必要用法的过度使用现象均随学习者水平的提高而减少。研究结果表明，学习者有关定冠词非类指用法的知识不系统，习得不完整，重构过程没有完成；母语思维方式仍在一定程度上制约着中国学生的冠词习得，学习者需要重新接受系统训练以及较长时间的概念重构。

今后的研究可以考虑采用不同的任务类型，如采用 Liu & Gleason（2002）的量表、合乎语法性判断等方法测试学习者的显性知识，利用口头诱导模仿测试等方法考察学习者的隐性知识，以区分测试方式以及知识类型（隐性知识与显性知识）对习得路径产生的影响。还可以参照 Han（2010）的做法同时考察冠词以及冠词所限定的名词或名词词组的用法特点，加深对冠词系统的多维了解，提升教学与习得的效果。对教师来说，充分利用已有的研究成果，采用合理的教学方法促进学习者习得至关重要。教师可以利用文秋芳教授（2014）的“认知对比分析法”进行显性教学或补救性教学，提升学生对冠词概念系统的认知程度和注意度，无疑会帮助中国英语学习者逐步克服母语思维习惯的影响，加速概念重构的进程。教师在教学中还可以充分利用重铸的作用，在具体的语境中为学习者提供正面和负面的证据，为概念重构创造条件，从而促进中介语的不断发展（Han 2008）。对学习者而言，如何使用恰当的学习策略，如何在教师教学的基础上强化并巩固已学知识同样作用显著，达到概念重构的目的。关键问题仍然是如何通过教与学改变学习者最早接触但又最晚习得的这种现状。

第八章
教学对概念重构的影响（Ⅰ）：概念型教学对英语运动事件习得的影响

运动事件的习得研究是近年二语习得领域的热点话题，相关研究成果丰硕（如 Cadierno 2004；Navarro & Nicoladis 2005；Cadierno & Ruiz 2006；Hendriks et al. 2008；Larranaga et al. 2011；Hendriks & Hickmann 2011，2015；许子艳 2013；曾永红、白解红 2013b；邓巧玲、李福印 2017；曾永红 2017a；朱海燕 2019）。这些研究基本得出了类似的结论，即母语迁移在二语学习的高级阶段依然产生明显的作用，学习者“受母语系统的强烈影响”，“需要进行认知重构”（Hendriks et al. 2008：36）。这种状况说明，如果没有针对性的教学干预或学法指导，现有的做法无法保证学习者完成概念重构的过程，顺利习得二语的运动事件表达特征。持类似观点的有 Cadierno（2008）、Brown & Gullberg（2011，2012）、Daller et al.（2011）、Athanasopoulos et al.（2015）、Hendriks & Hickmann（2015）、曾永红（2017a）、朱海燕（2019）等。由于传统意义上的二语教学常常聚焦语言知识，将概念分解为碎片，零星地教授给学生，难以实现概念化（文秋芳 2013），也难以形成某一特定概念知识的内隐化。在这种背景下，尝试采用某些特定的教学方法，选择某些使用非常频繁但因为母语和目标语之间概念的词汇化方式和表述方式不同而造成困难的概念进行显性教学干预，比如，运用概念型教学法教授运动事件表达，就是一个值得推荐的做法。作为本世纪外语教学中出现的最新流派，该方法已逐步成为国内外二语教学研究的热点（如 Negueruela & Lantolf 2006；Lai 2011；Lee 2012；Ng & Zhao

2017；Harun et al. 2019；李琳 2016；卢婷 2020 等）。但是，在第二语言教学环境中，作为“一种尚未得到充分研究的教学范式”（under-researched instructional paradigm）（Ng & Zhao 2017：95），概念型教学“仍不为广大教师所熟知”（Nicholas 2015：383），其实施和应用还处于起步阶段（Harun et al. 2019）。基于此，本章尝试运用概念型教学法，考察其对中国英语学习者英语运动事件表达习得的影响。

第一节 研究背景

一、概念型教学法的提出

在很长的一段时间内，外语教学界一直致力探寻外语教学中“教什么、怎么教?”的问题。鉴于结构主义语言学将语言看作一个封闭的系统，外语教学界将语言形式作为主要教学内容（focus on forms），着重培养学生的语言能力。相应的教学流派（如听说法、视听法等）重语言形式和结构，轻语言内容和意义。由于语言能力不仅表现为造出合乎语法的句子，也包括恰当使用语言的能力，Hymes（1972）进而提出重视语言意义（focus on meaning）的交际教学法。该方法强调交际能力的培养，轻视语言形式的作用，但并未从本质上解决外语教学中的问题。因而，以系统功能语言学为理论背景，兼顾形式与意义的任务型教学法应运而生。教师若结合教材设计一些符合学习者生活实际的教学活动，便能培养学习者使用语言的流利性和准确性（Ellis 1997）。但任务型教学并没有解决学习者语言表达的不地道现象，也未能帮助学习者形成运用外语思维的习惯。

本世纪初，美国宾州州立大学 Lantolf 教授带领的团队提出了概念型教学法（concept-based instruction 或 concept-based approach）。该教学法是由维果斯基社会文化理论流派教育家 Gal'perin（1992）的“系统—理论教学”发展而来，主要用于成人二语学习；强调概念先行，要求将语言概念作为外语教学的基本单位，将全面系统的科学概念知识作为主要教学内容；提倡母语辅助教学，采用显性教学系统教授概念知识，使学生掌握语言概念，从而语言的形式、意义与功能，达到真正意义上的语言流利（Negeruela 2003；Lantolf & Thorne 2006；Lantolf 2011；Gánem-Gutiérrez & Harun 2011；van Compernolle 2011）；将动态评估作为教学评估手段，评估的内容包括学习结果，也包括对学习过程的评估；关注学习者的最近发展区，即学习者的发展潜能。

基于 Gal'perin 的系统—理论教学的原则，概念型教学将教学过程分为五个阶段：其一，解释（Explanation），对语言中的某个概念进行系统解释，如英语中的时态、被动语态、虚拟语气等。其二，物化（Materialization），将所教的抽象概念转为具体的、形象的图式。Gal'perin 将概念的物化称作架构行动的定向基础（Schema for the Orienting Basis of Action，SCOBAs）。SCOBAs 能为交际活动提供资源，帮助学生完成交际任务（Lantolf 2011）。其三，交际活动（Communicative Activities），设计以语言为工具的交际活动，比如情景任务、对话、写作以及同伴互助学习等，以帮助理解和运用物化图式。这些交际练习能够促使陈述性知识向程序性知识转换，最终成为自动化的科学知识。其四，言语化（Verbalization），学习者用元语言表达自己对概念的理解，报告该概念在交际活动中的使用情况。该阶段是帮助学生深入理解所学语言概念的重要环节。其五，内化（Internalization），将社会层面的活动转化为心理层面的活动，是实现高一级心理认知功能的必经之路。需要说明的是，Lantolf（2000）强调，这五个步骤在教学过程中可根据具体情况调整顺序。

二、概念型教学法的应用效果研究

自概念型教学法推出以来，该方法受到了二语研究者广泛的关注。部分学者尝试在课堂教学中运用该方法，以检验其对二语概念学习的有效性。已有研究表明，概念型教学法在时体教学（如 Negueruela 2003；Gánem-Gutiérrez & Harun 2011；Lai 2011；Ng & Zhao 2017）、语态教学（如 Lapkin et al. 2008；Swain et al. 2009）、情态范畴的教学（如 Garcia Frazier 2013）、助动词教学（如 Williams 2016，2018）、短语动词教学（如 Lee 2012）、语用教学（如 van Compernolle 2011；van Compernolle &

Henery 2015；Nicholas 2015）、隐喻教学（如卢婷 2020）、写作教学（如 Ferreira & Lantolf 2008）等维度均产生了积极的影响，为我们深刻理解概念型教学法及其在第二语言发展中的作用奠定了坚实的基础。

概念复杂、习得极具挑战性的语法项目是概念型教学研究的焦点，主要集中在不同语言的时态、体态、语态、情态、语气等维度。Negueruela（2003）的研究发现，运用 CBI 教授西班牙语的动词体态，学习者能够更好地定义该概念，并在实际使用中表现出显著进步。Gánem-Gutiérrez & Harun（2011）研究发现，学习者在借助物化工具接受概念解释后，对英语时体系统有了更深入的理解，而言语化在学习过程中起到了有益的调节作用。Lai（2011）在教授英语本族语者学习中文的时间概念体系时，尝试将中文的时间概念与空间方位联系起来。结果表明，概念型教学有助于学习者时体概念的习得。Ng & Zhao（2017）的实验结果表明，CBI 能够促进第二语言学习者的概念发展，加深学习者对目标结构英语过去完成时的概念理解，提升语法学习效果。与前所研究结论类似，其有效性得到进一步证实。Lapkin et al.（2008）考察了言语化在法语语态概念发展方面的作用。结果证明概念型教学及言语化过程能有效提升学习者的理解及自我监控水平，并进而促进了他们水平的提高。Garcia Frazier（2013）探讨了 CBI 如何促进二语学习者西班牙语情态概念的发展。研究表明，概念型教学对学生概念发展产生积极作用。Negueruela（2008）研究了 CBI 对西班牙语语气选择的影响，研究结果基本上与前述研究类似。上述研究结果表明，CBI 对二语语法知识的教学效果较为明显，学习者加深了对目标语法概念的理解，在语法知识和语言使用方面的总体表现均有所提高。

此外，研究者关注语言学习的另一个难点：小品词、助动词、动词词组以及语言中的隐喻性表达。Lee（2012）发现通过对介词的本义和隐喻义的图示化，学生在理解 over、down、up、out、in 等小品词方面有着质和量的进步。CBI 能从根本上影响学习者对小品词和短语动词语义的理解。Williams（2016，2018）借助流程图教授“及物性”概念，通过言语化过程加深和巩固对该概念的理解，促进了助动词 être 和 avoir 的内化和习得。魏梅（2014）通过对 45 名本科生进行概念教学法实验，证实了学习者在运用图示和语言等工具的过程中激发了对动词短语搭配的理解。卢婷（2020）的研究聚焦隐喻教学，研究发现概念型教学对学习者的隐喻密度和非实例型隐喻的产出产生显著影响，概念型教学法对提升二语隐喻能力具有积极作用。

概念型教学研究也关注语用维度的习得。如 van Compernolle（2011）探讨了二语社会语用知识的发展过程。重点研究与法语第二人称代词 tu 和 vous 的选择有关的社交语用概念。Nicholas（2015）对言语行为的教学也证实了 CBI 的有效性。概念型教学法对写作教学的作用也得到了一定程度的验证。如 Ferreira（2005）发现概念型教学法有利于作文的理论框架概念化过程，有效实现了从抽象到具体的意义建构过程。

上述研究表明，在语言教学过程中，概念型教学法将人的认知能力转化成学习第二语言所必备的能力，通过物化、言语化等显性过程突显学习要素，促进二语概念的内化与吸收，取得了较为令人满意的效果。

三、运动事件习得与教学研究

运动事件是指一个实体从一个地点移动到另一个地点的事件，是人们生活中最早、最基本和最普遍的经历之一（Johnson 1987）。Talmy（1985，2000）通过对不同语言运动事件框架的描述与分析，发现每种语言都具有独特的路径表达方式，提出了语言类型二分法模式，认为语言分属“动词框架语言”和“卫星框架语言”两类。前者如法语、西班牙语等使用路径动词来表达运动的核心特征路径信息；后者如英语和德语，由核心动词之外的其他成分，即 Talmy 所说的附加语（satellite）表达路径。Slobin（2004）以 Talmy 的二分法为基础提出了语言类型三分法，增加了“均势框架语言”类别，以包括连动式语言、双词动词语言等，其路径和方式常由具有同等的词法句法地位且可以独立使用的两个动词表达。

基于上述学者的理论研究，国内外大量学者从语言学、心理学、儿童语言习得、二语习得、翻译等等不同领域探讨不同语言运动事件的类型归属、词汇化模式、语言习得等问题。早期的语言习得研究多集中在儿童语言习得，如 Ji 等人（2011a，2011b，2011c）、Slobin（1996，2000）的系列研究。有关二语习得的研究，重点探讨母语特征及母语思维方式对运动事件习得的影响，研究结论并不一致。有些研究（如 Cadierno 2004；Cadierno & Ruiz 2006；Navarro & Nicoladis 2005）发现母语的作用影响有限；高水平学习者能重新训练他们的思维方式，能重构二语的叙述风格。但是，与上述研究结论相反，一些研究发现，即使在二语学习的高级阶段，母语迁移的作用仍然明显，学习者继续依赖母语中的概念化模式，在表达二语运动事件时依然存在很大困难（如 Carroll & von Stutterheim 2003；Cadierno 2008；Hendriks et al. 2008；Brown & Gullberg 2010，2011，2012；Hendriks & Hickmann 2011，2015；Athanasopoulos et al. 2015；Ji 2019；Larranaga et al. 2011；Treffers-Daller & Tidball 2015；Nozaki 2019；许子艳 2013；曾永红、白解红 2013b；曾永红 2017a；朱海燕 2019 等）。由此可见，语言概念重构需要经历一个漫长而艰难的过程，需要通过特定的教学干预或学习指导帮助学习者克服母语根深蒂固的认知模式，完成重构任务。

但是运动事件表达缺席于教学大纲，很少在课堂中直接传授，也仅有为数不多的几项相关教学研究。如 Treffers-Daller & Calude（2015）探讨了第二语言学习者在多大程度上利用统计学习机制习得目标语运动事件表达。研究发现，运动动词在输入中的频率分布信息可以为学习者提供线索，帮助他们重构语法，调整法语路径动词和方式动词的使用频率，但还不足以促进跨界限制方面的习得。严格说来，上述研究并不是真正意义上的教学研究。

基于上述分析，概念教学法倡导概念先行，将概念与语言的具体实例相结合，运用元语言功能指导语言学习。但在二语教学环境中，概念型教学尚未得到充分研究（Ng & Zhao 2017），同时由于该方法本身的复杂程度，不为广大教师所熟知（Nicholas 2015），其实施尚处于起步阶段（Harun et al. 2019），距离真实课堂环境下的大规模运用尚待进一步研究和推广。因此，有必要继续尝试运用概念型教学法的基本框架与思路，对目标语中使用频繁并概念复杂、很难重构的语法项目进行教学；在语言教学的高级阶段更应对教科书中完全没有涉及或者已有描述不完整不准确、解释不清楚的概念进行补救性显性教学。运动事件就是具备上述特征的概念之一。因此，本研究尝试使用该方法教授运动事件概念，以促进中国英语学习英语运动事件表达的习得。

第二节　研究设计

一、研究问题

基于英汉语运动事件表达的特征和已有研究发现，本章试图探讨概念型教学法的运用对中国大学生英语运动事件表达重构的影响，具体问题如下：

（1）概念型教学对英语运动动词的产出有何影响？

（2）概念型教学对运动事件背景描述的影响如何？

二、研究对象

本研究随机选择了某学院不同专业100名大一新生为实验对象，均分为实验组和控制组。实验前所有受试参加了动词搭配测试和根据 *Frog, Where Are You?* 故事情节的看图作文测试。搭配测试结果表明，总分为15分的试题中实验组均分为5.84分，控制组为5.54分，学生总体水平较低，且两组没有显著差异（$t=-0.691$，$p=0.491>0.05$）。实验组作文平均分为30.94，控制组的作文为28.78，两组没有显著差异（$t=1.91$，$p=0.237>0.05$）。

三、研究工具

作文测试：以自由作文的形式描述绘本故事 *Fog, Where Are You?* 该书为一本由24幅图片组成的无字书，故事情节主要包括以下几个片段：青蛙跳出瓶子跑出房间；小男孩和小狗进树林寻找；遇到一只鹰；遇到一头鹿；鹿受了惊吓，头顶着小男孩跑到悬崖边，突然停下来，将小男孩摔到了下面的水潭里，小狗也跟着掉了下去。写作描述前所有的受试都浏览了整本书，以了解全部故事情节。阅读过程中，教师对学生可能遇到的名词进行了说明和解释。写作中使用的正确的运动动词形符、类符、方式动词、路径小品词、背景描述和事件合并方式均逐一标记并计算出现的次数，以基本单位为 1 进行评分。

单选测试：在 15 道单选题中选出正确的动词＋小品词搭配，测量学生在实验前对于路径小品词的理解。

四、实验步骤

实验采用的概念型教学包含以下几个步骤。第一步为导入，学生观看动画片段并尝试用英语描述动画中的动作片段。这个环节的设置参照了文秋芳教授（2017，2018）的产出导向法框架。第二步，解释关键概念“运动”“运动事件”及其组成要素。第三步物化，因运动事件表达比较复杂，整个过程采用了多轮图示法或手势法，以帮助学生理解和记忆；具体内容在下文展开。第四步为交际活动，共分三轮：学生观看原有动画片段，尝试表达；学生分小组讨论；观看新的动画片段，分小组互动。第五步为言语化过程，学生口头表达对“运动”和“运动事件”概念的理解，并报告在前述交际活动中的使用情况。最后一步为内化，教师指导学生总结，帮助内化。

对照组的教学基本采用传统的聚焦形式的教学方法，即由实验组中的导入、解释和交际活动三个主要环构组成。解释过程中教师通过举例显性讲解了英汉语方式运动动词的共性和特性，理解小品词所代表的基本含义以及英汉语惯用的事件合并方式；所举例子均与实验组相同。教学过程中不包括实验组采用的物化和言语化过程。在概念型教学中，课堂实际英语教学主要运用了以下物化策略：

a. 运动（方式）动词分类树状图

运动动词，尤其是方式运动动词的多样性和复杂性导致习得难度加大。且由于英汉语方式表达存在较大的差异：汉语主要通过“方式副词＋基本层级方式动词”结构表达运动方式，其精细程度更多由前置副词确定；而英语则倾向使用精细程度更高的第二层级方式动词，许多仅为英语所特有；有必要讲解其基本范畴、上义范畴以及下义范畴的含义，进而将已有的词汇和新学的词汇进行合理的分类。实验组据此借用运动动词分类树状图帮助学生理解和归纳英文方式动词的含义层级。课后学生通过自主学习的方式积累运动动词，并通过下一次作文进行检测。

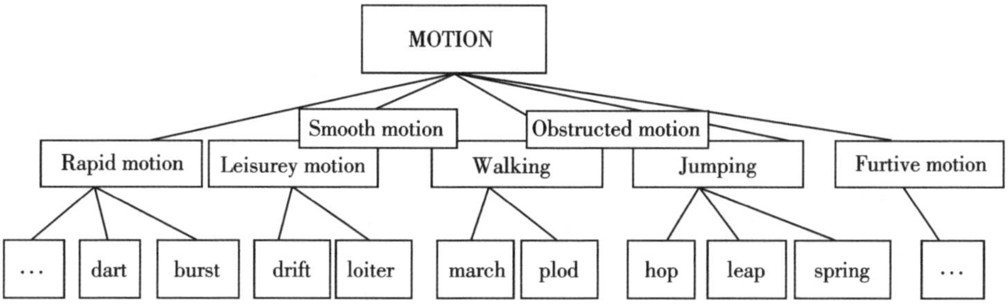

图 8-1　运动及其分类图示

b. 图示法教授事件合并方式

图示法将知识结构用图画的形式抽象出来，突显最重要的部分以便于学生进行模仿学习。教学过程中，学生先观察例句，再概括出英汉多个运动事件的组合表达方式特点，再将具体的表达方式抽象为图示。

(1a)"Coming!" Away she skimmed over the lawn, up the path, up the steps, across the veranda, and into the porch.

(1b)"来啦!"她转身蹦着跳着地跑了，越过草地，跑上小径，跨上台阶，穿过凉台，进了门廊。

学生抽象出以下英汉运动事件组合的表达方式：

英语［运动＋小品词］连续表达式：skim over... up... up... across... and into...

汉语［运动＋途径］连续表达式：跑了，越过……跑上……跨上……穿过……进了……

(2a) 那周瑞家的又和知能儿唠叨了一回，便往凤姐处来，穿过了夹道子，从李纨后窗下越过西花墙，出西角门，进凤姐院中。

(2b) After gossiping a bit longer with Sapientia, Zou Rui's wife made her way to Xi-feng's quarters. To get there she had to go down a passage-way between two walls, under the windows at the back of Li Wan's apartments, along the foot of an ornamental wall, and through a gateway in the western corner of the compound.

学生抽象出以下英汉运动事件组合的表达方式：

英语［运动＋小品词］连续表达式：made her way to... go down...

under... along... and through...

汉语［运动＋途径］连续表达式：……来，穿过……越过……出……进……

图 8-2 英语运动事件连续表达模拟图示

图 8-3 汉语运动事件连续表达模拟图示

上述例句分析表明，英汉语运动事件表达特征各异。英语倾向使用事件合并方式，突显出不同的路径信息，即采用“图形＋运动动词＋路径小品词1背景1＋路径小品词2背景2＋路径小品词3背景3……”的表达式，类似于图8-2中的火车图示，火车机车带动链接成一体的不同火车车厢朝预定目标前进。汉语倾向使用序列式事件表达式，用不同的运动动词表达几个连续的事件，突显不同的动作信息，合并方式为“图形＋运动动词1（背景1）＋运动动词2（背景2）＋运动动词3（背景3）……”，类似于高速公路上朝共同目标行进的汽车。

第三节 结果与讨论

一、概念型教学对运动动词产出的影响

本研究对运动动词的考察仅限于学习者看图作文的结果。由于看图作文涉及的场景有限，学习者描述运动动作的词汇包括但不限于本研究所报告的数据。从学习者看图作文的结果来看，运动动词的形符以及类符均值均有较为明显的增长。如表8-1所示，形符均值从7.8提高至8.88，增长显著（$t=-2.585, p=0.013$）；类符均值从7.16提高到8.46，增长同样显著

($t=-3.487$, $p=0.001$)。作为衡量运动事件表达能力的一个重要指标，运动动词的产出在概念型教学后变化显著。这一点也在方式运动动词的使用上得到了进一步验证：$t=-3.221$，$p=0.02$，实验组运用方式运动动词的能力显著增强。

表 8-1　实验组运动动词类符形符统计表

分组	人数	最小值	最大值	均值	标准差
形符前测	50	4	16	7.80	2.864
形符后测	50	5	14	8.88	2.438
类符前测	50	4	16	7.16	2.542
类符后测	50	5	14	8.46	2.358

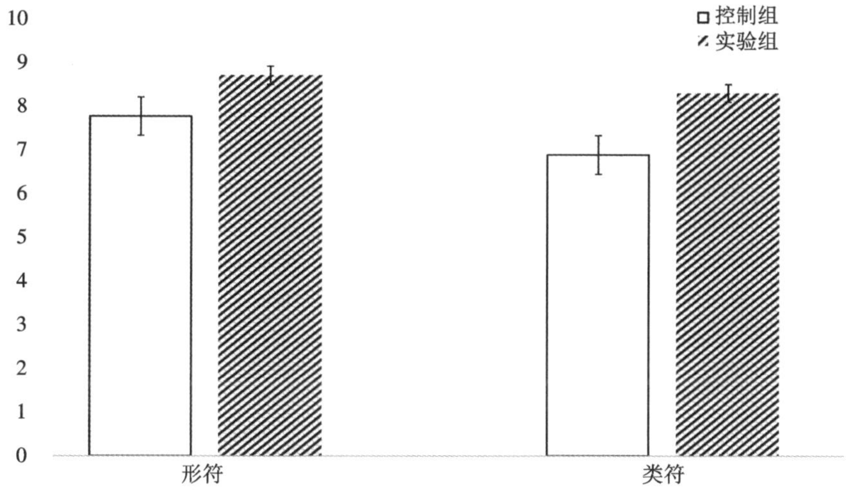

图 8-4　实验组控制组形符、类符差异比较图

同样，如图 8-4 所示，后测结果表明实验组和控制组产出的形符、类符数均呈现出显著差异。描述统计显示，实验组输出的运动动词总数量高于控制组。独立样本 T 检验结果表明，实验组和控制组所产出的形符均数达到统计学意义上的差别（$t=-1.989$，$p=0.05$）；在所产出的类符数量上差异显著（$t=-3.297$，$p=0.001$），证明概念型教学法的运用对学生的运动动词的书面产出产生显著影响。

语料分析发现，学习者在接受实验前习惯使用最基本的运动动词表达运动事件。这类词包括例句中的 go、run、climb、fall、jump 以及 come、fly

等基本层级范畴词汇。

（3） After the boy and dog **went** to bed，the frog **ran** away.

（4） The dog **climb** up the window.

（5） The dog **fell** down.

（6） The frog **jumped** out of the bottle.

部分语言水平较低的学生受母语影响明显，无法顺利产出包含完整运动事件的正确句子：

（7） But the dog can't out the head.

（8） The dog out of the window.

研究发现，概念型教学已经帮助实验组学生在大脑中初步构建起运动动词的层次结构，提升了他们的意识程度，并在一定程度上促进了相关运动动词的产出以及运动事件的表达。学生能较为顺利地产出较多数量的运动动词，如下面例句中所使用的 scramble、plod、circle、lift 等词。

（9） The little boy calls the frog's name again and again，but it doesn't work，so he **scrambles** over a big rock.

（10） Xiao Ming **plodded** near to a rock，with the idea of searching a shelter.

（11） When he came into the forest，an owl **circled** around his head and he was frightened.

（12） The deer **lifted** up his head，so the boy **bent** over his head.

但总体说来，学生能够产出的运动动词数量和种类相对有限，一方面是因为学习者的语言层次较低，语言输入不足，概念型教学持续的时间不长，学习者无法在短期内习得更多运动动词知识；另一方面，用于辅助作文描述的场景内容受限，仅能诱导学生产出一定数量的运动动词。其次，学习者普遍过度使用第一层级的常用词汇。上述发现与 Cadierno & Lund（2004）、曾永红、白解红（2013b）、曾永红（2017a）的研究结果类似。我们认为该结果受语言水平和母语的双重影响。由于受中文的影响，中国学生习惯使用基本动词＋副词的形式表达运动事件，如 walk slowly、run quickly、run like a fire 替代英文中的 loiter、rush、burst 等词。

实验组前后测的显著变化以及实验组与控制组之间的差异也证实了概念

型教学对运动动词习得的有效性。该结果进一步支持已有研究发现（见 Lai 2011；Lee 2012；魏梅 2014；卢婷 2020 等）。该方法的运用涉及显性的讲解、物化手段的扶助、交际活动的开展、言语化的运用，有效提升了学习者对所教授内容的自我意识程度，提高了他们的自我监控能力（Neguerula & Lantolf 2006；Lantolf 2011）。具体而言，运动事件概念的介绍与讲解，以及运动范畴的演示帮助学习者熟悉了运动动词的分类，了解了英语（方式）运动动词的基本范畴以及下义范畴，明确了母语运动动词的使用特征以及英汉语中可能（不）存在的对应关系，对显性注意并识记运动动词效果明显。与学生的课后访谈也表明，学生对该方法的接受度较高，对所运用的策略比较感兴趣，课后的单词学习中更倾向于将单词进行分类，避免了知识的前摄抑制，促进了词汇的习得和运用。

二、概念型教学对运动背景描述的影响

运动背景是指运动事件中表达诸如源头、中介或终点等地点细节的背景信息，其描述涉及背景描写的详略程度以及事件合并方式的使用情况两个方面。对运动事件的描写，无论是卫星框架语、动词框架语还是均势框架语，都需要大量背景信息的介入。

描述统计表明，实验组前测平均分为 0.64，后测为 0.70，即描述了背景信息的动词短语分别占 64%和 70%；前后测数据没有统计学意义上的区别（$t=-0.448$，$p=0.655$）。该结果稍高于曾永红、白解红（2013b）中本科生和研究生英语背景描述的使用比例，但仍远低于英语本族语者。也高于汉语本族语者使用背景成分的比例（Chen 2007）。概念型教学对学生背景描述能力的影响似乎不明显。

上述结果的产生可能与本研究中受试的语言水平和写作能力有关。语言水平不高的学习者仅关注几个有限的场景，产出的语篇较短，背景信息相对比较集中；而这几个特定场景中背景信息较为丰富，场景转换较为频繁，为学习者背景描写的详略程度提供了较充足的机会。也因为受能力限制，学习者更多关注运动过程而不是具体的细节，产出了一些完全没有任何背景信息的句子，如：

(13) The deer is running out of control.

（14） He takes a big hat to lift it up.

（15） Following the deer，the dog ran quickly.

或者仅包含来源或目标等单一背景信息的句子：

（16） The dog fell down from the window.

（17） Boy and dog dropped into the water together.

（18） An owl is flying above his head.

也有学生明显受母语思维方式的影响，偏向使用静态的物理场景描写代替动态的背景转换，用于补偿运动路径描写不充分的问题：

（19） There is a river under the cliff.

（20） His head was in the bottle and can't get it out.

关于事件合并方式的使用情况，我们通过梳理前后测文本，发现前测中两组受试均没有产出任何相关的例证；后测文本中控制组 50 个学生中产出了 1 个句子（例 21），而实验组学生共进行了 3 次有益的尝试（例 22～24）：

（21） The boy falls from the cliff to pond.

（22） The boy and the dog dropped from the cliff into the river.

（23） Then the little boy and his dog were thrown down the cliff into the pond.

（24） To find out his frog，the little boy stepped out of the house into the forest with his dog.

上述结果表明，控制组和实验组接受的显性教学均产生了影响。相对而言，概念型教学比传统的形式教学作用更为有效。对实验组学生交际活动与言语化过程的观察发现，部分水平较高的学习者已经初步熟悉了英语运动事件合并方式的使用特点，也在尝试使用该结构，但因内化程度不高，写作时仍无法把注意力分配到背景描述上，仅有 3 个学生能准确使用事件合并方式描述场景的转换过程。大多数学习者仅能关注单个动作的发生以及单个场景的出现，对于连续的事件则常采用汉语中的序列式，分句间用并列连接词 and 将两个事件进行形式上的简单合并（例 25～27），或采用非谓语动词的形式（例 28）。该表达倾向类似于 Chen（2007）、曾永红、白解红（2013b）的研究发现。

（25） The boy go to bed and fall asleep.

（26） The dog falls down by accident and the boy hurries out of the house.

（27） So he came to the forest，an owl passed over his head and landed in a tree.

（28） When the deer rushed near a river，it stops its step，stumbling over the boy into the river.

由于不同语言使用者会以该语言所特有的方式将运动事件概念化，这种识解倾向对第二语言的运动事件表达习得具有潜在影响。汉语和英语一样，传统上被认为是卫星框架语言（Talmy 1985，1991，2000）。然而，汉语中多采用连动式结构（serial verb constructions）表达运动事件，不同动词分别表述不同语义要素，在路径编码方面表现出与英语不同的词汇化特征，也几乎不把两个以上不同的场景合并到一个分句之中（Chen 2007）。体现在英语运动事件表达中，学习者仍过多使用汉语中的［运动＋途径］连续表达式框架，对英语中的［途径］连续表达式意识有所增强，理解有所加深，已初步习得相关的显性知识，但离表达的自动化程度还有较大的距离。相关知识的积累和能力的提升与概念型教学法的运用关系密切。需要注意的是，概念型教学法的效果优于形式教学，这可能与物化过程的运用密切相关（Negueruela 2003；Gánem-Gutiérrez & Harun 2011；Lai 2011；Lee 2012；卢婷 2020）。课堂教学中教师通常会口头解释某个概念，但 Lantolf & Thorne（2006）指出，口头形式的解释影响短暂，即便是书面形式的概念也过于复杂，对概念的理解和记忆作用有限。此外，言语化能够帮助学习者外化内心的概念理解，使得概念更能被有意识地加以修正。物化有利于概念习得，言语化促进了概念的内化（Lantolf & Thorne 2006）。由此可见，对参加本实验的学习者而言，物化过程以及言语化的辅助促进了他们对运动事件概念的理解和习得，但根据 Pavlenko（2011）的分析，学习者要经历概念系统共存、母语认知模式对二语习得产生影响、认知模式聚合到目标语概念系统内化全过程，最终达到概念重构的目的，表明大部分学生在很大程度上尚未完成运动事件的概念重构过程。

由于儿童很早就习得了母语的表达习惯，习得后很难重构。这种受母语影响所形成的认知思维模式必然会影响二语习得，产生概念迁移，给外语学习者带来挑战。即使是中高水平的学习者，其语言表达也往往受母语概念系统潜移默化的影响；又因为不了解目标语的概念系统而存在大量的“隐性不地道现象”（姜孟 2006；姜孟、周清 2015）。因此，学习者需要经过重新训练逐步重构母语的概念系统。第二语言的发展过程，其实质就是对母语和外语概念系统不断地进行对比、互动和转换，直至实现重构母语概念系统的过程（李锡江、刘永兵 2014）。

而诸如概念型教学法等特定教学方法的运用在一定程度上加速了概念重构的过程，有利于时、体、运动、人称等复杂、抽象概念的习得。就研究的对象而言，Lantolf（2006，2011）认为 CBI 的教学对象为成人或具有一定英语基础的中学生。本研究支持该观点，认为概念型教学法并不完全适合低水平的学习者，主要原因有两点。其一，语言概念的讲解需要运用较多的专业术语，言语化过程中要求学习者掌握并运用大量元语言知识，这对低水平学习者来说难度很大；其二，抽象的概念知识即便有物化辅助，教学过程仍会比较枯燥乏味，很可能会挫伤初学者的积极性，抑制目标语概念知识的重构。也有学者如 Twyman 等（2003）发现 CBI 对特殊学校的八年级学生的外语学习也有成效。甚至有学者如 Nozaki（2019）认为，为了帮助英语母语者顺利习得日语运动事件表达，有必要从基础阶段开始教授英语和日语运动事件的不同词汇化模式以及描述运动事件的语法规则。今后的研究可以尝试该教法对低水平或较低水平的二语学习者的教学效果。

第四节　结语

本章基于中国英语学习者运动事件表达习得的困难，探讨概念型教学法的运用对中国学生英语运动事件表达重构的影响。研究发现，概念型教学对英语运动事件表达产生一定影响。具体情况如下：从运动动词的使用来看，书面表达中的动词形符、类符均值显著增长，但数量和种类相对有限；学习者受语言水平和母语的双重影响，普遍过度使用第一层级的运动动词。此外，概念型教学对背景描述影响不明显，但对事件合并方式产生较大影响，其作用比传统的形式教学更为有效，学习者通过物化和言语化过程后能初步使用事件合并方式描述场景的转换过程，但同时仍受母语中序列式习惯的影响，在很大程度上尚未完成运动事件的概念重构过程。

概念型教学法教学环节繁多、灵活，操作不易且耗时，要在有限的时间内重构已有的概念知识，无论对教师还是学生来说都是一个比较大的挑战。挑战涉及外语教师自身的职业发展、对该方法的认知和运用、相关概念的选取、教学素材的选择、物化手段的优选等各个方面。由于外语教师自身未必对认知语言学、社会文化理论有所了解，且长期受语法翻译法、情景教学法、交际法等教学模式的影响，教学中大多以课文为中心，将语言知识分解为碎片，零星地教授给学生，很少涉及外语的概念系统；也无法帮助学习者系统习得概念知识。概念型教学法的出现顺应了语言研究的发展和语言教学的需求，但其自身的局限性以及在实际教学中的使用不足制约了它的发展与完善。作为近年研究的热点话题，概念型教学法仍要不断吸收诸如产出导向法（Wen 2018；文秋芳 2017）等方法的优点，在实践中接受检验。今后的研究还可以从教师发展的角度追踪教师的专业学习等因素如何影响教学，以及这种教学如何影响学生的学习（Johnson 2009；Williams et al. 2013）。

第九章
教学对概念重构的影响（Ⅱ）：数据驱动学习对英语运动事件习得的影响

众所周知，教学确实可以影响或改变二语学习。尽管不同学者对教学所产生的影响程度持有完全不同的看法，但大部分学者认为某种形式的教学能对二语学习带来积极的影响。尤其是在外语环境下，教学可以帮助学习者优化学习过程，达成学习目标。教学“对于那些易于石化的结构特别重要，比如那些受到跨语言影响的结构”（Larsen-Freeman 2015：266）。当困难的语法点或语言的社会语言学和语用学维度在教科书中被不完整或不准确地描述和解释时（Negueruela & Lantolf 2006；Williams 2016），教学的重要性更为突显。这种情况下，学习者必须通过教师的显性教学“获得有关目标结构的显性信息”（DeKeyser & Prieto-Botana 2013：453）。因此，学者们建议，与其争论是否应该选用何种方式教授二语语法规则，我们更应重视教给学生的二语语法规则的质量，确保学习者能够掌握和应用二语交际活动中习得的概念规则（Harun et al. 2017）。如果教师常用的教学方法虽足以使学生获得一定的语言知识，但与母语者相比，中级甚至更高水平的学习者仍然存在较大的语言能力差距，那么还有哪些其他教学方法可以帮助这些学习者摆脱这种习得层面的不足，以确保学习者获得更好的概念能力？在这种情况下，教师需要综合考虑如何根据教学环境、教学时间、教学对象、教学内容、教学资源等因素，判断学生学习过程中的哪些内容分支需要教师的教学引导，教授该内容的可能方法或途径是什么？或者是，哪种（些）合适的方法能够帮助学习者加快概念重构的进程。

人类语言认知是围绕时间、人、空间这三个系统发展起来的。其中的空间事件，尤其是运动事件的认知与表达已成为近三十年来认知语言学研究的热点问题。这方面的研究强调了不同语言中运动事件词汇化的多样性，以及这种多样性对思维和语言习得的影响。已有研究发现，不同语言在运动事件表达上的概念系统差异与思维模式不同对二语学习者产生显著影响，导致概念表达中的“隐性不地道现象”（姜孟 2006）的产生与僵化。同时，特定教学方法的运用，如概念型教学法，对中国中级水平学习者英语运动事件的重构产生了影响。但本书第八章结果显示，概念型教学实施后，学习者已初步习得运动事件的基本特征，但习得不完整，学习者在很大程度上尚未完成运动事件的概念重构过程。基于此，本章以 Talmy（2000）的运动事件理论框架以及 Slobin（1996a）的“Thinking for Speaking”假说为基础，着眼于学习者学习过程中存在的实际困难，尝试选择另外一种教学方法，数据驱动学习（Data-Driven Learning，DDL），考察该方法的运用能在多大程度上影响中国中级水平学习者英语运动事件的重构。

第一节　文献综述

一、运动事件及习得研究

Talmy（1985，2000）认为运动事件由四个基本要素和两个外部成分组成，包括运动、运动主体、背景、路径以及方式和原因。其中，路径为运动事件的主要组成部分，在不同语言中用于编码运动路径信息的词汇化方式存在显著差异。一些语言（如英语和德语）倾向于将动作描述的主要动词的方式进行词汇化，而将路径编码为动词附属成分。而其他语言（如法语和西班牙语）则倾向于将路径合并到主要动词中，并通过 V-ing（动词分词）或状语等外围表达方式来描述动作。具体而言，路径可以编码在谓语动词中，也可以是谓语动词的附属部分。据此 Talmy（1985，2000）提出了一种基于运动路径信息编码特征模式的卫星框架语言与动词框架语言的区分方法。这种绝对的二分法遭到了学者们的反对（如 Filipović 2007；Goschler & Stefanowitsch 2013；Ibarretxe-Antunano 2009）。他们认为，运动事件类型应该被视为一个连续体，除卫星框架语和动词框架语之外，还存在第三种语言，即均势框架语（如 Slobin 2004；Zlatev & Yangklang 2004；Chen 2005；Chen & Guo 2009；Ji et al. 2011；Ameka & Essegbey 2013）。这些语言（如汉语和泰语等）在具有同等语法地位和形式意义的语义元素中编码不同的运动信息，包括方式、路径和原因等内容。

本研究主要基于英汉语的异同，尤其是二者在各维度上的差异，以更明确学习者在重构过程中的困难以及教学所产生的影响。从运动动词的表达来看，英汉语差异明显，汉语方式动词远不如英语丰富。除了基本层级动词“walk”之外，英语中还有 30 多个动词可以用来表达各种具体的行走方式。具体区别可见表 9-1。而汉语则常使用分析式来表达英语中的行走类运动，即采用以“副词+走”的形式，如“一瘸一拐地走”(limp)、“拖拖拉拉地走”(shuffle)。

表 9-1 英汉语中的“走”

具体行走方式	英语	汉语
大踏步地走	stride，march	—
（因疾病、喝醉酒等）摇摇晃晃地走	lurch，stumble，reel，totter，stagger，falter	蹒跚、趔趄、踉跄
重重地走	clump，plod，trudge，lumber，trundle	—
因生气而重重地走	stamp，stomp，stump	—
拖着脚走	shuffle，shamble，waddle	—
轻轻地走	tiptoe，pad，patter，trip	—
大摇大摆地走	strut，prance，swagger	—
（因年龄）蹒跚地走	toddle，dodder	—
来来回回地走	pace	踱
偷偷摸摸地走	sidle	蹭
小跑似的走	trot	—
迈步走	step	迈、跨

汉语还缺失英语中常用来表达以某种特有的声音运动的（moving with sound）词，如 rattle、roar、spatter、splat、splatter、thunder、plop、rumble、whistle 等。

此外，Chen & Guo（2009）发现，中国专业作家表达运动事件的方式不同于西班牙语、土耳其语等动词框架语言，也不同于英语等卫星框架语言。从学习者的角度考察，结果类似。在运动动词使用方面，学习者使用的类符、形符均远低于英语本族语者；学习者仅能使用有限的基本层级方式动词。这些差异除运动动词的使用之外，还体现在运动背景描述、事件合并方式等几个不同的层面。从运动背景的描述来看，学习者更关注运动事件发生的场景与事件的终点。在路径表达方面，学习者倾向使用单个运动动词加路径信息的分析式，较少采用事件合并方式。这些特征表明，母语概念系统和思维方式对中国学生描述英语运动事件产生了明显影响。

由于概念知识是一种使用偏好，是语言知识中最为复杂、最难习得的内容（Schmiedtová 2011），这给学习者带来挑战。已有关于二语学习者（或双语者）运动事件表达的研究表明，二语学习者转向典型二语行为的可能性和母语思维方式的影响存在不同的结果。有些研究即使在研究结论中宣称高水平学习者已“重新训练”自己的认知模式，其概念偏好已逐步转向目标语的使用偏好，完成了部分或全部的重构过程（如 Malt & Sloman 2003；Cadierno 2004；Cadierno & Ruiz 2006；Navarro & Nicoladis 2005；Brown & Gullberg 2008；Wolff & Ventura 2009），也无法否认母语概念系统及思维方式在运动事件表达中的作用。大量研究（如 Athanasopoulos et al. 2015；Brown & Gullberg 2010，2011，2012；Carroll & von Stutterheim 2003；Hendriks et al. 2008；Hendriks & Hickmann 2011，2015；Ji 2019；Larranaga et al. 2011；Nozaki 2019；许子艳 2013；曾永红、白解红 2013b；曾永红 2017a；朱海燕 2019）证实，学习者仍“受母语系统的强烈影响”，“需要进行认知重构”（Hendriks et al. 2008：36）。也就是说，学习者需要经过重新训练或补救性教学，逐步达到重构母语的概念系统的目的。这对外语环境下的学习者而言更是如此。

已有的教学研究更多关注运动动词或小品词等相对较小的视角，少有研究考察教学对运动事件的习得。比如，Oliveira（2018）利用 VanPatten

（2000，2004）的输入加工教学模型，即采用基于输入的显性方法来教授“双小品词”（double particles）运动事件。这些小品词由表示说话人视角的指示小品词 hin-和 her-和表示路径信息的路径小品词（-aus、-ein、-auf 等）构成。研究发现，由于学习者在课程教学中很少接触该目标结构，不太可能自发地产出具有双小品词的运动事件。他们要么尝试用简单的动作结构来表达运动，要么就完全避免这些结构。然而，输入加工教学实施之后，学习者开始尝试使用该结构，但由于其他诸如词序、介词选择等语法问题构成了语言能力的基础，最终的实验结果预计不会像其他研究那样成功。Colasacco（2019）比较了认知教学法和传统教学法对德国和意大利大学生西班牙语指示运动动词 ir、venir、llevar 和 traer 的教学效果，分析了学生的母语（意大利语或德语）是否会影响所采用的认知方法的结果。研究中使用的认知教学是将认知语法的基本原则与输入加工教学（Processing Instruction）的基本原则结合起来，用于学生理解和产出的活动。研究发现，所使用的认知方法对学习者指示运动动词的习得产生积极的影响。接受认知教学的学生在形义联系（form-meaning connections）和指示运动动词的使用方面表现更好，而且学习者的母语似乎不影响该教学方法的效果。

仅有为数不多的教学研究探讨了某种特定的教学方法对运动事件表达重构的影响，如本书第八章。该研究基于中国中级水平学习者英语运动事件表达习得过程中存在的实际困难，探讨概念型教学法的运用对英语运动事件表达重构的影响。研究发现，概念型教学对运动动词和事件合并方式的使用产生积极影响。尽管学习者产出的动词数量和种类较为有限，但运动动词形符、类符均值增长显著；学习者受英语语言水平和汉语的双重影响，过度使用第一层级运动动词。此外，学习者初步习得了事件合并方式，能使用相应策略描述场景的转换过程，但显然仍受母语序列式习惯的影响。从背景信息使用的情况来看，概念型教学的影响不明显。总之，概念型教学取得了一定成效，但尚未帮助学习者完成运动事件的概念重构过程。Treffers-Daller & Calude（2015）考察了统计学习机制对习得运动事件的影响。研究发现，该机制有助于学习者重构语法结构形式，调整路径动词和方式动词的使用频率，但对跨界限制条件的习得作用并不突出。该方法的运用并没有有效解决运动事件的重构问题。

二、数据驱动学习研究

语料库自 20 世纪 60 年代出现以来，一直受到语言教育工作者的关注。基于语料库的语言教学应用可以是间接的，也可以是直接的（Leech 1997）。间接运用是指教师和学习者使用出版的以语料库为基础的教学材料，如语法书、教科书和词典等。而直接运用是指教师和学习者积极与语料库互动，目的是发现和分析语言使用模式。这种直接基于语料库的应用被 Johns（1991）挑选出来作为一种特定的语言学习和教学方法，称之为数据驱动学习。Johns（1991）将 DDL 过程分为三个阶段：语料观察、突显特征分类以及规则生成。这是一种基于语料库、以学习者为中心的教学模式，倡导自主学习和归纳式学习（Boulton & Cobb 2017），具有几个方面的突出优点：通过关键词索引发现语言规则以增强输入意识（Daskalovska 2015）；词汇语法教学的改进（Huang 2014）；写作中的纠错和校对（Chambers & O'Sullivan 2004）；大量接触真实语言；认知和元认知发展（Yoon & Jo 2014）；学习者中心意识（Biber et al. 1998）。这些优点均有助于自主学习和终身学习意识的培养（Boulton 2010；Gilquin & Granger 2010；Lin & Lee 2015）。

作为一种语言学习和教学方法，该方法受到了研究者和实践者的广泛关注（Mizumoto et al. 2016，相关研究成果越来越多（如 Boulton 2010，2012；Boulton & Perez-Paredes 2014；Daskalovska 2015；Huang 2014；Jacob 2016；Lee & Lin 2019；Vyatkina 2016；刘芹、可庆宝 2020）。这些研究多探究该方法的有效性及其效率。Cobb & Boulton（2015）对定量驱动学习研究进行了元分析。结果显示，DDL 教学效果较为显著、教学效率较高，整体上对教学有利。比如，DDL 对各种搭配学习、语法学习有效。但这种教学方法还远未在课堂中得到广泛应用，也少有相关研究关注运动领域。在研究对象的选择上，大多研究关注高水平学习者，少有研究涉及中级及中低水平学习者。此外，早期的 DDL 研究中，学习者通常在教师帮助下直接阅读语料库来发现语言使用的规律，但低水平学习者在使用这种方法时经常会遇到困难，感到不知所措（Boulton 2010）。Boulton（2010）为此设计了一种纸本（paper-based）的方法，以减轻学习者的认知负担。基于上述分析，本研究利用纸本数据驱动学习考察基于该方法设计的学习任务对中国中级水平学习者英语运动事件重构的影响。

第二节　研究设计

一、研究问题

本研究主要基于 Talmy（2000）的运动事件类型学、Slobin（1996a）的语言与思维假说，考察数据驱动学习对中国中级水平学习者英语运动事件表达习得的效果，试图回答以下三个问题：

（1）数据驱动学习对高中生英语运动动词的产出有何影响？

（2）数据驱动学习对高中生英语运动事件背景描述有何影响？

二、研究对象

研究对象为国内某中学高一年级两个班的 100 名学生，每班 50 人，随机分为实验组（G1）和控制组（G2）。所有的学习者均以中文为母语，没有目标语环境下的学习经历，且主要通过课堂教学的方式学习英语。所有参与者在实验前完成了一份背景调查问卷以及一份完形填空测试题，以确定两组是否具有相同的语言水平。背景调查问卷的结果如表 9-2 所示。

表 9-2　学习者背景信息统计

分组	人数	年龄	性别（男/女）	英语学习时长
G1	50	15.3（15～16）	20/30	7.33（6～9）
G2	50	15.1（14～16）	22/28	7.31（5～9）

G1 组学生的年龄为 15～16 岁之间，平均年龄为 15.3 岁；G2 组为 14～16之间，平均年龄为 15.1 岁。两组性别比例接近，英语学习时长分别为 7.33 和 7.31，几乎没有区别。完形填空测试卷由全国高考卷改编而成（经检验，信度为 0.855），受试需在 15 分钟内完成。测试成绩显示（$t=$

$-5.206, p=0.013>0.05$)，两组水平相当，没有统计学意义上的差别。

三、研究工具

本研究旨在考察教学对运动事件表达习得的影响程度。基于上述目的，我们在前测和后测中分为别使用了三个测试任务：翻译任务、写作任务和在线词汇任务。所有测试卷均经过信度检验，结果符合要求。翻译任务中，受试需在 20 分钟内把 7 个选自汉英双语平行语料库的中文句子翻译成英语。所选的每个句子中均包含至少一个方式动词或其他方式表达，且兼顾了背景信息的描述和事件合并方式的考察。写作任务中受试需完成一个基于《青蛙故事》(Mayer 1969) 的图片描述任务。故事涉及主要人物小男孩、青蛙和小狗和次要人物田鼠、猫头鹰、鹿等，人物活动丰富，包含大量运动事件和场景转换，是测试运动事件习得的理想素材。前测中受试根据该书前 7 幅图的内容完成事件的描述，后测中受试完成“悬崖场景”部分 7 幅图的写作，各用时大约 20 分钟。在线词汇测试任务中，受试需在 5 分钟时间内不使用任何字典或网络工具的情况下写出自己所能记住的所有运动动词。

四、数据收集与分析

前测和后测中两组受试在同一时间按照翻译任务、写作任务和词汇任务的顺序完成了所有的测试。测试前，作者仅对学生提供了简单的指令和必要的帮助。翻译和写作任务中事先提供了学生可能不熟悉的名词。前两项任务中，学生所产出的所有运动动词、背景信息及事件合并方式均进行了分类和编码，相关数据随后进行了统计分析。实验持续 5 周时间，第一周完成前测，第二至四周进行教学干预，第五周完成后测。教学时间每周 1 个小时，教学过程中，教师引导学生完成语料观察，猜测动词的词义，熟悉英语中运动事件的背景描述以及常用表达方式，并在此基础上对英汉语的典型表达方式进行了显性对比分析，最后由教师帮助学生总结抽象出英语运动事件表达的习惯方式。控制组则采用传统的语法翻译法，即根据句子语境对所有的句子逐句翻译理解，其间并不把学生的注意力引向运动事件的各要素及其组合特征上。教学完成后并不当场进行任何测试，也没有提示学生一周后要进行后测。典型语料包括：

☆ A haze of smoke **hovers** near the ceiling of the room.
☆ Dozens, perhaps hundreds, of people saw silvery spots **hovering** or soaring slowly through the sky. However, they were not alien craft. They were, in fact, just balloons from a market.
☆ A plane is **hovering** on our house.
☆ Have you seen the bird **hovering** above the surface of the water?
☆ Bees are able to flop and fly like crazy, **hover** backwards and forwards, up and down, find their way to flowers, fill up the pollen basket.
☆ It was night, but there was an enormous full moon **hovering** just above the trees that framed the meadow.

图 9-1 数据驱动学习语料示例

学习语料还包括涉及明确背景信息或事件合并方式的示例，如：

(1) She tiptoes out of the room and then into the kitchen.

(2) Then he strolls to his side of the table, perching on the chair, legs spread wide.

(3) The women guided him through the kitchen and into the living room.

第三节 结果与讨论

一、数据驱动学习对运动动词使用的影响

关于运动动词的分类，Ungerer & Schmid（1996）区分了不同层级的词汇。例如，walk 是最基本的动词，move 是上位范畴动词，而 limp、hobble、amble、stroll、stride、strut、march、pace 和 stamp 等是下位范畴动词。英语中表示下位层级的词汇，很多在中文中没有对应的词来表示，需借助分析式，即“状语＋走”的形式来传达类似的信息。但汉语中使用的分析式有时无法还原英语词汇中的准确语义内涵。例如，strut 的语义包括体态（直立）、行走方式（傲慢）和评价（否定）几个方面的内容。Slobin

(1997a）也有类似的观点，他声称一种语言似乎有两个不同层级的词汇：中性的、日常使用的动词和表达能力更强的或细节更为丰富的动词。如 run、climb、walk、jump、fly、crawl、fall 等属于第一层级，而 scramble、tiptoe、squeeze、dash、plunge、scurry、scuttle、slither、sneak 等属于第二层级。以英语为母语的人能够自然地使用这些第二层级词汇，而对中国学习者来说，他们对第二层级词汇的运用在很大程度上取决于他们的语言能力、词汇量和第二语言思维能力。

翻译前测数据统计发现，G1 组和 G2 组运动动词的类符数分别为 17 和 18，运动动词的形符总数均为 250 个，类符形符比分别为 0.068 和 0.072。表明两组学生的运动动词词汇量较少。此外，两组分别使用了 165 次和 151 次第一层级动词，仅使用了 85 次和 99 次第二层级动词。学习者倾向使用基本层级动词＋副词的表达方式，仅能使用有限的诸如 rush、sneak、skip、crawl、glide 等第二层级动词形式。组间没有显著区别。教学实验后，两组使用的动词类型发生了较大的变化，G1 组大量使用了第二层级动词(93.5%)，包括大量使用 stumble、hobble、stomp、dash 等词；而 G2 组仅使用了 30%的较高层级词汇。两组区别可见图 9-2。

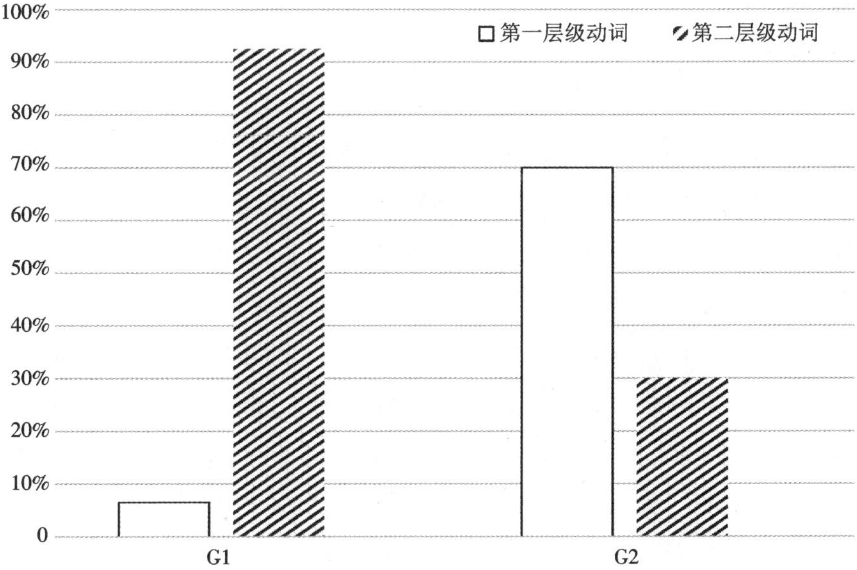

图 9-2　两组后测不同层级动词对比

两组在第二层级动词的使用变化在图 9-3 中可以直观地反映出来。这种变化在一定程度上可以表明本实验所采用的 DDL 比传统的语法翻译法更能促进学习者注意运动动词的表达特征。学习者不再过度使用第一层级动词+副词的表达框架。

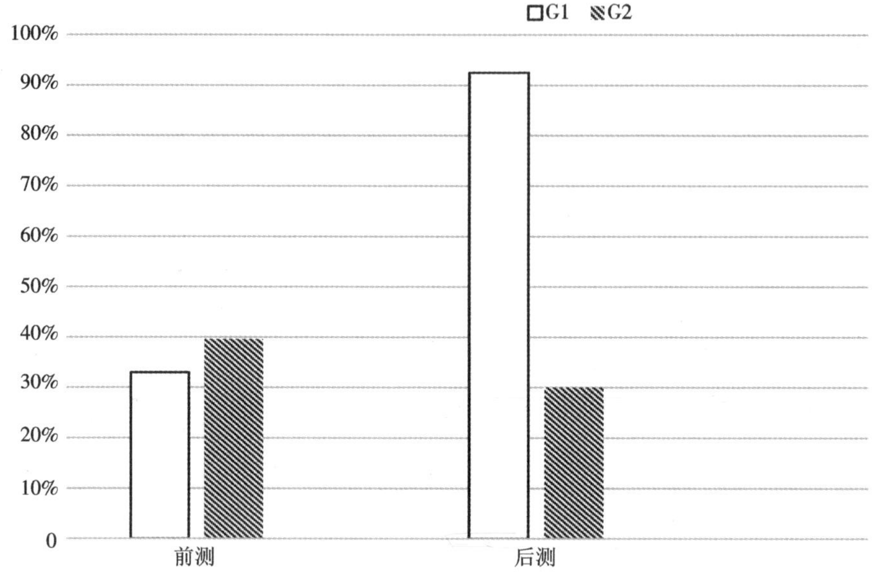

图 9-3 两组前后测第二层级动词使用对比

从写作任务的完成情况来看，这种变化趋势是否与翻译任务保持一致？相对于翻译任务而言，写作任务中学习者表达的自由度更大，不受固定意义的限制。数据驱动学习实施之后，运动动词的产出有了明显提高。其中类符均值由前测的 6.64 提高到 7.64，形符均值由 8.28 提高到 8.52。而控制组后测形符均值为 7.72，两组之间没有统计学意义上的区别（$p=0.64$）；后测类符均值为 6.43，独立样本 t 检验显示，$t=3.004$，$p=0.003$（<0.05），说明后测类符均值差异显著。进一步检测表明，实验组与控制组之间的类型形符比差异显著（$t=3.625$，$p=0.000$）。此外，我们对两组所使用的动词类型进行了进一步的分类，即观察用于描述运动事件的第二层级运动动词的数量。统计表明，实验组第二层级动词的使用均值为 2.72，远高于控制组，两组之间差异显著（$t=6.097$，$p=0.000$）。

除上述两个任务之外，我们还设计了一个在线词汇任务，作为对翻译和写作任务的补充，以进一步评估学生对运动动词的掌握程度。统计发现，前测中，实验组产出了33类方式动词，而控制组为43；第一层级方式动词占比分别为80.9%和82.9%。后测中，实验组产出41类方式动词，控制组为38类；第一层级动词各占55%和77%。与前测相比，第二层级动词的百分比有了相当大的提高。控制组的改善也值得注意，说明传统的词汇教学方法也可以帮助学生学习运动动词，但效果相对有限，尤其是在教学实验一周之后的测试中，学习者遗忘的现象比较普遍。

从整体来看，数据驱动学习对运动动词的习得产生了积极影响，该结果支持已有相关研究结论（如Cobb 2007；Jacob 2016；Lee & Lin 2019；甄凤超2005；刘萍、刘座雄2018；刘萍等2020；刘芹、可庆宝2020）。这些研究认为，数据驱动学习能充分调动学习者的学习积极性，激发自主学习兴趣，在自我发现规则的基础上进行归纳式学习，体现了以学习者为中心的理念，促进了词汇习得。比如，Lee & Lin（2019）发现，两组类型不同的（归纳式和演绎式）数据驱动学习有助于词汇习得和记忆。刘萍、刘座雄（2018）认为，基于语料库的词汇学习对词汇的"形式、意义和用法等三方面认知的准确性更高"。根据刘芹、可庆宝（2020）的分析，目标词在语料中的反复出现加深了学习者的印象，学习者记忆更为牢固。数据驱动学习的这些优势对本研究中中级水平学习者的目标词汇运动动词的习得起到了促进作用。尽管受试语言水平相对较低，实验时间持续不长，但词汇学习效果初步得到了验证。如果能把数据驱动学习的语料与真实课题教学更加紧密地结合起来，并持续更长的时间，该方法对学习者的影响可能会更为突出。

二、数据驱动学习对背景描述的影响

背景描述是考察运动事件表达的重要指标。前测发现，实验组和控制组正确添加了背景信息描述的句子均值分别为0.18和0.20，说明学生几乎没有将注意力放到背景信息的描述上。实验后，实验组背景信息描述均值提高到0.32，控制组均值为0.24；即分别使用了32%和24%的背景信息；两组之间没有显著差异（$t=0.885$，$p=0.378$）。从实验组来看，前后测数据也没有显著变化（$t=-1.414$，$p=0.164$）。

该结果与英语专业本科学生相比，差异显著（曾永红、白解红2013b），更远低于英语本族语者的使用倾向（80%以上），说明学习者较少关注路径的细节描写，所产出的背景信息过低。上述结果的出现可能是由以下几个方面的原因引起的。首先，高中生的语言能力有限可能是最重要的原因。DDL 作为一种类似于归纳式教学模式的教学方法，对语言学习者提出了较高的要求，尤其是当学习目标为一个相对抽象的语言概念时，更需要学习者对语言的类型差异有更充分的理解。即便是在教师提供帮助的情况下，学习者习得的情况仍不理想。其次，该结果可能与所测试的方式有关。本研究采用了书面检测的方式，学习者需完成句子翻译，并根据故事书内容完成书面作文。这对学习者提出了很高的要求。尽管可以借助部分显性知识，但即时完成任务的压力需要更多运用隐性知识，迫使学习者把更多注意力投放在快速理解和快速表达上。这种情况下，母语概念系统的影响突显。从而出现背景信息描述不足的现象。此外，实验时间过短，学习者对运动事件的习得不完整也可能是一个重要的因素。因此，对中低水平的学生来说，相关研究要更多考虑实验的周期及其效果。

对语料的梳理发现，有些学生已经注意到背景信息的使用特点并采用了动态描述的方式报告故事细节，背景描述也更为具体。如，

（4）At the edge of the cliff, the deer throw the boy and his dog into the river.

（5）The deer brought them to cliff and throw them into a small pond.

（6）When they were beside a cliff, the deer threw them out and they dropped into the water.

（7）Luckily, they drop into a pond.

（8）Unluckily, the boy and the dog fell into the river.

与此同时，运动场景的静态描写现象也较为突出。以下所产出的句子较为典型：

（9）There is a pond under the cliff.

（10）Fortunately, a lake was under the hill and both of them were survived.

显然，这种现象的出现受母语思维方式的影响。根据 Chen & Guo（2009）的研究，汉语母语者有描述静态物理场景的偏好。这也说明，即使

经过数据驱动学习过程，学习者可能注意到了目标语中的使用倾向，但对于目标语中不能使用的情况，如果不辅以显性教学，具体讲解所涉概念如何运用，学习者不太可能依靠有限的输入重构母语的概念系统和思维方式。在这种情况下，对母语和目标语之间相关概念的深度了解是教师成功开展教学的前提条件和基本要求。这无疑对外语环境下的英语教学又提出了新的挑战。

当单个的背景信息都描述不足的情况下，学习者是否会关注到目标语的使用倾向，即由一个运动动词链接多个包含背景信息的“路径小品词＋背景”结构？前测翻译和写作任务中没有产出任何一个事件合并的实例。学习者只关注单一的动作，忽略了或没有能力关注连续的移动动作及其发生的场景变化。如下面两个句子是学习者产出的典型示例：

（11）这只狗从窗户跳出来，掉在地上。

（11a）The dog jumped out of the window，and dropped on the floor.

（11b）The dog jumped out of the window and fall down the floor.

（12）她转身蹦着跳着地跑了，越过草地，跑上小径，跨上台阶，穿过阳台走进门廊。

（12a）She turned back and ran away，jumping and dancing. And then she crossed the lawn，ran into the road，stepped on the steps，went through the veranda，and walked into the porch.

（12b）Away she skimmed over the lawn，up the path，up the steps，across the veranda，and into the porch.

英语母语者往往会根据事件发生的时间顺序详述运动路径的起点和终点，或者在同一分句中使用事件合并方式，如例句 12b。然而，汉语学习者在句子中通常只会提到一个动作背景，单独选择动作终点的倾向要远远高于英语母语者。也就是说，汉语中，几乎不可能将两种以上不同的路径信息组合进一个分句，Chen（2007）的研究也证实了这一观点。例句 11、12 两个例子形象地说明了这一点。由于汉语中偏好使用序列式表达形式，即采用“［运动＋途径］连续表达式”，“描写状态为重复的动态画面，与英语相比，相对呈动态”（邵志洪 2006：37）。而英语主要是“［途径］连续表达式”，“描写状态为单一的动态画面，与汉语相比，相对呈静态”（邵志洪 2006：37）。由于运动事件不是日常教学的内容，这种异于母语思维方式的表达形式单纯依靠学习者的自主学习和有限输入是不可能完全重构的。即便是在二语的环境下也是如此（Han 2010；Stam 2010）。如果不经过某种方式的显性教学或认知对比分析，学习者难以重构母语的概念系统。本研究中，数据驱动学习让学习者在短时间内大量接触事件合并方式实例，相对单个的背景信息而言，多个背景信息叠加出现更能引起学习者的注意，尤其是当这种现象经过教师的显性教学后更是如此。后测中发现，部分学习者已能开始按照英语的思维习惯翻译或产出相应的表达形式。部分句子如下所示：

（13）He go out the bus station，along the street，across the crowd，pass the museum and into the office.

（14）They are both falling off the cliff into a pond.

（15）The deer dashed out of the bush，throw the boy and his dog off the cliff into the river.

与此存在明显对比的是，传统语法翻译法对复杂概念的教学作用似不明显。除小部分语言能力较强的学习者之外，大部分学生并未能有效注意到这种系统性的差异。Boulton（2010：543）在评价他的实验对象糟糕表现时认为，“这些语法结构的传统教学相对来说是失败的，这也为诸如 DDL 这样的替代方法提供了可能性”。虽然 DDL 在实验过程中往往采用归纳而非演绎的方式进行教学，但教师可以在学生独立思考和小组讨论后进行显性教学。学习过程中，学习者可能要对运动事件重新进行概念切分，或对业已存在的概念范畴进行不同的加权处理，以适应二语概念模式（Flecken et al. 2015）。这意味着要对目标语的相关概念进行准确的类型学分析，以便在特定的教学环境中更好地达到教学的目的。而大量真实的语料可以激活学生对运动事件的注意，其效果往往比自然语言习得更好。也基于此，MacArthur & Littlemore（2008）建议，教师在使用数据库时要过滤掉不恰当的例子，并提倡结合不同的策略来推断语境中的动词意思。

第四节 结语

本章旨在探讨数据驱动学习对中级水平学习者英语运动事件习得的影响。研究发现，该方法的运用对运动动词的产出产生积极影响。与控制组相比，实验组所产出的英语运动动词类型差异显著，尤其是在第二层级动词的使用上。在背景信息描述方面，数据驱动学习效果不显著。实验组和控制组无明显差异。数据驱动学习对事件合并方式的习得影响显著。实验组能够将两种或者两种以上的事件进行合并，而控制组则主要使用并列连词将两个事件进行简单形式拼接。

研究表明，数据驱动学习对运动动词的使用和事件合并方式等维度产生积极影响，学习者通过学习已部分重构了母语的概念系统。该结果进一步证实了已有相关研究结果（Boulton 2010，2012；Daskalovska 2015；Frankenberg-Garcia 2014；Vyatkina 2016），即 DDL 是一种有效的第二语言教学方法。但同时我们也要认识到，本研究并没有提供足够的证据表明 DDL 能有效引起学习者注意并描述背景信息。这可能受学习者水平、目标结构的复杂程度、母语系统的作用以及教学时长等多重因素的影响。由于第二语言产出能力发展的复杂性，对于重构难度大的概念或有必要进行长期或重复教学干预。

Danesi（2008：231）认为，“教学目标应该确保学习者能够以系统的、有序的、与其他语言学习领域相结合的方式来学习目标语言和文化中固有的概念结构”。为达成这一目标，今后的研究还需继续探讨有效的语言教学方法，帮助学习者通过了解第一语言和第二语言概念系统之间的差异，最终提高第二语言的概念能力。

第十章
教学对概念重构的影响（Ⅲ）：显性、隐性教学对英语人物指称习得的影响

在语言交际过程中，说话人往往使用特定的语言手段如专有名词、普通名词或代词等显性形式，指称或指示事件中的参与者或故事情节中的特定人物角色。有关指称词语的用法，陈平先生（1991：66）曾有过如下的论述：

> 任何语言都有特定的语言手段，可以用来指示或者代替语境中的某个成分，可以用于指代的语言手段往往不止一种，因此，在具体场合中发话人要对某个成分进行指代时会出现选择哪一种指代形式的问题。另一方面，在具体场合中往往不止有一个事物存在，受话人在碰到一个指代词语时也有一个确定其所指对象的问题。这类指代词语的选择和理解的问题，主要得通过话语分析来寻求答案。

这段话非常清晰地介绍了指称词的特征，其用法看似简单实则复杂多变，并受语境制约。由于每种语言都有各自语言所特有的指称表达手段，习得后很难重构，这给外语学习者带来很大的困难。对人物指称的习得而言，这种困难主要体现在使用时的“过度显化”现象（over-explicitness）。如许家金、刘霞（2014）发现，英语学习者口头叙事话语中较多运用名词回指手段，人物指称过度显化特征突出。该文认为，要克服这种过度显化问题，中国英语学习者应从跨语言的人称范畴、话语交际的注意力分配和叙事话语的篇章特点三方面入手，重建目标语的人物指称表达。本书第六章也发现，中

国英语学习者在引入、再引入和维持人物三种状态下名词使用频率都很高，代词的使用频率相对较低。在使用数量和使用策略上与英语本族语者差异显著。由于人物指称使用频繁，是人类日常生活的基本体验之一，为大家所熟知，日常教学中除基本的词汇学习和语篇知识介绍之外，教师很少进行系统的讲解，也很少有意识地比较和对照母语与目标语的用法。学习者语言交际过程中也缺乏教师所提供的负面反馈。这些原因导致了学习者人物指称表达隐性不地道现象的存在。由于汉语和英语分属类型不同的语言，有着迥然不同的词汇文法体系，在语篇衔接方式的运用上差异很大（Halliday & Hasan 1976）；同时，由于概念表征的重构是一个长期而富有挑战性的过程（Jarvis & Pavlenko 2008），有必要针对学习者的实际困难和需求开展补救性教学，以加速人物指称概念重构的进程。基于此，本章尝试运用显性隐性教学方法，探讨不同教学方法的运用对中国中级英语学习者人物指称习得的影响。

第一节　文献综述

一、人物指称习得研究

指称是语篇衔接的重要手段。它能通过展示会话双方如何管理指称的连续性——不连续性，如何不断评估人物与情节的变化关系以及如何使用不同的语言手段来标示叙述焦点的转移，揭示叙述者在语篇中的语言能力、语义能力和语用能力（Hemphill et al. 1991）。

英汉两种语言在类型学上相距甚远，分属不同的语言系统。但英汉指称系统既有相同之处，也有不同之处。它们具有相似的指称形式，常使用名词指称语、代词指称语和零形指称语。但各语言在识解方式、指称策略以及使用习惯上可能存在差异，因此不同母语背景的说话人在叙事语篇中的指称选择很可能受到母语习惯的影响。这种影响给学习者带来了困难。已有研究指出，二语的指称系统与一语的差异越大，学习者的困难可能越多（Kang 2004）。鉴于英汉两种语言在指称系统表达上的差异，Hendriks（2002）推测中国英语学习者可能会使用汉语的指称策略来完成英语叙事任务，从而过多使用零形指称形式，出现指称不够明晰的现象。但结果显示，在所调查的三个组别中，仅有中国德语学习者出现了过度显化现象，中国英语学习者既没有过多依赖零形指称，出现指称对象模糊的现象，也没有出现过度显化现象。

然而，上述结果与大多数类似的研究结论相悖。已有研究发现，中高级水平学习者往往倾向于使用过度显化的人物指称，在应该使用零形指称时选择代词或名词词组等指称形式，在应该使用代词时选用名词词组等指称形式。这似乎是不同母语背景学习者中介语的共同特征（Ryan 2015）。如Tomlin（1990）对一组高级英语学习者（母语为日语、阿拉伯语、西班牙语、汉语和韩语的学生）的调查发现，学习者在叙事任务中严重依赖名词词组。这种过度显化现象对其他母语背景的学习者而言同样存在，如母语为汉语和韩国的英语学习者（Crosthwaite 2014）、母语为法语的英语学习者和母语为英语的法语学习者（Leclercq & Lenart 2013）、母语为德语的意大利语学习者（Chini 2005）、母语为荷兰语的日语学习者（Yoshioka 2008）和法语学习者（Gullberg 2006，2008）、母语为英语的日语学习者（Lumley 2013）以及母语为汉语的英语学习者（如 Ryan 2015；徐家金、刘霞 2014等）。

有关人物指称过度显化的原因，已有文献结论相异。如据 Williams（1988）分析，学习者可能是为了避免犯错而直接使用名词性指称，因为使用代词意味着要明确区分其性、数、格，犯错的可能性更大。Hendriks（2002）则认为，词汇手段（如名词短语）先于语法手段（如代词）习得，所以过度显化现象更易发生在较低水平学习阶段。徐家金、刘霞（2014）则认为，上述原因并不能解释成人二语学习中的过度显化现象，过度显化与叙事话语的人物主次和情节复杂程度紧密相关，这可能因为学习者不了解英语人物指称的使用习惯，没有完全习得“主要人物略称”这一叙事规律导致的。而 Ryan（2015）在分析文献后把原因归纳为三大类：清晰性原则（the clarity principle）、回避错误（error avoidance）和计划难度（planning difficulties），并据此认为，寻求表达的清晰度可能是学习者过度显化人物指称的常用策略（overexplicitness as a clarity-based communication strategy）。

此外，源语的影响也是一个因素（Hendriks 2002；Kang 2004；Chen & Pan 2009；Nakahama 2009）。如 Chen & Pan（2009）认为，学习者母语指称表达的知识会在他们学习英语时出现迁移或产生跨语言影响，尤其是在源语与目标语指称系统差异很大的情况下，学习者往往会更多依赖本族语指称系统的使用习惯。本书第六章也发现，中国英语学习者人物指称沿用了母语表达识解习惯，较少使用代词，更多使用名词短语和人物名字来进行回指。母语概念迁移可能导致人称指称的不完全习得，汉语的叙事习惯和识解方式仍然对学习者英语指称策略选择产生重要影响。但考虑到过度显化似乎不因为源语和目标语的变化而发生改变这一普遍认可的结论，母语的影响可能只是影响因素之一。

我们认为，指称系统是一个相对比较复杂的概念系统，在习得这个系统的过程中，学习者既要熟悉相关的概念知识，又要了解人物指称在动态的语篇中的用法和功能。而教材中缺少对人物指称系统性的介绍，教师也很少通过语篇讲解人物指称的具体用法，学生仅有零散的知识，在叙事中自然存在隐性不地道现象。而且，在线口头叙事任务对学生的认知能力要求较高，学习者要兼顾表意的清晰度和上下文的衔接与连贯，是一个涉及局部和整体的过程。相对于语篇的衔接连贯，表意清晰度更为重要，而使用名词指称则为更合理的最简处理方案。这种做法可有效减轻学习者的加工负荷，并将更多认知资源分配到话语管理层面（Gullberg 2006；Ryan 2015）。

二、显/隐性教学的影响研究

长期以来，显性/隐性教学的教学效果之争一直是二语习得领域关注的焦点问题之一。显性教学通常指在教学过程中进行明确的规则讲解（演绎法），或者明确要求学习者关注特定语言形式并尝试发现其使用规则（归纳法）的教学方式（DeKeyser 1995）；而隐性教学方式则要求教师不能进行显性语言规则解释，也不能有意识地明示学习者关注特定的语言形式（Norris & Ortega 2000），而是通过学习者对第二语言的体验自主获得二语语法规则和词汇知识等。隐性教学涉及对学习任务的控制、对输入的控制、对测试的控制，而且要尽可能确保所测试的是学生的隐性知识（Williams 2009）。

由于二语学习缺少母语习得的语言环境和持续输入的外部条件等原因，

适用于母语习得的隐性教学似乎并不完全适用于二语学习。已有研究结论基本证实了上述判断。这些研究探讨显性/隐教学对二语语音、语法、词汇、语用以及各种语言技能的影响，教学效果各异。如 Norris & Ortega（2000）的元分析表明，显性教学总体效果优于隐性教学；但也有研究表明，显性/隐性教学对词汇、语法学习的效果差异并不显著（如 Doughty 1991；Adams 2003；Sanz & Morgan-Short 2004）。这种情况可能跟目标结构的复杂程度有关。Spada & Tomita（2010）的研究表明，显性教学只对低复杂度语法项目的教学有更好效果，而 De Graaff（1997）则认为显性教学对于高复杂度语法规则的习得也同样能起显著效用。De Graaff（1997）解释到，显性教学之所以在复杂结构方面的教学成效更为显著，是因为显性教学强化了学习者对复杂结构的注意，而这些复杂目标结构在学习者自发的隐性输入中或许根本注意不到，注意到了也很难在短时间内习得，学习者需要在不断与目标结构接触中逐步构建显性规则，但这往往难以成功（DeKeyser 1994）。当然，这种教学效果差异还可能与测试的知识维度有关系。如果测试的是学习者的显性知识，显性教学比隐性教学更有效（Ellis et al. 2009）；而通过隐性教学手段进行学习的受试在没有内化所学知识之前可能会处于较为明显的劣势。这说明测试方式的选择很可能给教学效果带来直接影响。

对我国二语课堂教学的研究也发现，显性教学比隐性教学效果更好（如高海英、戴曼纯 2004；戴运财 2011；苏建红 2012a，2012b；蔡晨 2018）。高海英、戴曼纯（2004）对关系从句外置结构的习得研究中发现，显性教学效果显著优于隐性教学，但作者认为课堂教学有利于语言知识学习，提高语法运用和判断的准确率，但还无法帮助受试构建完备的目标结构知识。苏建红（2012b）发现，对于显性与隐性虚拟语气知识习得，显性教学效果优于隐性教学；且显性知识的提高大于隐性知识，但后者延时效果更好。蔡晨（2018）以 40 名高一学生为研究对象，考察显性/隐性教学和频次效应对语音习得准确性的影响。研究发现，显性教学在高、低复杂度语音任务中的效果优于隐性教学。表明学习者在认知资源不足的情况下，显性教学对语音习得准确性的提高效果更为明显。此外，李菲、孙云梅（2019）基于加工层次理论，考察了显性演绎式和显性归纳式教学方式对虚拟语气习得的效果。研究发现，两种方法均能显著提高受试的成绩，但对学习效果存在不同影响。

综上，文献回顾显示，探讨显性、隐性教学效果的研究数量仍相当有限，所研究语言形式的范围也有局限性（DeKeyser 2003）。即便到现在，这种状况也还没有根本性的改观。DeKeyser 还指出，很少有研究在真正的外语课堂环境下比较显性和隐性教学的效果。对于不同的目的语语言形式，已有研究尚未得出哪种结构更适合于隐性教学，哪种结构更适合于显性教学的结论。有关人物指称的教学研究，尚无文献探秘不同教学方式的效果。已知的文献中，仅有一项研究（Qin & Zhang 2019）考察任务前准备对中国英语学习者在电影口头叙事中的指称产出。研究发现任务前准备对于主要人物指称表达的选择产生积极影响，但其影响并没有延伸到次要人物或联合指称，也没有使学习者的表现达到英语本族语者的水准。结果表明，任务前准备的选择性效果可能与人物在叙述中是否突显有关。基于此，本研究拟考察显性、隐性两种教学方式对英语人物指称习得的影响效果。

第二节　研究设计

一、研究问题

本研究旨在探讨显、隐性教学对中国英语学习者口头叙事语篇中人物指称使用情况的影响。具体问题如下：

（1）显隐性教学对人物指称引入和再引入的使用影响如何？

（2）显隐性教学对人物指称维持的使用影响如何？

二、研究对象

研究对象为某高中高一年级两个平行班的 80 名学生，每班 40 人。其中 A 班为接受显性教学的实验班，B 班为接受隐性教学的对照班。两个班级的学生年龄均在 14 岁至 16 岁之间，学习背景类似，都有近 8 年的英语学习经历；性别比例基本均衡，其中 A 班女生 18 人男生 22 人，B 班女生 21 人男生 19 人；英语学习成绩非常接近，实验前的英语期中考试平均分没有显著差异；授课教师相同，该教师教学经验丰富，有创新意识，教学中经常尝试运用新的方法，也愿意帮助本文作者实施教学实验。

三、实验材料

实验利用美国作家 Mayer（1969）的无字书 *Frog, Where Are You?* 收集口语叙事材料。该书由 24 张无字图片组成，故事描绘了一系列事件，其中涉及三个主要人物（小男孩、小狗和小青蛙）以及四个次要人物（蜜蜂、猫头鹰、田鼠和鹿）。一天晚上，小青蛙逃跑了，小男孩和小狗开启了寻蛙之旅。在途中，他们先后遇到了四个次要人物，并经历了系列冒险过程。选择这份材料主要是考虑到以下几个方面的原因：其一，该书故事情节相对简单有趣，贴近学生生活，能给叙述者提供一个丰富语境，能顺利产出较多指称表达，以引入、再引入和维持人物。第二，该故事为研究者常用的研究工具，广泛运用于叙事语篇研究（如 Hemphill et al. 1991；Berman & Slobin 1994；Hickmann 1995；Kang 2004；Serratrice 2006 等）。之所以采用口头形式收集实验材料，主要是考虑测试学生的实际应用情况，即更多测试学生有关人物指称的隐性知识。而口头产出和诱导模仿任务通常被认为是相对较好的隐性知识测试方法，因为它们在施加时间压力的同时将注意力从形式上转移开来（Ellis et al. 2009；Williams 2009；曾永红 2009；曾永红、白解红 2013a）。

四、实验过程

实验过程包括前测、教学、后测和访谈。

前测：教学实验开展之前，两组受试参加了前测。前测在语音实验室进行，学生在熟悉 *Frog, Where Are You?* 故事情节后用英语口头叙述故事，所讲故事被计算机同步录制。为便于学生的语篇叙述并减少其他因素的影响，研究人员仅对故事进行了简单说明，如“这是关于一个男孩和狗的故事”；此外，仅对学生有疑问的个别地方提供了一些简单的提示。受试所需时间为 10 分钟左右。同样，12 名英语本族语者的同题语料来自 CHILDES（MacWhinny 2000）。

教学过程：文献综述显示，关于人物指称的分类及用法，中国英语学习者仅有零散的知识，因此，教学设计从熟悉了解人物指称概念开始，重点解决人物指称过度显化等问题，并借用英文本族语者《梨子故事》口头叙事语篇进行显性隐性教学。对于显性教学组，教师首先放映《梨子故事》（Chafe 1980）片段，学生尝试用英文陈述故事内容。在此基础上教师基于语篇例证解释了人物指称的概念，教学过程中主要参考了文秋芳教授（2014）提出的"认知对比分析"，对人物指称在中英文中的形式—意义—功能三个维度进行了详细的比较和对照。教师讲解后受试完成《梨子故事》其余部分的观看，并组成两人小组相互讨论直至完成故事的描述。隐性教学组围绕"我会讲故事"主题展开。学生首先观看《梨子故事》片段，尝试陈述故事内容；教师简要介绍故事叙述中的基本要素（时间、地点、人物、事件及情节等）；教师发放英文《梨子故事》，文本中的人物指称已经事先用下划线标示，学生自主学习；学习完成后继续观看余下的《梨子故事》并组成两人小组完成口头故事接龙练习。然后，教师抽检学习情况，多名学生上台展示。整个过程中，教师不对语言知识做任何显性讲解，仅设计并安排各个环节的活动，引领学生完成相应的任务。两组完成活动的时长基本一致，大约 50 分钟。

后测与访谈：教学实验两天后所有受试再次口头叙述了青蛙故事。两组共计 80 份语料经过转写与标注用于统计分析。访谈在后测的当天进行，每组随机选择了 6 位受试，主要内容涉及受试对所采用教学方法的接受程度以及对所测试内容的熟练程度。

五、数据转写和编码

我们对前后测共计 160 篇故事进行了书面转写。对数据进行校对之后，我们利用 BFSU Qualitative Coder（许家金 2014）对文本中的人称指称进行了手工标注，每一篇叙事文本中的所有有关 7 个人物的指称表达都进行了标注。标注主要包括三个部分：主、次人物；指称类型（名词指称，包括有定名词短语、无定名词短语、人名、所有格名词短语以及代词指称以及零形指称形式等）；语篇功能，包括人物引入、人物再引入和人物维持。按照 Serratrice（2007）的做法，首次出现的人物指称被编码为引入，再引入则指指称表达为前一句中没有提到的主语或宾语，或主语的先行项在宾语位置这种现象，所有其他后来提到的人物指称都被编码为指称维持。如下面的句子中，我们依次编码主次人物、语篇功能和指称类型：There's this little boy〈MIdn〉 and he〈MMpr〉is enjoying this pet frog〈MIdn〉that he〈MMpr〉has in a bottle. He〈MMpr〉has a pet dog〈MIin〉, too. 其中MIdn为Main character，Introduction和definite NP之缩略形式，MIin为Main character，Introduction和indefinite NP之缩略形式。

为保证编码信度，本文的两位作者分别独自完成20篇语料的标注，之后再逐一检查对照，一致性达到0.95。不一致的地方经重新协商后，由第二作者独自完成余下语篇的编码标注。根据所编码的数据，我们计算了每一种人称指称在引入人物、再引入人物以及维持人物中的数量及比例，并利用SPSS21.0进行统计分析，以考察教学对中国英语学习者习得人称指称的影响。

第三节　结果与讨论

一、教学对人物指称引入和再引入的影响

关于人物指称引入的情况，我们按照教学班级统计了两组的使用总数、均值及百分比。方差分析显示，两组之间的总体使用情况没有统计学意义上的区别，其中主要人物为$F=0.003$，$p>0.05$；次要人物为$F=0.010$，$p>0.05$。但表1显示，教学产生了一定的积极作用。对显性教学组来说，主要体现在引入主要人物时使用的无定名词结构发生了变化，由前测的34.2%提高到45.8%，均值变化显著（$p<0.001$）；但与英语母语者（52.8%）比较仍有较为明显的差异（$p<0.05$）；有定名词结构由前测的65.8%减少为54.2%，变化显著（$p<0.001$），仍高于英语母语者（47.2%）；次要人物指称的使用情况呈现类似的规律。对隐性组来说，引入主要人物时使用的无定名词结构由前测的40.0%提高到42.5%；有定名词结构由前测的60.0%减少为57.5%，变化均不显著（$p>0.05$）；次要人物指称的使用情况也表

现出类似的特点。

表 10-1　人物引入描述统计结果

人物类型	指称类型	显性组		隐性组	
		前测	后测	前测	后测
主要人物	无定名词词组	41（34.2%）	55（45.8%）	48（40.0%）	51（42.5%）
	有定名词词组	79（65.8%）	65（54.2%）	72（60.0%）	69（57.5%）
	合计	120（100.0%）	120（100.0%）	120（100.0%）	120（100.0%）
次要人物	无定名词词组	46（37.1%）	71（48.3%）	63（47.0%）	72（49.7%）
	有定名词词组	80（62.9%）	76（51.7%）	71（53.0%）	73（50.3%）
	合计	124（100.0%）	147（100.0%）	134（100.0%）	145（100.0%）

上述结果表明，显性教学对人物指称引入中无定名词词组的使用产生显著影响，这种影响不仅体现在主要人物的描述上，也出现在次要人物的引入中。对于隐性教学而言，主次人物描写中均出现了增长趋势，但相对于显性教学的效果，这种变化要小得多。学习者仍更多使用有定名词词组，其中包括人名。前测显示，两组学习者人名的使用达到人物指称引入的 24.9%，远远超出英语母语者的个别使用现象。学习者习惯给人物命名这种现象，可能源于汉语叙述中固有的思维习惯，即在讲故事时，给人物取名是汉语的传统叙事策略。在本书第六章中，所有 20 名汉语母语者均给主要人物分别命名为“小明”“小新”“小白”等等；即使在英语叙事中，不同英语水平学习者人名使用比例分别达到 90%、65%和 30%，而母语者仅有 1 人使用了人名。与上述研究相比，本研究的受试使用人名的比例显著降低。使用情况如例句所示：

（1） One day, **Leo** found a frog with his dog.

（2） Today, I read a crazy story. In the story: **Jack** caught the frog.

（3） Once upon a time, a little boy called **Tom** got a frog.

教学实验完成后，我们再次检视了人名的使用情况，发现使用比例下降到 14.2%和 18.3%，两组均有明显的变化，但显性教学的效果无疑更为显著。说明显性教学条件也能促进隐性知识的增长，这与高海英、戴曼纯（2004）对关系从句外置结构的习得研究发现基本一致。也与 Norris &

Ortega（2000）的元分析结论相吻合。

不同类型教学对人物再引入的影响如表 10-2 所示。总的来说，分组对于次要人物来说效应显著（$F=4.60$，$p<0.05$），教学对于次要人物的再引入作用明显，显性教学组从前测的 7 次增长到后测的 58 次；隐性组也从前测的 7 次增长到后测的 39 次。但对主要人物而言，两组之间的总体使用情况没有统计学意义上的区别（$p>0.05$）。学习者在再引入人物时主要依靠有定名词词组或人名，但代词的使用呈现较显著的变化（$p<0.05$）。

表 10-2　人物再引入描述统计结果

人物类型	指称类型	显性组		隐性组	
		前测	后测	前测	后测
主要人物	有定名词词组	292（96.1%）	288（90.0%）	266（95.3%）	262（88.5%）
	代词	12（3.9%）	32（10.0%）	13（4.7%）	34（11.5%）
	合计	304（100.0%）	320（100.0%）	279（100.0%）	296（100.0%）
次要人物	有定名词词组	7（100.0%）	58（100.0%）	7（100.0%）	39（100.0%）
	合计	7（100.0%）	58（100.0%）	7（100.0%）	39（100.0%）

测试结果表明，在主要人物再引入的过程中，学习者有定名词词组的使用一直维持在很高的比例，但仍低于英语母语者的 97.2%；说明中国英语初级学习者已基本掌握再引入人物指称的方法，但教学的介入使有定名词词组的使用比例有所下降。与此相反，使用代词再引入人物的均值和比例有较显著的增长，远高于英语母语者的使用情况（2.8%）；这可能与整个学习过程中代词回指的使用较为突显，这种高频输入导致了负迁移现象的发生。对部分学习者的访谈也证实了这个原因。他们认为，在教师的显性讲解或隐性学习过程中，代词均处于中心地位，大家都把注意力集中在代词的使用上，出现了“过度训练”现象。这种由过度关注引起的过度训练导致了代词在人物再引入中的过度使用。今后的教学中教师要创设更多的真实交际场景，避免这种因过度训练导致的使用过度现象。

二、教学对维持人物指称的影响

人物指称维持又称回指，主要由名词回指、代词回指和零形回指三类构成。前测结果表明，显性组主要人物描述中，名词回指所占比例最大，代词回指次之，最后是零形回指，分别占 47.8%、38.7%和 13.5%。隐性组前测呈现类似的特征，三类回指各占 49.4%、39.8%和 10.8%。两组没有显著差异（$F=2.67$，$p>0.05$）。在次要人物的描述中，三类回指所占比例有所不同，从高到低依次为名词回指、零形回指和代词回指。教学实验实施之后，如表 3、图 1 所示，显性教学组三类回指的使用顺序不变，但代词回指由前测的均值 12.125（38.7%）提高到后测的 20.3（44.5%），变化显著（$p<0.001$）；而名词回指尽管所占比例有所下降，但均值由前测的 15 次提高到了 20.6 次，变化同样显著（$p<0.05$）；零形回指使用均值有所增加，但变化不显著。对隐性教学组来说，三类回指使用均值都比前测有提高；代词回指由 12.525 提高到 17.525，名词回指由 15.55 提升到后测的 20.55，零形回指由 3.4 提高到人均 5.95 次，均有较显著的提高（$p<0.05$）；但相对使用的总人称数，各自所占比例变化不显著。方差分析结果显示，在维持主要人物指称维度，教学的主效应显著（$F=21.07$，$p<0.001$），但对指称次要人物的效果不显著（$F=2.15$，$p>0.05$），说明显性教学和隐性教学对人物指称学习产生不同的影响。

表 10-3　人物指称维持描述统计结果

人物类型	指称类型	显性组		隐性组	
		前测	后测	前测	后测
主要人物	名词回指	600（47.8%）	824（45.1%）	622（49.4%）	822（46.7%）
	代词回指	485（38.7%）	812（44.5%）	501（39.8%）	701（39.8%）
	零形回指	169（13.5%）	190（10.4%）	136（10.8%）	238（13.5%）
	合计	1254（100.0%）	1826（100.0%）	1259（100.0%）	1761（100.0%）
次要人物	名词回指	58（59.8%）	62（57.4%）	50（62.5%）	46（47.4%）
	代词回指	11（11.3%）	12（11.1%）	5（7.2%）	12（12.4%）
	零形回指	28（28.9%）	34（31.5%）	14（20.3%）	39（40.2%）
	合计	97（100.0%）	108（100.0%）	69（100.0%）	97（100.0%）

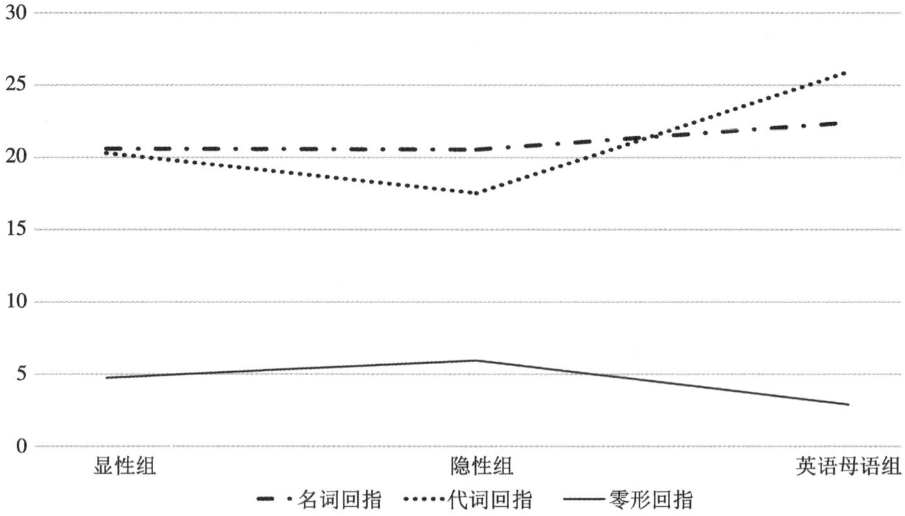

图 10-1 人物指称后测回指均值

上述结果表明，显性、隐性教学均对主要人物指称的习得产生了有益的影响。从使用的回指频数来看，后测各类型的数量均大幅度增加。这跟教师采用显性隐性教学，学习者强化输入大量指称有关。回指频数的显著增长还和受试对故事的熟悉程度有关联。本研究前后测使用了相同的图片故事，且间隔时间仅有三天，学习者对故事情节的熟悉程度明显提高，所关注的故事细节增多，情节描写更为具体，在线口头叙述压力减轻。结果还表明，显性教学的效果优于隐性习得。与隐性教学相比，显性教学对人物指称隐性知识的教学效果更为突出。显性教学可促进隐性知识的发展，这与已有研究结果一致（如 Norris & Ortega 2000；Ellis 2008；苏建红 2012a 等）。Ellis et al.（2009：34）的研究甚至认为显性教学对学习者隐性知识的发展可能比隐性教学更有成效。

此外，与英语母语者［分别使用均值为 22.41 的名词回指，均值为 25.91 的代词回指和均值为 2.91（5.7%）的零形回指］相比，显性教学组和隐性教学组均有明显的差距，主要体现在各回指维度使用的频数和百分比方面。三个人物回指的使用差异以名词回指和代词回指尤为突出。教学环节结束之后，显性组使用的代词回指比例为 44.5%，隐性组为 39.8%，均远低于母语组的 50.6%；而名词回指显性组为 45.1%，隐性组为 46.7%，仍高于母语组的 43.7%。该结果说明，人物指称的教学产生了显著的效果，但过度显化问题依然存在。在次要人物描述中，指称问题过度显化现象同样存在。即使是通过显性教学积累的显性知识并不总是能转化为目标语的合适表达形式，隐性教学的效果更需要一个长期的与母语互动的过程。该结果进一步验证了已有研究中的过度显化问题（如 Lumley 2013；Crosthwaite 2014；Ryan 2015；徐家金、刘霞 2014 等）。研究证实，过度显化，包括人名的使用，仍是二语学习过程中比较突出的现象。如后测中仍不乏使用人名的语料，也有较多使用有定名词词组进行回指的情况，如例 5 中的 the boy 和例 6 中的 the dog：

（4）It was very late，**Tom** and his dog went to sleep. The frog jumped out of the bottle and ran away. In the morning when Tom awake，he found that his frog run away so immediately he and his dog search in the room but with no result.

（5）**Tom** and his dog was not dangerous，but the coat was wet. At this time he found another tree. There are some sounds from the tree. It's happy for Tom to find lots of frogs，so **the boy** keep one of them and went home.

（6）In other side，a flock of bees are catching the dog，and **the dog** ran.

访谈发现，教师的显性教学以及高频隐性输入能提升学习者代词使用的意识程度，但学习者语言能力不足、追踪人物困难以及母语中使用人名的叙事策略等原因造成过度显化的问题。对于语言水平相对较低的学习者而言，在线语言表达时面临多重压力（Arnold & Griffin 2007），而名词回指的大量使用可减轻叙事中话语组织和人物追踪所带来的在线压力。与此同时，学习者对回指习得不完整，来自母语的影响也不能忽视。这种母语系统潜移默化的作用表现为“叙事策略上的缺陷”，因此学习者需要在“人物指称的总体认知结构上加以调整”（许家金、刘霞 2014：58），需要进行系统性的概念重构。而概念系统的重构是一个长期而富有挑战的过程，这个过程得益于教师系统的概念教学、大量目标语的输入以及与母语者之间的长期互动。

第四节　结语

本章致力探讨不同的教学方式对英语人物指称系统的教学效果。研究发现，显性、隐性教学均积极影响英语人物指称的习得，但显性教学效果优于隐性教学。教学手段的运用提升了学习者的意识程度，有效提高了人物指称的使用频数和代词的使用，减少了名词词组的过度使用。但因为教学时间所限，两种教学手段都没有完全解决学习者在人物引入和维持两方面的过度显化问题，与英语母语者相比差异仍相当明显。其中，名词词组，尤其是人名的使用，仍然是中国英语初级学习者常用的指称策略。此外，教师的显性教学和学生隐性学习过程中的高频输入，导致了学习者在再引入人物时过度使用人称代词，出现了显化不足的问题（under-explicitness）。

上述结果表明，人物指称的习得受显性、隐性教学的影响，也受母语识解习惯的约束。今后的指称表达教学中应考虑 Qin & Zhang（2019）的建议，即提前思考诸如策略规划和叙事文本的类型等辅助条件的运用。比如，可以给学习者提供额外的准备时间，可以选择人物更少、情节更简单的故事，以减轻学习者认知加工的负荷。另外，由于单纯使用显性或隐性的教学方式过于机械，不利于发挥多种教学方式的长处。因此，教师要思考如何基于语言习得的隐性机制以及显性语言教学有效性的倾向性结论，充分利用两种方式的优势和特点，坚持"动态权衡观"（葛天爽 2019），设计显性隐性结合的教学模式。即在处理学习者习得难度大、重构困难的语言项目或概念项目时综合利用显性隐性教学的优势。教学中应有意识地创设隐性学习的条件或机会，引导学习者注意语言形式—意义—功能三位一体的结合，"帮助学习者尽快建立新的认知方式和概念系统"（文秋芳 2014：3），获取显性知识，促进显性知识内化，重构母语中的概念系统，达到概念流利的目的。

第十一章
教学对概念重构的影响（Ⅳ）：文本强化对英语回指释义的影响

认知心理学理论认为注意力是学习知识的必要条件之一，在选择性信息提取过程中起重要作用。学习者对语言形式的注意在语言学习中必不可少，提高输入的显著性是提高学习者意识的有效方法（Schmidt 1995）。学习者必须首先注意到要学习的语言形式，才可能对其进行进一步的加工，才可能把输入转化为吸收（Schmidt 2001）。文本强化作为隐性输入强化的一种方式，主要通过加粗、加下划线、斜体或改变字体大小等方式修改书面文本的物理外观，以吸引学习者对目标语言结构特征的注意，达到促进语言学习的目的。

在过去的几十年里，有关文本强化的研究颇为丰富，但对文本强化有效性的研究结果各异（Izumi 2003；Lee 2007；Lee & Huang 2008）。一些研究人员发现，文本强化对摄入、获取或理解几乎没有影响（如 Alanen 1995；Leow 1997；Overstreet 1998；Leow et al. 2003；Wong 2003；Winke 2013 等）。其他研究（如 Shook 1994；Jourdenais et al. 1995；Lee 2007；Fang 2014；Jahan & Kormos 2015；葛现茹 2010；杨建生 2016 等）则发现文本强化对注意、摄入、产出甚至学习产生了积极影响。Lee & Huang（2008）因此呼吁多开展有关文本强化的研究。基于此，本章以回指为目标语言形式，探讨文本强化对学习者回指释义的影响，并同时考察文本强化和阅读理解能力的关系。

第一节 文献综述

一、文本强化相关研究

文本强化是输入强化的一种方式，一般通过对文本视觉上的改变迫使学习者注意原本不太明显的形式（Simar 2009）。是一种隐性的、不引人注目的吸引学习者注意文本特定语言形式的方式（Izumi 2002）。当意义理解或产出出现困难时，它将我们的注意力转向语言形式特征（Long & Robinson 1998）。由于不同语言形式所需要的注意力及其储存方式不同以及二语抽象度、复杂度、母语与二语差异度的不同，强化对二语词汇和语法学习的影响各异（Gass 1997）。

一些研究表明文本强化对促进学习者注意强化的语言形式有积极作用（Shook 1994；Jourdenais et al. 1995；White 1996；Izumi 2003；Lee 2007；Fang 2014；Jahan & Kormos 2015；葛现茹 2010；杨建生 2016 等）。学习者更有可能关注这些强化的语言形式，从而为今后的学习提供有效的输入。Simard（2009）调查了 7 种不同形式的文本强化对二语习得者英语复数标记词的影响。结果表明不同的文本强化形式影响不同，例如使用大写字母强化的小组所得分数要比用下划线突显的小组分数高。Jahan & Kormos（2015）的研究发现，文本强化能促进学习者 be going to 结构元语言知识的发展以及 will（表示将来意义）的运用，但仍不足以帮助学习者完全理解目标结构形义匹配的复杂性。但是，另外一些研究者（如 Leow 1997，2001；Overstreet 1998；Leow et al. 2003；Wong 2003；Winke 2013 等）发现文本强化对学习者的习得没有影响或影响有限。Simard（2009）认为，这些结果受目标语言形式、所选语言、文本强化的数量和类型等多重因素的影响。

虽然大量研究表明文本强化可以促使学习者注意特定的语言形式，但还不清楚是否会同时影响意义的理解（Han et al. 2008）。有研究表明，文本强化对学习者的阅读理解没有显著影响（Leow 2001），甚至可能会对学习者的阅读加工过程产生消极影响（Overstreet 1998）。同样，Lee（2007）研究了文本强化和主题熟悉度对 259 名韩国英语学习者阅读理解和英语被动语态习得的影响，结果发现文本强化对目标语言形式的习得有积极影响，但对意义理解却没有。Leow（1997）认为文本强化对文章的整体理解和局部理解都有影响，但是 Shook（1999）与 Wong（2003）的研究表明文本强化只对局部理解产生影响。Winke（2013）以 Lee（2007）的研究为基础，采用眼动研究的范式收集数据，测试文本强化对学习者英语被动结构的习得以及文本理解的影响。与 Lee（2007）的研究结果相反的是，文本强化能显著促进学习者对被动形式的注意，但并不能提高他们的纠错成绩，也不显著影响学习者对文本的阅读；而且，语言形式学习与文本理解不存在相关性。因此，文本强化对语篇意义理解会产生怎样的影响仍有待进一步的研究。

国内关于文本强化的研究成果数量不多。葛现茹（2010）调查了输入强化对中国学生习得英语关系从句的影响。研究结果表明，输入强化能有效吸引学习者的注意力，能使他们在有意义的语境中注意到目标结构；接受强化语言输入的实验组对关系从句的掌握程度明显高于控制组。这进一步证明输入强化能够帮助学习者建立清楚的形义关系，促进中介语的重构。刘丹丹、吴艳（2014）探讨了显性和隐性两种强化方式对中国初级英语学习者习得英语词汇与定语从句的影响。研究结果显示，隐性强化能够有效促进词汇产出性知识习得，而词汇理解性知识与定语从句的理解性、产出性知识习得均需显性讲解；高水平学习者在强化中获益更多，尤其在隐性学习环境中的词汇产出性知识习得方面优势明显。王峰、刘婷（2014）调查了输出任务与输入强化任务对不同类型关系从句习得的效果，发现输入强化材料的刺激在难度较高的 SS/SO 型关系从句的使用上并未表现出明显进步，在难度较低的关系从句的使用方面则进步显著，但不具有持久性。杨建生（2016）探讨了不同输入强化方式对方式副词的位置规则的影响，发现文本强化行之有效，能帮助学习者在以意义为中心的语言环境下，关注语言形式并最终习得被强化的方式副词的位置规则。

综上，关于文本强化的研究虽取得了明显的成绩，但综合考虑到研究结果的不一致以及研究深度与广度方面的不足，有必要选取特定的目标结构，进一步系统探讨文本强化的作用与效果。

二、回指释义的相关研究

回指（anaphora）是一种常见的语言现象，是语篇衔接的重要手段之一，也是语言学研究的一个热点话题。国内外诸多学者（如 Halliday & Hasan 1976；许余龙 2004；王文斌、何清强 2016 等等）都曾对回指做过深入的研究。为避免重复，使句子和语篇更加简洁，人们常使用一种简约形式（即回指词）照应或指代之前已经提及的全称表达式“先行词”。回指一般可分为三类：零形回指、代词回指和名词回指。

在阅读中，回指对于文本一致性构建和成功理解非常重要（Peterson 1993；Ehrlich et al. 1999）。当回指关系相对明确时，低推理能力就足以让读者明确所指关系，反之则需要高推理能力。因为成功的回指释义与先行词和回指词关系的显性程度密切相关。换句话说，这种关系越明显，读者就越有可能理解回指词。由于学习者能否成功进行回指释义与先行词和回指语的清晰度紧密相关，而文本强化的一个重要目的就是通过突显目标语言形式引起学习者的注意，很有必要选择回指词作为目标形式，以探讨文本强化对其的影响。

具体而言，回指词作为文本强化的主要目标形式符合研究者提出的三个标准（Hulstijn & De Graaff 1994；Doughty & Williams 1998；DeKeyser 2005）。首先，Hulstijn & De Graaff（1994）认为，目标形式应该具有高可靠性和宽范围。高可靠性意指该目标形式的一致性，宽范围是指该形式分布广泛。由于回指词与其先行词之间的关系总是具有高可靠性，而且不受距离或方向的影响。它还具有广泛的范围，因为指称概念不仅存在于英语中，而且存在于许多诸如汉语的其他语言中。第二，Doughty & Williams（1998：212）指出，“对特定的学习者群体来说似乎有问题的”形式是许多教师的研究目标。研究发现，许多学习者在阅读和写作中处理回指词存在困难（Garrod & Sanford 1990；Shapiro & Milkes 2004）。本课题第六章考察人物指称习得时发现，代词使用和名词回指使用存在问题，人物指称过度显化现象明显；显性隐性教学方式对中级水平学习者英语人物指称系统的使用产生积极影响，但人物指称的过度显化问题仍没有完全解决（见第十章），有必要通过其他途径继续探讨教学方式对回指中的显化问题的影响。第三，理想的目标形式应是形式功能相对简单，学习者容易习得的（DeKeyser 2005）。回指词的功能仅仅是引导读者回忆业已建立的概念；回指词形式相对灵活，可以以代词或名词形式出现，但即便是相对复杂的语言形式也具备可学性特征。

但是，采用实验的方法关注回指释义的研究数量很少（如 Fang 2013，2014）。前一项研究聚焦语言形式的隐性和显性教学对二语学习者阅读时回指释义的影响，以及关注语言形式时回指释义和阅读理解的关系。实验结果显示，聚焦形式的隐性教学比显性教学更能促进英语学习者的回指释义。此外，学习者对于语言形式的注意似乎没有影响他们对文本意义的理解，二者在注意力资源的分配上没有形成明显的直接竞争关系。后一项研究探讨了文本强化对英语学习者回指释义和阅读理解的影响。研究结果显示，文本强化有效促进了学习者的回指释义表现，但是两组阅读理解分数差异不显著。

本章以前述研究为基础，并参照 Fang（2014）的研究，以中国英语学习者为研究对象，重点探讨文本强化对回指释义的影响，并同时考察回指释义和阅读理解能力的关系。

第二节　研究设计

一、研究问题

本研究主要研究文本强化对中国英语学习者回指释义的影响，并同时考察回指释义和阅读理解能力的关系。主要研究问题如下：

（1）文本强化对中国英语学习者回指释义有何影响？

（2）中国英语学习者回指释义和阅读理解能力有何关系？

二、研究对象

实验对象为国内某市外国语学校高三的两个平行班，随机分为实验组和控制组。其中 A 班是控制组，后测中所阅读的文章没有经过文本强化；B

班为实验组，后测中阅读的文章经过文本强化处理。两个班级的人数相同，均为 51 人。他们使用相同的教材，接受同一位英语老师的教学，英语基础基本相当。实验前两组均参加了英语阅读能力测试，总分为 40 分。其中 A 班平均分为 26.63，B 班 27.57 分。结果显示，两组成绩偏低，说明学生的语言能力较弱。独立样本 t 检验结果证实，两组之间没有显著差异（$p=0.436>0.05$）。

三、数据采集与分析

实验采取了三种实验工具：阅读能力测试、前测与后测，与 Fang（2014）所用的基本一致。阅读能力测试的目的旨在确保受试的可比性，所用试卷为高三月考卷的阅读理解部分。该试卷由实验学校英语组的老师共同讨论命题，具有较高的信度效度，且学生对月考都非常重视，能较真实地反映学生的阅读理解水平。阅读能力测试一周以后进行前测。前测有两篇文章，每篇文章后有 4 道阅读理解单选题和 5 道指称推断题。后测和前测之间也是一周的间隔。后测中，两组学生也是先阅读两篇和前测难度相似的文章，然后回答问题。但是后测中的阅读文章有两个版本，控制组的学生所阅读的版本没有经过任何处理，而实验组阅读的文章中的某些回指词和先行词（语）经过加粗以及增大字体两种形式的文本强化处理。前测和后测都在课堂上完成，要求学生在 30 分钟内阅读完两篇文章并作答。总分均为 18 分。学生答对一题得 1 分，答错或者不答记零分。相关数据利用 SPSS 21.0 进行了分析处理。

值得一提的是，一般情况下当文本强化作为输入强化的一种手段运用到研究中时，文本中所有目标形式都会被强化，但由于本研究所选择的目标语言形式在文本中出现频率高，全部进行文本强化反而会影响读者的阅读；且由于过度强化目标形式会造成适得其反的效果（Han et al. 2008），本文选择标记 10 个回指词与其先行词。

第三节　结果与讨论

一、文本强化对学习者回指释义的影响

为了研究文本强化对学习者回指释义的影响，我们先后考察了两组学习者的指称推断成绩。前测显示，两组的均值分别为 5.33 与 5.45（总计 10 分）。t 检验也表明，两组之间不存在显著差异（$t=-0.225$，$p=0.823>0.05$）。

表 11-1　前/后测两组指称推断题成绩的均值

分组	人数	均值	标准差	标准误
前测 A	51	5.33	2.430	0.340
前测 B	51	5.45	2.838	0.397
后测 A	51	5.94	2.139	0.300
后测 B	51	8.08	1.294	0.181

后测中，接受文本强化的实验组和控制组指称推断成绩发生了变化，其中实验组的均值由前测的 5.45 分提高到 8.08 分，控制组的均值由 5.33 分增长为 5.94 分。实验组学生的指称推断表现明显优于控制组。独立样本 t 检验也表明，两组之间存在显著差异（$t=-6.105$，$p=0.000<0.05$）。因此，文本强化有助于学习者更为准确地进行回指释义。

该结果与 Fang（2014）的研究结论一致，也为宣称文本强化可以促进语言形式注意和学习的研究（如 Shook 1994；Jourdenais et al. 1995；White 1996；Izumi 2003；Lee 2007 等）提供了进一步的支持。为什么文本强化可以促进回指释义？Cirilo（1981：358-367）认为，回指的理解过程包括三个阶段：立刻匹配阶段、复原匹配阶段与推测阶段。立刻匹配阶段指的是学习者从短时记忆中检索出回指词和先行词的意义。而在复原匹配阶段，学习者从长时记忆中检索出回指词的意思。通常，回指词和其对应的先行词

的共同点越多，读者在阅读文章中找到先行词的速度就会越快。在推测阶段，如果文本线索欠缺，学习者必须依据语境线索进行推断。而在文本强化条件下，回指词和先行词都通过技术手段得以突显出来。也就是说，文本强化让学习者将更多注意力放在被强化的语言形式上，因而强化了他们记忆中的回指词与先行词信息。回指词与先行词之间的联系越紧密，学习者也就越能更好地进行回指释义。

然而，上述结论仍与以往一些类似研究结果相悖（如 Leow 1997, 2001；Overstreet 1998；Leow et al. 2003；Wong 2003 等）。这些研究发现，文本强化对注意与习得并不起特殊作用。由于不同研究中文本强化的特定语言形式不同，比如，英语复数形式、被动语态、第三人称单数等等。这些结构类型不同，难易程度相差较大，习得顺序各异，在教学中的处理方式也存在明显差别，即使通过文本强化进行突显，效果很可能千差万别。Han et al.（2008）也指出，研究中被强化的不同目标语言、不同研究对象各自的语言文化背景、学习者对强化目标结构的熟悉程度以及评价效果时选用的不同测试工具等因素，都会对研究结果产生或大或小的影响，从而导致多样性的结论。本研究聚焦回指释义，通过文本强化，先行词与回指词的意义联系更加密切，所指更加明确；而且与其他语法结构不同，学习者回指释义的关键更多取决于他们对阅读文本的理解，包括对每个单词及其内涵的理解。因此，文本强化效果也相应更为显著。

二、回指释义和阅读理解能力的关系

本部分将在分析文本强化对学习者阅读理解能力的影响基础上探讨回指释义和阅读理解的关系。

（一）文本强化对学习者阅读理解能力的影响

由于文本强化突显了先行词与回指词的关系及意义联系，这种注意偏向是否会对学习者阅读理解成绩产生影响？前测中阅读理解成绩显示，A 班与 B 班均值十分接近，分别为 4.18 分与 4.35 分。独立样本 t 检验分析表明，两组受试的阅读理解题成绩不存在显著差异（$t=-0.645$，$p=0.521>0.05$）。

表 11-2 前/后测两组阅读理解成绩均值

分组	人数	均值	标准差	标准误
前测 A	51	4.18	1.381	0.193
前测 B	51	4.35	1.383	0.194
后测 A	51	4.29	1.331	0.186
后测 B	51	5.39	1.266	0.177

后测中两组受试阅读理解成绩相差较大，其中 B 班均值为 5.39 分，明显高于 A 班的 4.29 分。独立样本 t 检验显示，两班成绩差异显著（$t=-4.268$，$p=0.000<0.05$）。因此，基于以上结果，我们认为文本强化能有效促进学习者进行阅读理解。

该结果和以往部分相关研究结果不一致。一些研究者（如 Overstreet 1998；Lee 2007 等）认为，文本强化会阻碍学习者进行阅读理解。Lee（2007：108）明确指出："意义的理解和语言形式的习得是相互独立的过程。"亦即学习者对意义的理解和语言形式的注意过程二者之间可能存在注意力方面的竞争关系。语言形式强化很可能意味着学习者对文本意义理解过程的注意力会受到削弱（Overstreet 1998）。然而，也有研究（如 Fang 2013）对此持有不同看法。该文认为，学习者对文本中语言形式的注意并不会影响其对文本意义的理解，即两者注意资源的分配不存在竞争关系。尽管如此，Fang（2013）文中的结论并没有得到随后开展的实证研究的强有力支持。Fang（2014）的研究中，强化组与非强化组受试阅读理解成绩无显著差异，说明文本强化对受试的阅读理解成绩并无明显促进作用。Fang（2014）认为，文本强化对学习者的回指释义产生积极影响，却对阅读理解没有明显作用，这很可能是因为实验时间仅足以让学生识别正确的回指关系，但是却不足以帮助他们理解全文。我们认为，这种现象的产生还可能与学习者语言水平直接相关。在 Fang（2014）的研究中，受试为仅有 4～5 年英语学习经历的高中学生，要在 30 分钟左右的时限内完成阅读水平相当于美国 9 年级学生的两个语篇并完成 18 个问题，其语言能力尚不足以帮助他们在关注语言形式的同时正确理解语言意义。

然而，本章发现文本强化对受试的阅读理解产生了积极影响，有效促进了他们成绩的提高。这种现象可以从以下几方面进行解读。首先，文本强化可能是语言学习过程中最隐性的、最不具有干扰性的输入强化方式，不会耗费学习者太多的注意力去聚焦语言形式，学习者仍然有足够多的时间进行意义处理。也就是说，文本强化的显性程度并没有达到妨碍对文本意义理解的程度。第二，回指词的功能与特点决定了其在读者阅读过程中的积极效用。通常认为，回指词能帮助读者回指文本中业已建构的概念，有助于语篇局部的连贯；同时，对回指词的理解又在很大程度上依赖于读者对全文的理解，二者之间彼此关联。正如 Lightbown（2005：192）所说，回指词区别于其他语法形式的特点在于"对形式的关注是对意义关注的一个重要载体"。第三，与 Fang（2014）相比，本研究的受试来自某外国语学校的高三年级学生，有长达 9 年的英语学习经历，英语水平相对更高，阅读能力更强，具备足够处理强化文本所需的阅读技能，能在注意文本形式的同时兼顾意义的理解。对部分学生的访谈也证实了这一观点。在这种情况下，文本强化不仅没有对阅读理解产生消极影响，而且，学习者通过对文本中形式的注意有效提升了他们对文本意义的理解。

（二）回指释义和阅读理解的关系

本研究采用相关分析对受试前测和后测成绩进行了统计分析，以了解二语学习者回指释义和阅读理解成绩之间的关系。

结果表明，当两组受试阅读了没有经过视觉强化处理的文本后，实验组（$r=0.412$）与控制组（$r=0.357$）的阅读理解分数与他们的指称推断题成绩呈正相关关系。

后测结果表明，当实验组受试阅读经过强化的文本后，他们的阅读理解分数与指称推断成绩也呈正相关（$r=0.625$）。同时，控制组特点类似（$r=0.493$）。这意味着不管受试是否接受文本强化，他们对阅读文本的理解越好，他们回指释义的表现也就越好，反之亦然。该结果与 Fang（2014）的研究发现类似，但与 Winke（2013）的结果相悖。Winke 文认为，语言形式学习与文本理解之间不存在相关性。

我们认为，阅读理解和回指释义之间的这种正相关可以从回指与语篇之间的关系加以解释。前文提到，回指具有重要的篇章构建功能，是篇章连贯和接续的典型手段。基于同一主题展开叙述时，英语强调形式上的衔接，多采用显性手段回指先行语，注重句与句之间形式上的衔联与延续，这表明英语篇章回指在形式上具有较为严格的勾连接续的特点（王文斌、何清强 2016：657-668）。正是这种勾连性和延续性特点有助于我们对整个语篇的理解。这也符合自下而上学习观，即明确的回指关系可以促进学习者的整体阅读理解。也就是说，基于回指关系构建的局部连贯性，可以促进文本的整体理解。当然，对全文阅读的理解也同样有助于学习者理解回指关系。当学习者整合文本信息时，自上而下与自下而上机制共同发挥作用，有助于学习者厘清篇章中的回指关系，也便于学习者理解文本意义。由于二语学习者对文本的理解受文本结构和话语组织等背景知识的影响，也容易被不明确的英语指称关系所困惑，这种困惑又在一定程度上影响语篇理解，因此，某种形式的文本强化既能突显语言形式，也对意义理解起作用。

第四节　结语

本章考察了文本强化对中国高中英语学习者回指释义的影响，并同时考察回指释义和阅读理解能力的关系，旨在了解文本强化对二语学习者目标语言形式与文本阅读中的作用。研究发现，文本强化有助于学习者注意到目标形式，能提升学习者的回指释义成绩；文本强化对学习者的阅读理解产生了积极影响，有效促进了他们成绩的提高；在二语阅读中，回指释义与阅读理解存在正相关关系。

今后的研究可以考虑同时考察不同性质的语言目标形式，以确定相同条件下的文本强化对不同目标结构习得的影响。也应鼓励开展更多的验证性研究，以考察文本强化对回指词学习的长期影响。一定程度的显性教学可以帮助学习者建构关系与意义，在二语学习中不可或缺。而文本强化可以在一定程度上加速学习进程。

第十二章
概念测试研究（Ⅰ）：英语隐性语法知识测试实证研究

对显性、隐性知识的研究是学界近几年来感兴趣的话题之一。国外如Rod Ellis（2002，2004，2005，2006，2009）对显性、隐性语法知识的概念、与学习者水平的关系、测试方法等内容进行了系列研究。Erlam（2006）验证了测试隐性知识所用的“口头诱导模仿法”（oral elicited imitation test）的有效性。国内的研究更多地从理论上对两者加以关注。如戴曼纯（2005：110）发现“显性”与“隐性”等相关概念使用混乱，影响了实证研究的设计和数据分析，导致结论矛盾。顾琦一（2005：49）认为两种知识间存在的是“知识提取路径的转化”，而非知识本身的转化。孙鸣（2007：135）主要讨论了陈述性知识对英语认知的作用，认为“陈述性知识是中国学习者认知英语的基石”，对学习者的语言认知、文化认知和语言使用能力的发展具有重要意义。杨烈祥、阳志清（2007）针对孙文的观点进一步阐发了外显知识在语法习得中的认知作用，认为外显知识在二语习得中具有基础性地位。但是，任何二语习得理论都旨在解释二语学习者如何发展内隐知识而不是外显知识（Ellis 2006），获得外显知识的终极目的仍然是促进内隐知识的获得，内隐化在二语习得中具有“全程性意义”（杨烈祥、阳志清 2007：131）。实证研究方面，曾永红（2009）利用口头诱导模仿法测试了不同年级的两组中国英语专业学生的隐性语法知识。研究发现，高水平英语学习者的隐性语法知识要显著优于低水平者；两组学习者的隐性语法知识与他们的实际英语水平均呈显著正相关。苏建红（2011）的研究以显性/隐性语法知识作为中介变量，研究英语学习者思维方式个体差异对英语各语言技能的影响。发现隐性语法知识对不同的语言技能均有显著的直接影响，其中对说的影响最为显著。张东波、赵守辉（2011）探讨了学习者的隐性与显性语法知识与二语阅读理解水平之间的关系，发现隐性语法知识对阅读理解水平有显著的预测力。

本章基于 Ellis 及 Erlam 的系列研究以及上述实证研究发现，对测试语法概念隐性知识的方法进行进一步的探索，以检验不同类型的口头诱导模仿法的有效性及其与语言水平的关系。

第一节　隐性知识测试方法

由于显性语法知识测试结果并不一定能证明学习者已经把所测试的语法形式内化成知识并能在交际中自由运用，因此有必要设法获取学习者的隐性语法知识信息。然而，如何有效测试学习者的相关语法知识备受争议，不同的学者大多持不同的观点。有些研究者认为隐性知识只是一个“理论构念”，不能用完成语言任务的方式直接测试（Hulstijn & De Graaff 1994）。但是研究者们都倾向认同一个基本的事实，即隐性语言知识的外在表现形式是语言使用的自动化程度。Han & Ellis（1998）对不同的语言测试方法进行分析后发现有时间限制与无时间限制的测试区别明显。他们认为，如果要求测试者快速回答问题，即便是用离散项目测试方式也能测量隐性知识。DeKeyser（2003）持相反的观点，他认为时间压力并不能确保隐性知识的测试；Purpura（2004）认为很难确定速度对受试产生的压力，这可能会导致受试产生不必要的焦虑，从而影响测试结果。

目前，常用于测试隐性语言知识的方式有三种：口试、限时合乎语法性判断与口头诱导模仿法。

口试：要测试隐性语法知识，必须让受试在自然的、实时的互动交际中，在连续的话轮转换中产出大量的语言样本（Purpura 2004）；Ellis（1994）持类似的观点，认为交际性任务是测试语言学习者隐性知识的最可靠方式。在完成口头交际任务的过程中，受试往往在没有时间准备的情况下产出一定量的聚焦于意义的（meaning-focused）语言样本，这些所产出的语言样本是衡量隐性语言知识水平的最佳材料。如在国内有一定影响的全国英语等级考试的口试记分就设立了语法分项，对考生的语法使用情况做出评判。但这种考试的评分仅凭考官的主观印象，缺乏客观的、可量化的评分标准，因此很少用于测试学习者语言知识的实验研究。而且，口试所产出的语言样本不一定涵盖研究者感兴趣的目标结构。因此，如果采用口试方式，则需对话题进行必要的限定，以确保大量相关目标结构的产出。

限时合乎语法性判断法（timed grammaticality judgment test）：受试根据自己的语感在规定的时限内对所提供的句子是否合乎语法做出判断，以此来检验受试的语言能力。因为受时间的限制，受试往往会较多地利用自己对语言的直觉（即隐性知识）而非显性知识对目标句作出判断。这种测试方法有助于研究者在短时间内获得有关学习者语言能力的大量数据，但也有其自身及测试设计等方面的问题。戴曼纯（2000：22-23）认为，“当语言学家进行一定规模的直觉判断调查时，尤其要注意考虑调查对象的合作态度问题，不愿意合作或胡乱猜答案，甚至抄袭他人答案等均会严重影响语言直觉调查结果的真实性、有效性和可靠性。其次调查对象的语言教育背景和被调查的频率也能干扰调查结果”。因此他（2000：24）认为“作为直觉判断之一的合乎语法性判断由于本身潜在的问题应在实验中谨慎使用”。王小宁、杨萍（2003：79）的研究也得出了类似的结论，认为“合乎语法性判断因受测试方法、资料选择以及受试者测试策略的限制，不足以充分反映第二语言学习者的语言能力，其效度和信度受到一定的影响”。

口头诱导模仿法：诱导模仿测试最初大量运用于测试一语的发展及神经心理学研究，其后较多地使用于二语习得的研究中用于合乎语法性判断（Mackey & Gass 2005）或考查学习者的隐性语法知识（Ellis 2005，2009；Erlam 2006，2009）。在二语习得研究中，该方法主要指用口头或书面的方式复述目标语言结构。但其测试效度仍极具争议。主要顾虑是诱导模仿法是否涉及对目标句的解码与理解过程，因为学习者在模仿复述时完全可以在没有理解所听信息的情况下“鹦鹉学舌”，即照搬所听到的句子（Mystkowska-Wiertelak 2011）。学习者如果能够正确模仿特定目标结构并改正错误的目标结构，则说明他们的相关知识已经内化；这就要求该测试方法具有重构特征（reconstructive），从而能比较准确地反映学习者的中介语系统。因此，要有效测试学习者的隐性知识，诱导模仿法必须具备重构特征，即模仿前须对目标结构的意义进行加工，确保受试不能通过死记硬背的方式复述目标结构。针对这种情况，Erlam（2006，2009）在 Ellis（2005）的研究基础上对所用口头诱导模仿法做了进一步探索。使用这种测试方式完成任务时，受试受时间限制，有时间压力，没有时间去计划或监控自己的复述。受试在听完目标句与开始复述目标句之间有大约 3 秒钟的时间，在这段时间，受试被要求对所听句子的内容做出评议，并在量表中标识出来。这样做的目的有两个：受试在接受语言输入时注意力集中在语言内容而非语言形式上；避免受试照搬原句；因此这种方式具有重构特征。研究结果表明，具有重构特征的诱导模仿法似乎能有效测试学习者的隐性语言知识（Ellis 2005，2009；Erlam 2006，2009；Mystkowska-Wiertelak 2011）。这种测试方法实用性强，实施比较简单，评分相对容易，但对测试对象的听力能力及口语表达能力有较高的要求，因此在设计目标句的时候要综合考虑他们的词汇知识水平，避免使用复杂的单词以影响句子的理解和产出。

第二节　研究设计

一、研究问题

本章旨在运用不同类型的口头诱导模仿法，探讨我国英语专业大学生语法知识的内化程度，隐性语法知识和学习者水平的相关性，以及分析目标结构的语法性是否影响学习者的口头诱导模仿成绩。具体问题如下：

（1）英语专业学习者语法知识内化程度如何？

（2）隐性语法知识与学习者的英语水平相关性如何？

（3）目标结构的语法性是否影响学习者的隐性语法知识？

二、研究对象

某师范大学英语专业三年级 92 名大学生参加了本实验。30 人被随机分配参加 OEI1 组测试，年龄在 20～22 岁之间，平均为 20.5 岁；其中男生 6 人，女生 24 人。而 OEI2 组共 32 人，年龄在 20～23 岁之间，平均 20.63 岁；其中男生 3 人，女生 29 人。OEI3 组共 30 人，年龄在 18～22 岁之间，平均 20.07 岁；其中男生 3 人，女生 27 人。本实验以学生专四成绩为依据计算了各组均值，其中 OEI1 组成绩在 57～77 之间，平均分为 67.23；OEI2 组在 60～83 之间，平均分 70.81；OEI3 组在 61～79 之间，平均达到 70 分。

表 12-1　人数、年龄及英语分数分布表

分组	人 数	年 龄	英语分数
OEI1	30（6/24）	20～22（20.50）	57～77（67.23）
OEI2	32（3/29）	20～23（20.63）	60～83（70.81）
OEI3	30（3/27）	18～22（20.07）	61～79（70.00）
全体	92（12/80）	18～23（20.40）	57～83（69.38）

注：人数栏括号内是男女学生数目；年龄栏括号内是该组的平均年龄；英语分数栏括号内是各组的平均分。分析表明，三组受试中，OEI1 组的平均分远低于 OEI2、OEI3 组，与后两组差异显著，而 OEI2、OEI3 组间水平无显著差异。这种情况可能会导致最终结果的偏差。

三、实验材料

本研究选用的 17 个语法结构基于 Ellis 与 Erlam 等人关于隐性语法知识研究所使用的结构（Ellis 2004，2005，2006，2009；Erlam 2006，2009）。选用这些结构基于以下四条主要原则。最重要的一条是困难性(problematicity)，即通常给学习者造成困难，使用时经常出错的结构。第二，根据二语习得的发展特性，即习得这些结构的时间先后顺序，有些结构习得较早，如动词补足语，有些结构习得较晚，如比较级。本研究中选用的语法结构既包含习得较早的结构，又包括习得较晚的结构。第三，根据这些结构在课本中出现的顺序选用代表不同语言水平层次的结构。第四，既包括词法结构，也包括句法结构（Ellis 2006，2009）。

与 Erlam（2006，2009）不同的是，我们根据目标结构的正确与否设计了三种不同的测试卷，其中 OEI1 中包含 34 个正确的句子（每个结构 2 句）；OEI2 中 34 个句子，1 正 1 误；OEI3 中 34 个句子均为错句。为确保每份测试卷的同质性，我们把每一句的音节数限定在 10～19 个之间，分析表明各组均值之间无显著差异。同时，考虑到中国学习者英语学习的特定语境，我们保留了 Erlam（2006，2009）实验中的所有相关主题，但对大部分目标句进行了本土化处理，改写了中国学生不熟悉的内容。

四、数据收集

测试程序：正式测试前我们对所选句子进行了试测，试测完后简化了部分理解困难的词汇，缩短了个别较长的句子。实验在语音实验室进行，测试开始前所有受试均训练了 5 个句子，熟悉了测试程序和规则。每组 34 个句子已事先请同一人录制好。每听完一个句子，受试首先要从 1～5 级量表中（即从完全不同意到完全同意）标出他们对该句内容的看法，然后再用正确的形式复述所听到的句子（repeat what you hear in correct English），所复述内容被计算机同步录制供以后分析。受试分测试类型在同一时段参加测试，测试完成后分别填写了一份调查问卷。问卷由两部分组成。第一部分为受试个人信息，其中包括受试最新英语水平测试成绩、年龄、性别等内容；第二部分则涉及受试对所使用测试形式的个人看法。

评分原则：依据 Ellis & Barkhuizen（2005）的方法，我们对每个目标句中所测试的语法知识点进行评分。如完全正确，每记分点记 1 分，不正确则记 0 分。其中 OEI1 最高分为 39 分（部分句子有两处记分点），OEI2 最高分为 40 分，OEI3 最高分为 43 分；在不改变目标结构的前提下，允许词项转换。如例句"It's more harder to learn Japanese than to learn English."可改为"It's harder to learn Japanese than to learn English."或"It's more difficult to learn Japanese than to learn English."。如录音不清楚无法做出判断则记为缺失值，用均值替代。所有录音中共有 10 处。评分时只评判受试的第一次复述，第二次不作为评分依据。

评分：所有录音的评分均由研究者本人和一个助手共同完成。2 位评分员在熟悉评分原则后分别评分。评分结束后对照检查，如分数不同，则共同复查一遍。

我们把受试的相关信息及测试成绩逐项输入计算机。利用 SPSS 对 92 名学生的数据进行描写分析、方差分析和相关性分析。

第三节 结果与讨论

一、语法知识内化程度

不同组别的受试对英语语法知识的总体内化程度到底如何？各语法分项之间是否存在差异？这些问题可以从对各组与各分项的描述统计得到答案。

表 12-2 隐性语法知识描述统计

分组	人数	最低分	最高分	总分	均值	标准差
OEI1	30	21	35	39	29	4.10
OEI2	32	13	33	40	23.59	3.88
OEI3	30	14	33	43	20.80	4.58

从表 12-2 可以看出，在原始分为 39 分的口头隐性语法知识测试中，OEI1 组的最低分、最高分分别为 21 分、35 分，高出原始分为 40 分的 OEI2 组的 13 分、33 分以及原始分为 43 分的 OEI3 组的 14 分、33 分。

表 12-3 各组隐性语法知识均值描述统计

分组	人 数	均 值	标准差
OEI1	30	0.6892	0.1150
OEI2	32	0.5830	0.1086
OEI3	30	0.4770	0.1296
全体	92	0.5831	0.1449

我们把测试中的数据做进一步处理。如表 12-3 所示，三组受试的平均分为 0.6892、0.5830 和 0.4770，呈现 OEI1＞OEI2＞OEI3 梯级递减现象；

样本均值为 0.5831，除 OEI1 组外，其余两组受试对英语语法知识的内化程度均未达到熟练程度（均低于 0.60）。这种差异还可通过分析 17 个语法结构的数值进一步说明。

从图 12-1 中各语法分项的均值可以看出，学习者内化程度较高的结构仅有情态助动词（各组均值都高于 0.7）、属格-s（各组均值都高于 0.8）、不定冠词和关系分句（各组均值都高于 0.6）；内化程度较低的有 since/for 结构、作格动词结构，最低的是非真实条件句，最低均值仅为 0.0333，学习者几乎不具备该结构的隐性知识。从各组的情况来看，OEI1 组内化程度较高的结构（均值均高于 0.90）有不定冠词、情态助动词、与格结构、比较级；OEI2 组内化程度较高的结构有关系分句、情态助动词和属格-s；OEI3 组内化程度较高的结构仅有属格-s、情态助动词和内嵌疑问句，均高于 0.07。这个结果和 Ellis 利用口头诱导模仿和限时合乎语法性判断测试以英语为第二语言的学习者的隐性语法知识的结果相近：情态助动词（0.72，括号里为语法测试均数，下同）、关系分句（0.63）掌握较好，非真实条件句（0.37）、附加问句（0.41）、内嵌疑问句（0.45）习得较差。与上述研究结果相比，学习者在测试中表现出高分更高、低分更低的趋势：如情态助动词各组分别为 0.9167、0.9531 和 0.7167，而在 Ellis 的实验中仅为 0.72。低分如非真实条件句，各组得分分别为 0.2833、0.0625 和 0.0333，远低于 Ellis 的实验结果（0.37）。导致这些差异的原因有多种，受试不同、测试方式的变化也可能带来不同的结果，另外，句子长度、记忆力差异等也可能导致不同的结果。

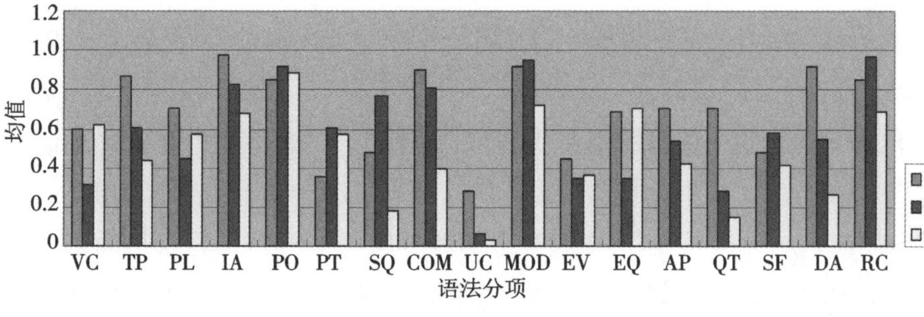

图 12-1　语法分项均值对比图

二、英语隐性语法知识与英语水平的相关性分析

学习者的英语隐性语法知识与英语水平是否存在相关关系？为解决这个问题，我们又分别对各组学生的隐性语法知识与其英语成绩做了相关性分析。

表 12-4 **隐性语法知识与英语水平相关性分析**

分 组	人 数	相关系数	显著性
OEI1	30	0.466**	0.009
OEI2	32	0.447*	0.010
OEI3	30	0.582**	0.001
全体	92	0.259*	0.013

如表 12-4 所示，对三种语法性不同的测试卷来说，各组的隐性语法成绩均与英语水平正相关。其中 OEI1 组相关系数为 0.466，显著性为 0.009；OEI2 组相关系数为 0.477，显著性为 0.010；OEI3 组的相关系数为 0.582，显著性为 0.001。全体样本的相关系数为 0.259，显著性为 0.013。这说明利用口头诱导模仿法测试学习者的隐性语法知识所得出的结果与学习者的英语水平呈较显著的正相关。从各组的相关系数来看，呈现 OEI3＞OEI2＞OEI1＞全体样本的特征。对 OEI3 组受试来说，他们的英语语言水平越高，隐性语法知识水平也就越高，自动修正英语句子的能力也越强。对于在输出时不需要修正所输入结构的 OEI1 组来说，尽管其语法均分明显高于其他两组，其相关系数仍低于 OEI2 与 OEI3 组。该结果似乎可以表明诱导模仿法能有效测试学习者的隐性语法知识，进一步支持 Erlam（2006，2009）的研究发现。

但是，本实验中各组的相关系数均明显低于 Erlam（2006，2009）的实验结果。在她的实验中，44 个受试的隐性知识成绩与雅思成绩的相关系数为 $r=0.76$，$p=0.00$。两次实验结果的差异可能与测试语言水平的试卷有关系。与用于专业英语四级考试的试卷相比，雅思考试的题量更大，考生所受的时间限制更大，考生在考试时没有过多时间利用显性知识去分析修改答案，相反，他们更多地依赖隐性知识来解决问题。由于诱导模仿测试更多依

赖听说能力，而专业英语四级考试中听力所占比例不高，且主要测试听力理解能力，考生在备考时更多关注如何听懂所听内容，不需要把相关内容复述出来。因此，诱导模仿法与受试所熟悉的听力测试模式差异较大。此外，四级成绩中并不包含口语测试部分。口试在笔试后一段时间进行，成绩单独报告。上述分析表明，学习者的专业四级成绩与诱导模仿结果代表他们语言水平的不同层面，但又相互关联。综上，尽管诱导模仿成绩与英语水平呈正相关，两者之间的关系显然并不稳固。

三、目标结构的语法性对学习者隐性语法知识的影响

本章采用了三种性质不同的测试类型，探讨目标结构的语法性对学习者口头诱导模仿成绩的影响，以期证明目标结构的正误不影响隐性语法知识的产出。如前文所述，各试卷采用了相同的语法结构，其中 OEI1 为 34 个完全正确的句子；OEI2 中 34 个句子正误各一半，17 个正确句子选自 OEI1，17 个错误句子选自 OEI3；OEI3 中的句子均是错句。上文中表 12-2、表 12-3 表明，三组间的数据存在较大的差异，为进一步检查测试类型对学习者的口头诱导模仿成绩的影响，我们对数据进行了单向方差检验。方差检验表明，$p=0.000$，组间差异显著。为进一步了解各组之间的差异，我们运用 Post Hoc 检验，对 OEI1、OEI2 和 OEI3 的语法均值进行了分析统计，所得结果如表 12-5 所示。

表 12-5　**组间语法均值对比统计**

分组	均值差	标准误	p 值	95%置信区间	
				低	高
OEI1-OEI2	0.106	0.028	0.001	0.036	0.176
OEI1-OEI3	0.212	0.031	0.000	0.134	0.290
OEI2-OEI1	−0.106	0.028	0.001	−0.176	−0.036
OEI2-OEI3	0.106	0.030	0.003	0.031	0.181
OEI3-OEI1	−0.212	0.031	0.000	−0.290	−0.134
OEI3-OEI2	−0.106	0.030	0.003	−0.181	−0.031

其中，OEI1、OEI2 组间均值差为 0.10619，OEI1、OEI3 组间均值差

达 0.21225，OEI2、OEI3 组间均值差为 0.10609，组间均值差异都具有统计学意义上的差别。

上述结论表明，不同语法测试类型影响学习者的口头诱导模仿成绩，即目标语法结构的正误影响学习者的隐性语法知识水平。如前文所述，随机分组的三组受试中，OEI1 组的水平测试平均分明显低于 OEI2、OEI3 组，且与后两组有统计学意义上的区别，OEI2、OEI3 两组的水平无显著差异。所以从严格意义上来说，OEI1 组的隐性语法知识水平要低于其余两组，OEI2、OEI3 两组的语法知识水平相当。然而实验结果不支持上述假设。因为一旦具备某个结构的隐性知识，学习者在产出这类结构的时候通常不会犯错误。对于还不具备牢固隐性知识的学习者来说，输入结构的语法性对输出结果产生直接影响，这一点从三组的隐性语法知识的平均分差异可以看出。

由此可以判断，使用错误目标句增加了任务难度，影响了学习者的口头诱导模仿成绩。随着错误句子数量的增加，学习者诱导模仿成绩下降明显；错误句子所占比例越大，模仿任务越难。但是，错误句子的使用可以提升诱导模仿任务的重构特点，尤其是在没有明确指示受试改正错误句子的情况下。如果目标句全部正确（如 OEI1），受试可以把更多注意力放在理解与记忆上。同样，如果目标句全部不正确（如 OEI3），受试很可能隐性地学会分配部分注意力到目标句的语法结构上。对接受显性教学的二语学习者而言，这种辨错的任务非常普遍。因此，这种模仿任务很快就会变成使用元语言知识进行口头纠错的语法练习。与书面纠错不同的是，这种口头纠错需要投入太多的注意力，并不为学习者所熟知。而且，与测试目的相悖，OEI3 激活了学习者的显性知识而非隐性知识。但是，一定比例随机分布在测试卷中的错句有助于保持试卷的重构特征，可以激活学习者的隐性知识，更好地达到测试隐性知识的目的。基于此，本章的结果一定程度上支持 Erlam（2006，2009）使用正误各半的测试卷（即 OEI2）测试隐性语法知识的观点。

当然，输入结构的正确与否并不是造成这种结果的唯一原因。因为如果这样，三组的均分以及各语法单项的均分都会出现 OEI1＞OEI2＞OEI3 的现象。事实上，OEI1 中的过去时结构得分远低于其他两组，一般疑问句、关系分句等结构也低于 OEI2 组；OEI3 组中内嵌疑问句、动词补足语、名词复数等结构的均分都高于 OEI2 组。这种现象的存在可能受学习者个体差异、习得顺序等方面的影响。尽管如此，我们从各组隐性语法知识水平的整体趋势以及各单项的得分情况可以判断所输入语法结构的语法性严重影响受试对该句子的加工与输出，进一步说明受试的隐性语法知识内化程度不高。

第四节　结语

本章是针对不同水平中国英语学习者语法概念隐性知识的系列研究之一。本研究发现，中国英语学习者英语语法知识的内化程度不理想。隐性语法知识与英语水平相关系数较高，有较显著的相关关系。利用三种正误比例不同的语法测试卷得出的结论差异显著，总体呈现 OEI1＞OEI2＞OEI3 的趋势。错误比例越低，受试得分越高；错误比例越高，模仿任务越难，成绩越低。由此可见，错误目标句增加了任务难度，影响了学习者的口头诱导模仿成绩。即便如此，三组的总体趋势存在较大的共性，整体上较易习得的结构内化程度高，各语法分项的得分也因测试方式的不同存在差异。

本研究发现测试结构的语法性对受试隐性知识的表现产生较大影响，因此在实验中使用何种性质的结构尚需进一步的实验研究。对于运用上述方法得出的结论，我们在解读时仍需谨慎。在外语学习环境下，尤其是在中国，口头诱导模仿法是否能够、在多大程度上能够测试学习者的隐性语法知识，尚待证明。对于运用何种方法检测学习者的隐性语法知识这一问题，仍需持续探讨。本研究还表明，作为外语学习者，即使是高年级的英语专业学习者，其隐性语法知识仍不牢固，其语言产出仍受输入结构语法性的影响。这种现象的存在往往并不是学习者显性知识的缺失，而是显性知识没有完全内化成隐性知识的结果。因此，对教师来说，我们在教学中如何进一步提高语法教学的效率，如何促进学习者显性语法知识的内化，仍需更多的理论探索和实证研究。

第十三章
概念测试研究（Ⅱ）：口头诱导模仿法实证研究

近年来，在二语习得及心理语言学研究领域，隐性知识发展与测试一直受到众多研究者的密切关注（如 Bowles 2011；Rebuschat 2013；Zhang 2015；Kim & Nam 2016；陈亚平 2011；曾永红、白解红 2013a；姜琳、陈锦 2014 等等）。已有研究（如 Bley-Vroman & Chaudron 1994；DeKeyser 2003；Ellis 2004，2005；Erlam 2006 等）初步达成如下共识：二语习得过程涉及显性与隐性学习两种主要途径；学习者通过上述途径习得二语的显性与隐性知识；由于学习过程的动态性，对显性与隐性学习的研究通常从其结果，即显性与隐性知识入手。很多学者认为二语教学应优先考虑隐性知识的习得，但是，对于采用哪种方式测试二语隐性知识，至今仍无一致的意见。目前，常用于测试隐性知识的方式有限时合乎语法性判断（timed grammaticality judgment test）与口头诱导模仿法（oral elicited imitation test）。合乎语法性判断测试受到越来越多学者的关注，以验证其用于测试显性、隐性语法知识的效度与信度（如 Gutiérrez 2013；Kim & Nam 2016 等）。但该方法必定导致受试聚焦语言形式，触发显性语言知识的运用（Suzuki 2015）。而口头诱导模仿法能测试多个目标结构，评分更加客观、简便，是一种效度、信度较高且可操作性强的隐性语法知识测试方式（Ellis 2005；Erlam 2006；Mystkowska-Wiertelak 2011；Gaillarda & Tremblay 2016；曾永红 2009 等）。本章在上述研究的基础上，运用口头诱导模仿法，探讨目标结构语法性类型及其结构类型对受试口头诱导模仿成绩的影响，旨在验证在以英语为外语的学习环境下该方法用于测试隐性语法知识的可行性。

第一节　研究背景

Hulstijn（2005：129）曾经提到，“把隐性、显性学习置于二语习得研究的领先地位有其理论与教育依据”。这两种学习机制及其相应的学习结果，即显性与隐性知识，一直是很多二语习得研究学者关注的热点话题。显性语言知识存在于学习者的意识中，可以用语言清晰地表达出来。隐性语言知识存在于潜意识中，是指那些内化了的语言知识。隐性语言知识越多，学习者熟练使用目标语的程度就越高。显性知识是学习者能意识到、能说得出来的语言规则知识；隐性知识则是学习者能够正确使用但又表达不出来的直觉知识。与此紧密相关的问题是，如何设计出效度信度俱佳、区分度好、可操作性强的测试工具，以解决用于测试隐性知识的方法论问题。

诱导模仿测试法（下文简称 EI）广泛运用于母语习得研究，以测试母语的发展。该方法近年来逐渐受到二语研究者的关注，用于测试学习者的二语水平（如 Erlam 2006；Wu & Ortega 2013；Spada et al. 2015；Gaillarda & Tremblay 2016；Kim，Tracy-Ventura & Jung 2016；曾永红、白解红 2013a 等）。比如，Gaillarda & Tremblay（2016）的研究发现，EI 任务能提供效度、信度、区分度及实用性等方面的证据，足以有效测试学习者的语言水平。也有学者运用该方法考查学习者的二语隐性语法知识（如 Ellis 2005；Erlam 2006；Bowles 2011；Sarandi 2015；Suzuki & DeKeyser 2015；Zhang 2015；曾永红 2009；顾琦一、杭玲莉 2011；苏建红 2012a 等）。在这些研究中，学者们提到，用于测试隐性知识的方法必须具有重构（reconstructive）特征。亦即受试在测试过程中注意力应集中在语言内容而非语言形式上；为避免照搬原句，受试在听完目标句与复述目标句之间有 3 秒左右的时间间隔；目标句中有错误结构，但不对受试进行任何明示。

Ellis（2005）、Erlam（2006）、Bowles（2011）等人的实验验证了口头

诱导模仿法测试隐性语法知识的有效性。但这类结果受到了部分学者的质疑。他们认为，即使受试有时间限制，没有时间去计划或监控自己的复述行为，他们仍可能借助已自动化的显性知识完成 EI 任务（DeKeyser 2003，2009）。尽管这个过程可能很短或自动化程度很高，但所使用的知识仍与隐性知识有显著区别。顾琦一、杭玲莉（2011）发现，被试诱导产出时很可能运用了隐性语法知识，但不能完全排除显性语法知识的作用。Suzuki & DeKeyser（2015）的研究发现也支持上述结论。该研究在受试完成 EI 任务的过程中内嵌了一项词汇监控测试任务（word-monitoring task），以目标词出现后学生的反映时为证据，检测受试是否侦测到了句子中的错误。结果表明，词汇监控任务可以可靠地反映受试隐性知识的使用，而 EI 任务则可能测试了自动化的显性知识。该结果挑战了 EI 作为隐性知识测试手段的有效性。作者认为，EI 任务仍过于粗糙（coarse），不能完全排除复述过程中自动化显性知识的使用。然而，作者自己也承认，由于实验过程中的特定程序与以往的研究不同，受试被明确告知有错误句子存在，并需按要求修正这些句子。实验前的练习进一步强化了受试辨错、改错的意识，很可能会迫使他们使用显性知识来解决问题。因此，本文结论的普遍性存疑。另外，Spada et al.（2015）指出，一方面，因子分析表明诱导模仿法是一种有效测试隐性语法知识的工具；另一方面，所出现的其他测试结果以及与 EI 设计、使用过程中出现的方法问题表明 EI 作为测试隐性语法知识的可靠方式仍有待继续验证。这些问题包括 EI 任务的设计和实施过程中的相关事项，比如目标结构数量（单个 VS 多个）、目标结构类型（简单 VS 复杂）与目标结构的语法性类型（正 VS 误）等等。

曾永红、白解红（2013a）使用三种目标结构语法性不同的口头诱导模仿卷，测试了 92 名英语专业本科学生英语语法知识的内化程度，揭示了目标结构的语法性对学习者隐性语法知识的影响程度以及隐性语法知识和英语水平的关系。但该研究在受试选择以及口头诱导模仿测试卷的命制方面仍存在进一步改善的空间。在受试的构成方面，三组学生中，其中一组与另外两组差异显著，这种差异性可能直接影响对结果的解读。此外，测试卷中的目标结构数量不一致，且部分句子过长，结构过于复杂，可能对听力不佳的受试造成较大的影响。

基于此，本章以 Ellis（2005，2009）、Erlam（2006）和曾永红、白解红（2013a）的研究为基础，修订了用于测试的三套试题，旨在验证在以英语为外语的学习环境下运用口头诱导模仿法测试隐性语法知识的可行性，分析目标结构的语法性类型与语法类型对学习者口头诱导模仿成绩的影响程度。

第二节　研究设计

一、研究问题

本研究的具体问题如下：

（1）目标结构语法性类型不同的口头诱导模仿测试对学习者隐性语法知识成绩的影响程度如何？

（2）目标结构的语法类型对学习者隐性语法知识成绩的影响程度如何？

二、研究对象

某大学英语专业三年级 90 名女大学生参加了本次实验。这些学生被随机分为三组，每组 30 人。她们的年龄在 20～23 岁之间，平均为 20.5 岁。本实验采用学生的专业四级成绩，其中第一组（OEI1）平均分 66.9；第二组（OEI2）平均分 67.4；第三组（OEI3）平均 67.2 分。统计结果表明，各小组成绩无显著差异。

三、实验材料

本研究所用实验材料以 Ellis（2005）、Erlam（2006）等研究为基础，采用了上述研究中使用的 17 个语法结构。这些结构难度较大，使用时容易出错；包含习得较早和较晚的结构；考虑了教学层次方面的因素，也考虑了选用语法类型不同的结构，既有词法结构（7 个），也有句法结构（10 个）。

考虑到常规的诱导模仿测试均选择对错参半这一形式，本研究在保留这种常规的基础上试图对测试工具进行适当拓展，补充了全对、全错这两种测试卷。这样处理的目的既兼顾了与原有研究结果的比较与对照，也观察了使用类似测试卷的可能性。毫无疑问，今后的研究可以继续考虑设计不同的测试工具。按照曾永红、白解红（2013a）的做法，我们沿用了以往相关研究中 17 * 2 的设计范式，根据目标结构的正确与否设计了三种不同的测试卷，其中 OEI1 为 34 个完全正确的句子（每个结构 2 句）；OEI2 中 34 个句子，1 正 1 误；OEI3 中 34 个句子均为错句。为避免出现测试卷中的目标结构数量不一致的现象，我们修改了部分句子，使每个句子仅包含一个目标考点，从而确保三套测试卷均有 34 个记分点。同时，根据 Graham et al.（2010）和 Gaillarda & Tremblay（2016）的研究发现，简化了部分结构复杂的句子，缩短了部分过长的句子，以降低可能因工作记忆负荷等原因带来的影响。部分测试句如下所示：

（1）English is something you should learn step by step.（关系分句）

（2）* College students need to be active，won't they?（附加问句）

为确保三份测试卷的可比性，我们对试卷中的句子长度、词频进行了适当的控制。在 Erlam（2006）的研究中，句子长度在 8～18 个音节之间，平均为 13.5 个音节。考虑到本研究受试的外语环境，所采用的三套试卷均控制在 8～16 个音节之间，其中 OEI1 平均 11.1 个音节，OEI2 平均 11.06 个音节，OEI3 平均 11.15 个音节，三组之间无明显差别。同时，所有的词汇均为高考考纲词，为学生所熟悉。除部分目标结构本身相对其他结构而言更为复杂外，如非真实条件句，本研究没有刻意限定句子的复杂程度，但检查发现大部分句子为单句，复杂程度不高。

四、数据收集

所有测试卷由同一人录制好。实验在语言实验室分组进行，各组受试在正式测试前练习了 4 个句子，以熟悉测试规则和程序。每听完一个句子，受试首先选择对该句内容的认同程度（同意、不同意、说不清），并在听到提示音后正确复述所听到的句子（Repeat the sentences in correct English）。考虑到高水平学习者可能完全照搬错误的目标句（Suzuki & DeKeyser 2015：870-871），指令语中使用了“正确复述”这类表达，除此之外，没有明示受试目标句中有错误结构的存在。所复述内容被计算机同步录制。受试按测试组别参加测试，测试完成后填写了一份问卷。该问卷包括受试的个人信息（受试最近的英语水平测试分数、年龄等内容）及对测试的看法。

依据 Ellis & Barkhuizen（2005）的方法，我们对目标句中所测试的语法知识点进行了评分：正确，每记分点记 1 分；不正确记 0 分。在不改变目标结构的前提下，允许词项转换。如例句“＊It's more harder to...”可改为“It's harder to...”或“It's more difficult to...”。评分时只评判受试的第一次复述，第二次不作为评分依据。评分由本文作者和一个研究助手共同完成。两位评分员一起听录音并依据评分原则分别记分；如结果不同，则再听一遍，分析造成不同结果的原因，直至达成一致的意见。

我们把受试的相关信息及测试成绩逐项输入计算机，并利用 SPSS18.0 对相关数据进行了统计分析。

第三节　结果与讨论

一、目标结构的语法性类型对学习者隐性语法知识的影响

本研究采用了三种不同的测试类型，目的是想证明目标结构的语法性类型不会影响学习者的口头诱导模仿成绩，也就是说目标结构的正确与否不会影响隐性语法知识的产出。

从表 13-1 可以看出，在原始分为 34 分的口头隐性语法知识测试中，OEI1 组的最低分、最高分分别为 24 分、32 分，高出原始分为 34 分的 OEI2 组的 18 分、30 分以及原始分为 34 分的 OEI3 组的 15 分、30 分。为了便于比较，我们把每组受试的得分转换成相应的百分比（即得分除以各组的总测试点，如 24 ÷ 34 = 0.71）。换算后，三组受试的平均分分别为 0.7696、0.6506 和 0.5196，呈现 OEI1＞OEI2＞OEI3 的现象，全体样本均值为 0.6466。

表 13-1 隐性语法知识描述统计

分组	人数	总分	最高分	最低分	均值	标准差
OEI1	30	34	32	24	26.18	3.68
OEI2	30	34	30	18	22.12	3.49
OEI3	30	34	30	15	17.67	4.75

单因素方差分析结果显示，各小组之间的差异显著（$p=0.000<0.01$）。为进一步了解各组之间的差异，我们对 OEI1、OEI2 和 OEI3 的语法均值进行了 Post Hoc 检验，结果如表 13-2 所示。

表 13-2 组间语法均值对比统计

分组	均值差	标准误	p 值	95%置信区间	
				低	高
OEI1-OEI2	0.1190（**）	0.0264	0.000	0.0715	0.2016
OEI1-OEI3	0.2500（**）	0.0261	0.000	0.1918	0.3250
OEI2-OEI1	−0.1190（**）	0.0264	0.000	−0.2016	−0.0715
OEI2-OEI3	0.1310（**）	0.0262	0.000	0.0562	0.1877
OEI3-OEI1	−0.2500（**）	0.0261	0.000	−0.3250	−0.1918
OEI3-OEI2	−0.1310（**）	0.0262	0.000	−0.1877	−0.0562

OEI1、OEI2 组间均值差为 0.119，$p=0.000$；OEI1、OEI3 组间均值差为 0.25，$p=0.000$；OEI2、OEI3 组间均值差为 0.131，$p=0.000$。各组语法均值差都具有统计学意义上的差别（$p<0.01$）。上述结果表明，目标结构的语法性类型对学习者隐性语法知识的影响显著；学习者的隐性语法知识随目标句语法性下降而递减。

此外，我们对诱导模仿成绩与英语成绩进行了皮尔森相关分析，发现 OEI1、OEI2、OEI3 与成绩的相关系数分别为 0.476、0.65 与 0.313；其中 OEI1、OEI2 与成绩显著相关，p 值分别为 0.023 与 0.005；OEI3 与成绩的相关性没有达到显著性水平。

本章的研究目的之一是探讨目标结构的语法性类型对学习者隐性语法知识水平的影响程度。研究发现表明，使用不合语法的目标句增加了任务难度并影响学习者的口头诱导模仿成绩，即目标结构的语法性类型影响学习者的隐性语法知识水平。错句数量越多，学习者 EI 成绩越低；错误句子所占比例越大，模仿任务越难。该结果与曾永红、白解红（2013a）的结论类似，但三组受试的平均分皆高于上述研究中所对应的三组成绩 0.69、0.58 和 0.48。同样，OEI2 组（由 34 个正误各半的句子组成）的均分也显著高于以往类似研究的平均分，其中 Ellis（2005）为 0.53、Erlam（2006）为 0.51、Bowles（2011）为 0.46。更远高于 Sarandi（2015）研究中以土耳其学生为对象的英语第三人称单数形式的得分结果 0.241 以及 Spada et al.（2015）实验中以台湾大学一年级学生为对象测试被动语态隐性知识 0.15 的结果。显然，这种结果与学习者的水平有关，也与用于测试隐性语法知识的测试卷难度以及目标结构相关。前文提到，我们基于已有相关研究发现（Graham et al. 2010；Gaillarda & Tremblay 2016），简化了复杂的句子，缩短了过长的句子，尽可能降低因工作记忆负荷等原因造成的影响。因此，句子长度和难度的降低提升了学习者的隐性语法知识成绩。

与曾永红、白解红（2013a）的研究结果类似，本文结果进一步支持 Ellis（2005）、Erlam（2006，2009）、Bowles（2011）以及 Spada et al.（2015）研究中使用正误各半的测试卷检测隐性语法知识的观点。与另外两种测试卷相比，OEI2 组成绩与学习者英语水平相关性最强。此外，由于整个测试过程中没有明示错误句子的存在，该类句子的使用可以突显 EI 任务的重构特点。如果目标句全部正确，受试可以集中注意力理解句子意义与识记句子结构。如果目标结构全部错误，受试很可能会有意识地分配部分注意力到目标句的语法形式上。对习惯接受显性语法形式教学的中国学习者而言，这种辨错的任务非常普遍。而且，与测试目的相悖，OEI3 可能会激活学习者的显性知识。已有研究（如 DeKeyser 2003，2009；Suzuki & DeKeyser 2015）发现证实了这一可能性。在 EI 的产出环节，即便是在有时间压力的情况下，受试仍有可能监控自己的语言行为，或者使用自动化的显性知识。但是，一定比例的错误句子随机分布在测试卷中有助于保持试卷的重构特征，从而确保激活学习者的隐性知识。至于错误的目标句测试的是显性语法知识还是隐性语法知识，有待今后进一步的研究。

此外，两份测试卷的结果与学习者的语言水平显著相关似乎能支持 EI 是一种有效测试隐性语法知识的方法。然而，因为目标结构语法性类型的不同，其中一份测试卷与成绩没有相关性；某些结构也因为目标结构语法性类型不同而出现难度系数不一致的情况；甚至同一结构在同一份测试卷的不同句子中存在较大的差异。口头诱导模仿测试这种不可捉摸的特性与以往部分研究结论相近（如 Bley-Vroman et al. 1994；Vinther 2002）。

二、目标结构的语法类型对学习者隐性语法知识的影响

有关目标结构的语法类型，我们沿用了 Ellis（2005）的分类，考察词法层面的结构与句法层面的结构在测试中所表现出的特点，有助于我们适度超越单一语法范畴，从一个更为宏观的层面入手，加深我们对影响诱导模仿测试的因素的了解。其中归属词法层面的结构包括规则动词过去式、情态动词、不定冠词、属格-s、复数-s、第三人称单数-s 等 7 类；句法结构包括附加问句、非真实条件句、关系分句、内嵌疑问句、比较结构、与格结构等 10 类。每份测试卷的 34 个目标句中分别有 7 个词法层面的结构与 10 个句法层面的结构，每个结构出现 2 次。每组 30 个受试需产出词法结构 420 个（30 * 7 * 2）、句法结构 600 个（30 * 10 * 2）。总计 1260 个词法结构中，正确产出的结构频次达 928 个，正确率为 73.64%；1800 个句法结构中，1049 个正确产出，准确率为 58.33%。表 13-3 总结了各组在上述两类结构方面的异同。

表 13-3　**词法与句法结构正确率**

变量	分组	总记分点	正确数	正确率（%）
词法结构	OEI1	420	352	83.8
	OEI2	420	303	72.14
	OEI3	420	273	65
	合计	1260	928	73.64
句法结构	OEI1	600	433	72.17
	OEI2	600	360	60
	OEI3	600	257	42.83
	合计	1800	1049	58.33

从表 13-3 可以看出，在三组目标结构语法性不同的测试卷中，词法结

构似乎要比句法结构更容易习得。在 OEI1 中，学习者词法结构的正确率达到 83.8%，句法为 72.17%。在 OEI2 中，词法结构同样高于句法结构，分别为 72.14%与 60%。而 OEI3 组中的正确率均为各组的最低值。表明学习者在目标结构类型不同的测试卷中对词法与句法结构的习得差异显著。

图 13-1 可以更加清楚地反映出各组对两类语法结构习得的差异与变化趋势。从目标结构完全正确到不正确，两类结构的正确率均呈下降趋势。

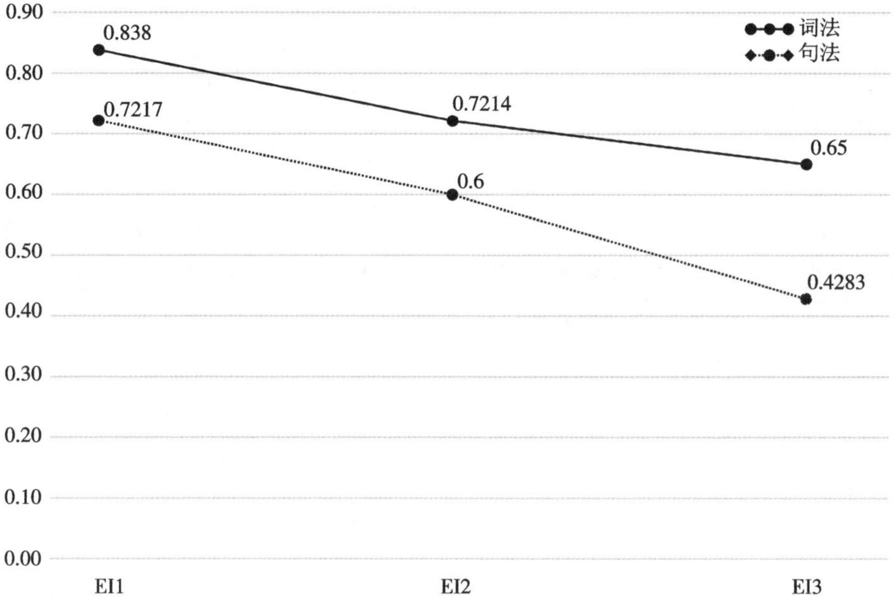

图 13-1　词法与句法结构正确率均值对比图

为了进一步了解两类语法结构在不同的测试卷中所反映出的特点，我们有必要对各目标结构的具体表现进行再分析。在 7 类词法结构中，学习者总体正确率达 73.64%。其中，“规则过去式”正确率最低，仅 54%；“属格-s”正确率最高，达 89%。这种情况基本符合二语学习中的习得顺序。与词法结构相比，各句法结构的习得难度差异显著，学习者的表现可预测性不强。比如，学习者大多能正确诱导模仿“关系分句”，正确率高达 90%以上。而“非真实条件句”的正确率仅为 29%。这可能受汉语中相关结构的使用习惯的影响，还可能与“非真实条件句”的长度有关（因为这类句子中通常有主句与从属句，需要处理的时间更长）。正确率不高的结构还包括

“附加问句”与“作格动词”等，各为35%与40%。这种情况往往与学习中练习不够密切相关，学习者尚未完全内化相关结构知识。我们还发现，同一结构在不同的测试卷中变化很大。在OEI1中可以准确模仿的结构在其他两类测试卷中表现不佳。比如，“一般疑问句”结构在OEI1中的正确率高达90%，而在OEI3中却只有28%。同样，“附加问句”结构在OEI1中正确率很高，而OEI3中却仅有20%。显然，这与目标结构的语法性密切相关。即使在同一份测试卷中同一个结构的两个不同目标句中，学习者的表现也不一致。如OEI1中两个包含“不定冠词”结构的句子中，其中一个的正确率只有38%，而另一个却高达95%。这可能与其中一个名词前有较长的形容词限定有关，但由于每份测试卷中仅有2个目标句，无法对上述现象做出明确的解读。

总之，在三份测试卷中，词法结构比句法结构更为容易。由于句法结构往往包含更加复杂的语法规则，重构难度更大，且各目标结构的难度水平可预测性不强，我们在选择目标句的时候需要考虑各种可能影响学习者正确模仿的因素。

本章的第二个目的是比较词法结构与句法结构的难度，以考察结构类型对EI成绩的影响。研究结果表明，两类语法结构之间的难度差异显著，词法结构与句法结构相比要容易得多。在词法结构方面，学习者一方面受习得顺序的影响，对处于习得顺序后期的结构掌握不好，如“第三人称单数”与“规则过去式”等，另一方面又受记忆能力的制约。对句法结构而言，学习者主要受记忆力的制约与输入结构的误导。基于此，我们建议错误目标结构最好出现在考察词法结构的短句中，而考察句法结构时应尽可能选用正确的目标结构，因为这类句子长度往往会超出我们的短时记忆能力，在模仿时需要进行意义重构。

不同目标结构的正确率存在差异，这充分表明有些结构的难度较低，相对较易习得；有些结构难度较大，学生在不同的测试卷中，或者在同一份试卷不同的目标句中表现不一致。这种情况的出现可能是多种原因引起的。按照前文所述的四条标准选择的17个结构是否足以代表学习者复杂、动态的中介语系统仍令人质疑。这四条选择标准考虑了学习者、教师以及语言本身等几个层面的因素，但这17个结构似乎并不能构成一个完整的语法知识整体。即便是这些结构能足以代表学习者的语法知识，我们也很难控制各结构的项目难度，很难确保这些结果之间的可比性，也很难保证这些结论可以推而广之。

基于上文提到的各种因素，在外语学习环境下，尤其是在中国，口头 EI 测试是否真正考查了学习者的隐性语法知识值得进一步探讨。前文提到，受试在听完目标句与口头复述目标句之间的时段（3 秒钟）须对所听句子内容的认可度做出回应，目的是分散学生的注意力，避免出现完全凭借死记硬背的能力重复句子形式的现象，使学生的注意力集中在输入句子的意义而不是形式方面，从而激发语义层面的认知加工，这是口头 EI 测试异于以往类似测试的关键所在，也是能否成功测试隐性语法知识的关键因素之一。问题是受试处理这些“信念问卷”的态度很可能影响他们注意力的分配。如果他们意识到对这些句子可信度的判断并不记入测试结果，那么他们就可能会用这段时间来记忆并练习所听到的句子。这样，他们就会更多地关注输入内容的形式而不是其意义。此外，在选择目标句时，研究者不仅需要考虑目标结构及其意义，还要考虑这些句子所承载的文化信息。也就是说，EI 测试需关注多个维度的影响，即形式、意义与文化。那些在测试材料的形式及意义方面有权威的专家学者并不一定了解非本族语受试的文化背景。在这种情况下，对测试卷进行恰如其分的本土化改造尤为重要，本研究所使用的测试卷就是基于该目的的新的尝试。另一方面，由于 EI 测试对受试的听力与口语能力要求较高，那些听说技能较弱的受试会受到一定影响。因此，受试 EI 成绩的提高很可能是因为语言技能或测试技巧的提高，而不是其语言知识的增长。测试后的问卷调查也在一定程度上反映了 EI 可能涉及显性知识的运用这种趋向。大部分学生（82.2%）认为这是一种新型的听说测试方法，也有 10%左右的学生认为该方法用于测试语法知识。其中 5 个受试明确提及在听到错误的句子后激活了显性知识的运用，印证了以往研究中的观点（如 Chrabaszcz & Jiang 2014；顾琦一、杭玲莉 2011 等）。

尽管口头 EI 法似乎并没有真正测试中国学生的隐性语法知识，这种测试方法仍有可能得到更广泛的应用。一方面是其重构特征隐藏在中国学生所熟知的模仿任务之中。另一方面是其所关注的语法形式是中国英语教学的重心之一。更重要的是，这种测试把听力与口语技能融合到一个任务之中，或许能被证明是一种用于测试隐性知识或语言能力的有效工具。以往的研究（如 Ellis 2005；Erlam 2006；Bowles 2011；Spada et al. 2015 等）也较充分地证明了这一点。

第四节　结语

本章运用口头诱导模仿法，探讨目标结构的语法性类型及结构类型对语法成绩的影响，试图验证外语环境下该方法测试隐性语法概念知识的可行性。研究发现，使用不合语法的目标句增加了任务难度并影响学习者的口头诱导模仿成绩。测试时接受正确目标结构输入的受试得分显著高于其他两组；错句所占比例越大，模仿任务越难，学习者诱导模仿成绩越低。研究还发现，语法结构类型对诱导模仿成绩影响明显。词法结构与句法结构之间的难度差异显著，前者与后者相比要容易得多；不同目标结构的正确率差异显著，即使是同一结构，也存在明显差异，这种差异体现在不同的测试卷中，甚至在同一份试卷不同的目标句中也存在表现不一致的现象。

上述结果表明，口头诱导模仿法受目标结构语法性类型及结构类型的影响，能否运用该方法检测外语环境下学习者的隐性语法知识存疑。由于测试过程中没有证据确保受试的回答完全源自他们的隐性知识，也无法保证受试不会在显性、隐性两种知识类型之间转换，把 EI 测试当作一种“可能”用于检测隐性知识的方法会“更为安全”（Sarandi 2015）。需要指出的是，本研究中所运用的 EI 测试卷的设计主要基于前人的相关成果，有一定的变化与调整，但仍有很大的拓展空间。而且，匿名专家指出，受试模仿准确性下降并不能等同于受试隐性语法知识的下降，这很可能是句子对错影响所致；本研究缺少英语本族语者的数据作基准，很难界定受试产出的知识是否为隐性或显性语法知识。今后的研究可以从 EI 任务的设计与实施角度出发，继续考察目标结构的语法性类型（正 VS 误）、目标结构类型（简单 VS 复杂）与目标结构输入范式（听 VS 读）等方面的影响；也可以按照匿名专家的建议，考察目标结构的数量（同一份测试卷中测试多少个结构）与出现频次

（同一个结构在同一份测试卷中的出现频次，每个目标结构仅在测试卷中出现 2 次，所得结果不足以反映学习者的隐性语法知识水平。）的影响；或对比多维测试方法的运用，以考察并验证 EI 在不同学习环境下测试隐性语法知识的可能性。尤其值得注意的是，隐性知识测量方法的最新研究表明：相对于 EI，采用词汇监控测试任务这一方法测量学习者的隐性知识更为可靠（如 Suzuki & DeKeyser 2015），今后的研究可以尝试更多运用这种心理学研究中的常用研究方法，进一步验证该方法用于检测隐性知识的有效性。

第十四章
研究结论与启示

本书以认知语言学的基础理论与 Slobin（1996a）“Thinking for Speaking”假说为基础，立足语言层面，采用定量为主定性为辅的方式探讨中高水平中国英语学习者在不同语言维度概念重构的程度、不同教学方式的应用对不同语言水平的学习者概念重构的影响。此外，本书试图在 Ellis（2005，2009）和 Erlam（2006，2009）的基础上验证口头诱导模式用于概念隐性知识测试的可行性，以加深对重构路径的认识。

本章围绕本书所研究的三个核心问题，报告了主要研究发现，并在此基础上简述了本研究的理论与教学启示；同时，基于本研究的局限性概述了未来研究的动向。

第一节　主要研究发现

本书主要研究以下三个问题：

（1）二语习得中可以多大程度上重构以母语为基础的概念系统？

（2）不同教学方法对概念重构产生何种影响？

（3）口头诱导模仿法用于概念隐性知识测试的可行性如何？

关于第一个问题，本课题主要从中国中高级水平英语学习者习得英语自我运动事件、致使运动事件、人物指称与定冠词非类指用法等维度的情况，考察外语环境下二语概念重构的程度。研究发现，学习者初步习得了各维度的基本特征，但即使是高水平学习者，母语思维方式仍产生明显的影响，概念重构的过程尚未完成。

具体而言，从自我运动事件表达的习得情况来看，中国学生使用的运动动词类符、形符均值远低于本族语者；所使用的方式动词有限，且多属基本层级范畴的词汇，较少使用“第二层级”方式动词；与本族语者相比，不同水平的中国学生差异明显。在路径表达方面，学习者常使用单个的运动动词加路径信息的分析式，提供的背景信息有限，采用事件合并方式的比例较低；与英语本族语者相比差异显著。描述的整体风格显示，中国学生更关注运动事件发生的场景以及事件的终点。中、高级水平学习者在上述几个方面的差异均不明显。结果表明，学习者初步习得了英语自我运动事件的表达特点，但母语思维方式对中国学生描述英语自我运动事件仍产生明显影响。

从致使运动事件表达的习得情况来看，总体与自我运动事件的习得呈现类似的特征。中国学生使用了数量有限的基本层级范畴致使运动动词。在致使运动结构的使用方面，学习者表现出与英语本族语者类似的特点，但倾向选择分析型致使句式。中国学生所使用的背景信息比例略低于英语本族语者。中国学生开始注意并使用英语中的事件合并方式，使用情况随语言水平的提高呈上升趋势，但仍倾向使用序列式事件表达方式。研究结果表明，学习者初步习得了英语致使运动事件的表达特点，但即使是高级阶段的学习者，母语思维方式仍产生明显的影响。

从人物指称的习得情况来看，中国英语学习者沿用了其母语表达识解习惯，较少使用代词，更多使用名词短语和人名来进行回指，人物指称显化特征明显，且其人物指称总频数远低于英语本族语者。随着二语水平的增长，中国学习者的指称行为正在逐渐接近本族语者，但仍未能真正掌握目标语的人物指称策略。由于英汉母语者在英语口头叙事中的人物指称分布存在明显差异，中国英语学习者人物指称的不完全习得可归因于母语的概念迁移，汉语的叙事习惯和识解方式仍然对其英语指称行为产生重要影响。

从英语定冠词非类指用法的习得情况来看，高水平学习者的总体情况并不理想，存在较多必要用法缺失和过度使用现象。学习者对四类用法的习得顺序不同，呈现文化用法＞篇章用法＞结构用法＞情景用法的难度梯度。必要用法缺失与过度使用现象均随学习者水平的提高而减少。研究结果表明，汉语母语的思维方式仍然制约着中国学生的冠词习得，学习者需要进行重新训练与概念重构。

第二个问题主要涉及不同教学方式的运用对二语概念重构的影响。由于高水平学习者在习得运动事件、人物指称等概念上仍存在较突出的问题，概念重构的过程没有完成。本书尝试较早介入学习者的概念重构过程，即采用不同的教学干预方式，如概念型教学、数据驱动学习、显性隐性教学与文本强化等方式，对中级甚至初级水平学习者进行概念教学，考察不同教学方式的运用所产生的效果。研究发现，教学干预有助于运动事件与人物指称的习得，显性的教学方式相对隐性教学方式而言更为有效，但因为学习者受语言水平和母语的双重影响，教学干预仍无法帮助学习者顺利完成重构的任务。

从概念型教学法的运用来看，学习者书面表达中的运动动词形符、类符均值增长显著，但所产出的数量和种类相对有限，受语言水平和母语的双重影响，普遍过度使用第一层级词汇。概念型教学对背景描述影响不明显，但对事件合并方式产生显著影响，学习者通过物化和言语化过程后能初步使用事件合并方式描述场景的转换过程，但仍受母语中序列式习惯的影响，很大程度上尚未完成运动事件的概念重构过程。

从数据驱动学习的运用来看，学习者所产出的英语运动动词类型显著增加，尤其是第二层级运动动词；在背景信息描述方面，数据驱动学习效果不显著；数据驱动学习对事件合并方式的习得影响显著，学习者能够将两种或者两种以上的事件进行合并。研究表明，采用数据驱动学习方式的学生在运动动词的使用和事件合并方式等维度表现出明显的优势，学习者部分重构了母语的概念系统。

从显性隐性教学的使用情况来看，显性和隐性教学均对英语人物指称的习得带来积极影响，且显性教学效果优于隐性教学。教学手段的运用提升了学习者的意识程度，提高了人物指称的使用频数，有效降低了名词词组的使用，突出了代词手段的运用。但教学并没有完全解决学习者在人物引入和维持层面的过度显化问题，名词词组包括人名仍是中国英语初级学习者常用的指称策略。此外，显性教学和隐性学习过程中的高频输入还带来负迁移，导致了再引入人物时代词使用过多，出现了显化不足的问题。上述结果进一步表明，人物指称的习得受教学的影响，也受母语表达识解习惯的制约。

从文本强化的效果来看，作为一种隐性的输入强化方式，文本强化可以帮助中国英语学习者进行回指释义并能促进学习者阅读理解能力的发展。

第三个研究问题关注语法概念的测试，集中探讨口头诱导模仿法用于语法概念隐性知识测试的可行性。研究发现，具有重构特征的口头诱导模仿法能在一定程度上测试英语隐性语法知识，但在外语学习环境下，该方法是否真正考察了学习者的隐性语法知识仍有待进一步的实验研究。

研究一发现，利用三种语法性不同的测试卷得出的结论组间差异显著，接受正确目标结构输入的受试得分明显好于其他两组；使用不合语法的目标句增加了任务难度并影响学习者的口头诱导模仿成绩；错误句子所占比例越大，模仿任务越难，学习者诱导模仿成绩越低。但三组的总体趋势相同，各语法分项的内化程度也因测试方式的不同产生差异，整体上较易习得的结构普遍得分较高。结果显示，中国英语学习者英语语法知识的内化程度不理想。隐性语法知识与英语水平呈现较显著的相关关系。在外语环境下，口头诱导模仿测试是否真正考查了学习者的隐性语法知识有待进一步证明。对于运用何种测试方法或手段来检测学习者的隐性语法知识，仍需进一步探讨。

研究二为验证性研究，重点探讨目标结构的语法性类型（正/误）及结构类型（词法/句法）对中国英语学习者隐性语法知识的影响程度，旨在验证在以英语为外语的学习环境下该方法用于测试隐性语法知识的可行性。研究发现，目标结构的语法性类型显著影响学习者的口头诱导模仿成绩，错句所占比例越大，学习者诱导模仿成绩越低。研究还发现，语法结构类型对诱导模仿成绩影响明显，句法结构显著难于词法结构。结果表明，口头诱导模仿法是一种较为优效的隐性语法概念知识测试方法，但测试中所涉及的语法性类型及结构类型仍需细致地考量和验证，对于使用何种性质的口头诱导模仿法测试中国英语学习者的隐性语法概念知识仍有待进一步的研究。

第二节 研究启示

一、理论意义

本书在一定程度上明晰了二语概念重构的一些关键问题，初步揭示了我国中高级水平学习者英语概念重构的特点。本书较为系统地梳理了概念重构研究的现状，并以此为基础调查了中国英语学习者在英语运动事件、人物指称、有定性（定冠词）等维度的概念重构情况，初步揭示了外语环境下目标语概念重构的特点及重构程度，以及高水平学习者在二语概念学习上所面临的困难，为开展相关理论与实证研究奠定了基础，为运用相关外语教学方法尝试解决二语习得中的概念重构问题做好了基础性的准备工作。本书拓展和丰富了已有研究维度和研究视角，有益于推动外语环境下外语概念能力的多维研究。

本书进一步验证了外语教学对概念重构的作用。从教学层面，帮助学习者重构二语概念系统，解决学者重点关注的语言教学中的实际问题，为后续相关研究与补救性教学提供了理论准备与实证支持，有益于推动国内二语习得概念能力研究与教学，也为提高二语教学和学习水平提供了有益借鉴。本书较为系统地探讨了中国英语学习者在多大程度上能够通过“重新训练”注意到二语输入中的特定细节并学会重构已内化的概念表征。运用概念型教学、数据驱动学习、显性隐性教学与文本强化等不同的教学干预方式，中级甚至初级水平学习者能初步习得相关维度的概念表达，但因为学习者受英语语言水平和母语迁移的双重影响，教学干预仅能在一定程度上帮助学习者初步习得相关概念的必备知识，尚无法顺利完成概念重构任务。

二、教学启示

本书研究结果对二语教学具有重要的启示。研究结果表明，在语言学习的高级阶段，成功的二语习得不仅取决于词汇知识和语法规则的内化，还取决于学习者系统适应二语中所特有的新的注意方式和思维方式的能力。高水平学习者概念重构的过程尚未完成这一事实表明，传统的以结构教学为主的方法（structurally oriented methodology）可能无法满足学习者的需求（Hasko 2010），需要重新进行全方位的规划。

在外语学习环境下，语言教学主要依赖教师的课堂显性教学，语言隐性学习机会严重不足，自然习得目标语概念系统的目标几乎不可能顺利达成。因此，要达成该目标，需政策制定、教材编写、教法学法推介多维联动，合力推动概念教学在课堂教学中真实发生。对外语教育政策制定者而言，首先要做好顶层设计，在教学标准和教学指南中明确不同学段学习者应具备的概念能力，分级分阶段介绍目标语言中的常用必备的概念，推介适合概念教学的主流教法学法，推动学习者概念能力的提高。要设置可行性强、可达成度高的概念能力目标，“确保学习者能够以系统的、有序的、与其他语言学习领域相结合的方式来学习目标语言和文化中固有的概念结构”（Danesi 2008：231）。教材编写应系统性地呼应英语课程标准与教学指南关于概念能力的要求，同时也应充分考虑学习者的困难，要把学习过程中难以习得的概念以不同的方式多次呈现，并设计不同的练习强化和巩固所学习的概念。突出语篇的作用，设计练习时充分考虑并利用好语境因素，加深学习者对相关概念的理解，提高学习者实际运用概念的能力。

为弥补外语学习环境下学习者语言输入严重不足的问题，外语教师的工作重心之一指向学习者阅读习惯的培养。外语教师要主动创造有利条件和机会，通过教师分享、师生共读、学生展示、课内课外一体、家校联动等方式，引领学生阅读习得的养成，确保学生通过持续阅读输入足量的语言范例。同时，创造条件保障英语多模态输入活动的常态化及其效果。只有这样，才有可能逐步改变教师过度重视语法词汇教学与读写技能训练的现状，改变教师过于依赖显性教学的倾向以及应试导向的影响，促使学生养成自主、持续、静默阅读的习惯，使阅读成为学习者外语学习生活中不可或缺的一部分。

需要进一步说明的是，在目标语言接触充分、输入常态化的情况下，Han（2010）仍警告说，仅仅依靠自然语料的持续输入尚且无法解决概念重构问题，必须通过“人为设计的任务获取聚焦特定概念的语料作为补充”（Han 2010：181）。对于习得难度较大的概念来说，概念层面上的“认知对比分析”可以有效帮助学习者有意识地建构目标语的认知方式和概念系统（文秋芳 2014），或者采用“概念驱动的、沉浸式的方法或活动（conceptually driven and immersive approaches and activities）”（Hasko 2010：58），从而有效重构大脑中的概念体系。也就是说，即便是高水平学习者，“持续的教学干预和语言实践”（Hasko 2010：56）仍不失为最优方案。已有相关研究结果也表明，学习者虽已经意识到二语与母语在某些概念上的区别，但对这些二语概念的分布模式与使用特点仍了解不够，无法及时内化为隐性知识。在这个过程中，学习者既要解决目标语言形式和意义的匹配问题，还要基于二语母语者的思维方式与英语语言使用习惯“重构一个主要以母语为基础的概念系统”（Han 2008：74）。从这个角度来看，外语教师应思考如何通过自己的教学有目的地帮助学习者建构目标语的概念系统。不同教学方法，尤其是国内外各种业已证明为行之有效的方法，如概念型教学法、产出导向法、认知比较分析、现象教学法、数据驱动学习等，理应得到大力推广与应用。这些方法的理论探讨受到学者们的持续关注，实践层面也引起了重视，但理论研究与教学实践之间的鸿沟难以在短时间内填补。以近年较为盛行的概念型教学法为例，在二语教学环境中，该方法的应用仍处于起步阶段（Harun et al. 2019），是一种更多运用在实验研究阶段的教学方法，“尚未得到充分研究”（Ng & Zhao 2017：95）；“仍不为广大教师所熟知”（Nicholas 2015：383）。同时，由于这些方法本身较为复杂，对教师带来较大挑战，课堂实践中的大规模应用难以在短期内实现。

此外，由于单一方法的应用无法确保教学目标的达成，仅仅依靠教师显性教学也过于机械，效果不佳，不利于发挥学生作为学习主体的作用，也无法利用多种教学方式的长处。在这种背景下，坚持“动态权衡观”（葛天爽 2019），以解决实际教学困难为目的，在充分了解不同教学方法的优势和特点的基础上，选择适合学生和教学内容的教学方法，是一种可行的策略。如本书尝试利用概念型教学法教授英语运动事件，既吸纳了概念型教学法的优点，也融入了产出导向法的特点；本书第十章利用显性、隐性方法教授人物指称，我们也建议教师充分考虑显性、隐性的特点，设计显性、隐性结合的教学模式，综合利用显性、隐性教学的优势，“帮助学习者尽快建立新的认知方式和概念系统”（文秋芳 2014：3），达到概念流利的目的。

第三节　研究局限性与研究建议

语言习得过程总是伴随着对客观世界的认知进行的，其中所涉及的语言概念繁多，无法对其进行系统梳理，由此关涉到的概念重构问题研究难度大，维度多，难以呈现整体的特征。本书的理论架构尚不完整，研究维度有待拓展，研究方法有待多元化，有必要重新梳理研究的思路，在突破现有研究局限性的基础上继续开展相关研究。

研究维度有待进一步拓展。由于该项工作涉及的概念维度多、任务复杂，远非单个团队在短时间内可以完成，本书仅从运动事件、人物指称、定冠词等维度观察外语环境下概念重构的特点，未对二语习得中学习者必须掌握的主要概念及应达成的概念能力进行系统梳理。正因为相关的概念多，我们从几个小的维度出发仅能管中窥豹，无法展示中国英语学习者概念重构的全貌。今后的研究可以首先致力于系统化外语概念能力及相应的维度，为厘清学习者需要掌握的相关概念打好基础，也可以借鉴已有的研究成果，从学习者习得效果差、重构难度大而又必须系统习得的维度着手，逐步探求诸如时间、空间、情感、数概念等常见维度的重构情况，为进一步拓展研究维度、为教和学做好基础准备。

研究方法有待多元化。本书主要采用了共时研究的范式，主要考察了某一时段学习者概念重构的共有特征，迫切需要开展历时性研究，以更深入地了解一个人或某个学习群体在语言概念发展的不同阶段的特性与共性（如 Han 2010）。这些研究将弥补共时研究的不足，并提供更多共时研究所不能揭示的独特发现。此外，研究数据更多从语言层面收集了中高级水平学习者口头叙述的素材，限于条件的制约，未能尝试非言语行为的考察，缺少三角印证的研究结论。相关研究可以更多从非言语行为的考察入手，充分利用心理语言学的常用方法，如眼动、事件相关电位等方法，也可考察学习者在完成相似性判断、命名、分类等任务时的表现。研究者还可以利用混合分析法，分析言语和非言语行为，比如双语和多语者的伴语手势表现。此外，定性研究方法如深度访谈使用不够，无法提供更有力的支撑，一定程度上影响了研究的深度。今后的研究中还可尝试运用定性定量结合的范式以及更先进的研究统计工具，比如归因分析等，以研究范式、研究方法、统计方式的创新推动相关研究工作，很可能得到新的发现。

本书对中国英语学习者的考察，更多以语言水平为主要变量，没有考察诸如年龄、情感、认知等主要因素对语言重构的影响。众所周知，在二语习得领域，有关概念水平（Kecskes & Papp 2000）、概念流利（Kecskes & Cuenca 2005）和概念发展（如 Lantolf 2005）的讨论已相当盛行。本书顺应主流研究方向，以概念为基础，重点探讨了外语环境下目标语概念重构的特点及教学的效用。今后的研究可以根据 Han & Cadierno（2010：XV）的建议，更多关注以下几个方面的问题："在适当的条件下，哪些变化是必然的，哪些不是？不同个体差异变量（如学能、记忆力、动机）对重构有何贡献？以母语为基础的思维模式如何影响第二语言的输入知觉和理解？"合力推进二语概念重构研究。

参考文献

一、著作类

[1] 陈平．现代语言学研究——理论·方法与事实［M］．重庆：重庆出版社，1991.

[2] 胡壮麟．语篇的衔接与连贯［M］．上海：上海外语教育出版社，1994.

[3] 连淑能．英译汉教程［M］．北京：高等教育出版社，2006.

[4] 孙致礼．新编英汉翻译教程［M］．上海：上海外语教育出版社，2003.

[5] 王力．中国现代语法［M］．北京：商务印书馆，1985.

[6] 王寅．认知语言学［M］．上海：上海外语教育出版社，2007.

[7] 文秋芳，等．认知语言学与二语教学［M］．北京：外语教学与研究出版社，2013.

[8] 许余龙．篇章回指的功能语用探索［M］．上海：上海外语教育出版社，2004.

[9] 朱永生，等．英汉语篇衔接手段对比研究［M］．上海：上海外语教育出版社，2001.

二、论文类

[1] 蔡晨．教学模式和频率对中国学生习得语音准确性的影响［J］．现代外语，2018（4）：517-528.

[2] 蔡金亭，吴一安．中国大学生英语冠词使用研究［J］．外语教学与研究，2006（4）：243-250.

[3] 陈佳．新沃尔夫主义概述［J］．外语教学与研究，2011（4）：593-602.

[4] 陈俊芳．单层构式语法框架下英汉典型致使移动构式的认知对比分析 [J]．西安外国语大学学报，2009（1）：17-20.

[5] 陈霄．中国英语学习者口语叙事中的人物指称策略——一项多国学习者语料库的对比研究 [D]．广州：华南师范大学硕士学位论文，2004.

[6] 陈新仁．中国学生二语产出中的光秃可数名词短语——概念认知与语言表征 [J]．外语研究，2010（1）：15-20.

[7] 陈亚平．有意识的言语输出——显性知识作用于隐性知识发展的途径 [J]．解放军外国语学院学报，2011（4）：61-65.

[8] 戴曼纯．语言直觉的方法论意义 [J]．语言教学与研究，2000（2）：19-25.

[9] 戴曼纯．二语习得的“显性”与“隐性”问题探讨 [J]．外国语言文学，2005（2）：101-111.

[10] 戴炜栋，韦理．中国学习者英语冠词语义特征习得 [J]．外语教学与研究，2008（2）：136-142.

[11] 戴运财．工作记忆与教学方式在英语关系从句习得中的作用 [J]．外语学刊，2011（2）：96-100.

[12] 邓巧玲，李福印．中国英语学习者汉语运动事件言语表征中的反向概念迁移的实证研究 [J]．外语与外语教学，2017（1）：73-85.

[13] 邓宇，等．汉语隐喻运动事件的词汇化类型探究——整合语料库和实验的证据 [J]．外语与外语教学，2015（3）：73-78.

[14] 高海英，戴曼纯．中国学生英语关系从句外置结构的习得——显性教学与隐性教学实证研究 [J]．外语教学与研究，2004（6）：444-450.

[15] 高航．语言相对论对认知语言学隐喻理论的影响 [J]．解放军外国语学院学报，2002（5）：32-37.

[16] 高一虹．沃尔夫假说的“言外行为”与“言后行为”[J]．外语教学与研究，2000（3）：182-189.

[17] 葛天爽．二语习得中显性与隐性语法教学方法浅议——基于十三篇二语习得形式教学研究报告的分析 [J]．外语教育研究，2019（1）：16-23.

[18] 葛现茹．输入强化对中国学习者学习英语关系从句的影响 [J]．外语电

化教学，2010（2）：26-30.
[19] 宫同喜．语言相对论实验类研究方法的进展、问题及对策［J］．外国语，2017（1）：45-51.
[20] 顾琦一．隐性知识、显性知识及其接口之争［J］．外语教学，2005（6）：45-50.
[21] 顾琦一，杭玲莉．中国英语学习者的诱导式模仿研究［J］．现代外语，2011（3）：262-270.
[22] 谷峪，林正军．中国英语学习者运动事件编码的修辞风格研究［J］．解放军外国语学院学报，2020（2）：93-101.
[23] 郭鸿杰，周芹芹．中国英语学习者不定冠词习得的变异研究［J］．解放军外国语学院学报，2012（1）：54-58.
[24] 杭海红．基于语料库的中国英语学习者英语致使移动构式使用的研究［D］．南京：南京理工大学硕士学位论文，2011.
[25] 纪瑛琳．认知视域下的空间运动事件表达［J］．外语教学，2019（3）：12-18.
[26] 姜琳，陈锦．书面纠正性反馈对英语冠词显性、隐性知识发展的作用［J］．解放军外国语学院学报，2014（6）：48-56.
[27] 姜孟．外语学习者在外语使用中的隐性不地道现象——基于中国英语专业学生的实证研究［J］．现代外语，2006（1）：44-53.
[28] 姜孟，周清．语言概念能力假设与外语学习者的“隐性不地道现象”［J］．外语与外语教学，2015（4）：43-49.
[29] 蒋楠．外语概念的形成和外语思维［J］．现代外语，2004（4）：378-385.
[30] 阚哲华．汉语位移事件词汇化的语言类型探究［J］．当代语言学，2010（2）：126-135.
[31] 乐耀．从汉语书面叙事体的语篇结构看人物指称的分布和功能［J］．当代语言学，2010（4）：338-346.
[32] 李菲，孙云梅．不同显性教学方式对 EFL 学习者虚拟语气学习的影响：基于加工层次理论的研究［J］．外语教学与研究，2019（5）：447-458.

[33] 李恒，曹宇．中国高水平英语学习者运动事件的言语手势表征［J］. 外语教学与研究，2015（6）：886-896.

[34] 李景泉，蔡金亭．中国学生英语写作中的冠词误用现象［J］. 解放军外国语学院学报，2001（6）：58-62.

[35] 李琳．二语习得概念型教学法的中介探究——活动理论视角［J］. 现代外语，2016（1）：86-96.

[36] 李锡江，刘永兵．语言类型学视野下语言、思维与文化关系新探［J］. 东北师大学报（哲学社会科学版），2014（4）：148-152.

[37] 李锡江，刘永兵．中国学生英语时空状语语序分布与母语概念迁移［J］. 外语教学与研究，2020（1）：90-102.

[38] 李雪．英汉移动动词的词汇化模式差异及其对翻译的影响［J］. 外语学刊，2008（6）：109-112.

[39] 李雪．汉英移动事件移动主体和参照物语言表达对比［J］. 外语教学与研究，2011（5）：689-701.

[40] 李雪．"方式移动动词"还是"动作动词"——英语移动事件表达中方式动词的成分意义与构式意义分析［J］. 外语学刊，2015a（1）：79-84.

[41] 李雪．移动事件类型学的扩展研究——认知与习得研究［J］. 外语教学，2015b（1）：38-42.

[42] 李雪，白解红．英汉移动动词的对比研究——移动事件的词汇化模式［J］. 外语与外语教学，2009（4）：6-10.

[43] 刘艾娟，等．特征组装视角的英语冠词习得研究［J］. 外语教学与研究，2013（3）：385-397.

[44] 刘畅，等．书面语与口语中人物指称的差异［J］. 汉语学习，2019（5）：64-71.

[45] 刘丹丹，吴艳．显性/隐性强化对二语词汇和语法习得的影响研究［J］. 外语界，2014（5）：57-66.

[46] 刘桂玲，王越．汉语人物指称语的现实构建功能［J］. 东北师大学报（哲学社会科学版），2015（3）：148-152.

[47] 刘萍，刘座雄．基于ESP语料库的学术英语词汇学习法的有效性研究

[J]. 外语研究，2018 (3)：56-62.
[48] 刘萍，等. 博士研究生语料库数据驱动式 ESP 词汇教学 [J]. 外语学刊，2020 (1)：64-69.
[49] 刘芹，可庆宝. 数据驱动学习在学术英语词汇教学中的应用 [J]. 当代外语研究，2020 (1)：58-67.
[50] 刘雪卉，陈亚平. 中国英语学习者运动事件的双向概念迁移研究 [J]. 外语教学与研究，2021 (3)：387-399.
[51] 卢婷. 概念型教学法对英语专业学生隐喻能力发展的影响 [J]. 现代外语，2020 (1)：106-118.
[52] 马春玲，蔡金亭. 中国大学生的英语学习对物体和物质归类倾向的影响 [J]. 现代外语，2016 (2)：215-223.
[53] 马拯. 二语词汇习得中概念重构的理据及其路径 [J]. 解放军外国语学院学报，2015 (3)：74-80.
[54] 潘艳艳，张辉. 英汉致使移动的认知对比研究 [J]. 外语学刊，2005 (3)：60-64.
[55] 庞双子. "假说"和"原则"——沃尔夫语言相对论原则内涵解读 [J]. 外语学刊，2015 (1)：23-29.
[56] 裘晨晖，文秋芳. 概念迁移研究新路径：认知对比分析 [J]. 外语教学与研究，2020 (2)：25-236.
[57] 邵志洪. 英汉运动事件框架表达对比与应用 [J]. 外国语，2006 (2)：33-40.
[58] 沈家煊. 现代汉语"动补结构"的类型学考察 [J]. 世界汉语教学，2003 (3)：17-23.
[59] 束定芳. 近 10 年来国外认知语言学最新进展与发展趋势 [J]. 外语研究，2012 (1)：36-40.
[60] 苏建红. 学习者思维方式个体差异对英语语言技能的影响 [J]. 外语教学与研究，2011 (1)：118-129.
[61] 苏建红. 显性/隐性教学与语言分析能力对二语知识习得的交互作用 [J]. 现代外语，2012a (4)：385-392.
[62] 苏建红. 二语习得中显性知识与隐性知识的关系研究 [J]. 外语与外语

教学，2012b（1）：26-30.

[63] 孙鸣．陈述性知识与英语认知［J］．外语学刊，2007（1）：134-137.

[64] 王初明．第二语言习得中的语义重构［J］．外语教学与研究，1997（3）：59-65.

[65] 王峰，刘婷．输入强化任务和输出任务对不同难度关系从句习得的影响［J］．外语教学，2014（1）：55-58.

[66] 王剑．中国学生英语定冠词非类指用法的习得［J］．外语教学，2005（3）：22-26.

[67] 王军．英汉有定与无定的图式特征［J］．外语教学，2013（1）：48-51.

[68] 王文斌，何清强．汉英篇章结构的时空性差异——基于对汉语话题链的回指及其英译的分析论英语的时间性特质与汉语的空间性特质［J］．外语教学与研究，2016（5）：657-668.

[69] 王小宁，杨萍．析合乎语法性判断的局限性［J］．湖南农业大学学报（社会科学版），2003（3）：77-79.

[70] 韦理，戴炜栋．大学生英语定冠词句法语用接口习得研究［J］．中国外语，2010（2）：47-53.

[71] 魏梅．概念教学对大学生英语短语动词学习的影响［J］．解放军外国语学院学报，2014（2）：25-32.

[72] 文秋芳．评析“概念型教学法”的理论与实践［J］．外语教学理论与实践，2013（2）：1-6.

[73] 文秋芳．“认知对比分析”的特点与应用［J］．外语教学理论与实践，2014（1）：1-5.

[74] 文秋芳．构建“产出导向法”理论体系［J］．外语教学与研究，2015（4）：547-558.

[75] 文秋芳．“师生合作评价”：“产出导向法”创设的新评价形式［J］．外语界，2016（5）：37-43.

[76] 文秋芳．“产出导向法”的中国特色［J］．现代外语，2017（3）：348-358.

[77] 文秋芳．熟手型外语教师运用新教学理论的发展阶段与决定因素［J］．中国外语，2020（1）：50-59.

[78] 吴诗玉，黄绍强．何为“有效”的外语教学？——根植于本土教学环境和教学对象特点的思考 [J]. 当代外语研究，2019（3）：37-47.

[79] 熊学亮，梁晓波．论典型致使结构的英汉表达异同 [J]. 外语教学与研究，2004（2）：90-96.

[80] 徐玉臣．英汉语言主要衔接手段的对比分析 [J]. 山东外语教学，1996（4）：1-6.

[81] 许保芳．英汉叙事语篇人称指称对比分析 [D]. 山东：中国海洋大学硕士学位论文，2005.

[82] 许家金．中国大学生英汉口头叙事中的话语评价研究 [J]. 外语教学与研究，2013（1）：69-79.

[83] 许家金，刘霞．中国英语学习者英语口头叙事中的人物指称研究 [J]. 外语与外语教学，2014（2）：54-59.

[84] 许子艳．英语运动事件表达习得与二语水平关系研究 [J]. 中国外语，2013（5）：64-71.

[85] 闫丽莉．中国学生英语冠词习得初探——一项基于中国学习者英语语料库的研究 [J]. 外语教学与研究，2003（3）：210-214.

[86] 严辰松．运动事件的词汇化模式——英汉比较研究 [J]. 解放军外国语学院学报，1998（6）：8-12.

[87] 杨建生．输入强化对习得英语方式副词位置规则的影响 [J]. 上海理工大学学报，2016（4）：338-343.

[88] 杨连瑞，等．中国二语习得研究：现状与进展——首届中国二语习得研究高层论坛述要 [J]. 中国外语，2012（4）：107-111.

[89] 杨烈祥，阳志清．外显知识在语法习得中的认知作用 [J]. 外语学刊，2007（5）：129-132.

[90] 杨梅．中国学习者英语冠词替代误用研究 [J]. 天津外国语学院学报，2011（1）：67-74.

[91] 甄凤超．语料库数据驱动的外语学习：思想．方法和技术 [J]. 外语界，2005（4）：21-29.

[92] 曾永红．英语专业学生隐性语法知识应用实证研究 [J]. 外语教学与研究，2009（4）：298-302.

［93］曾永红．中国大学生英语运动事件表达习得研究［D］．长沙：湖南师范大学博士学位论文，2011.
［94］曾永红．中国英语学习者致使运动事件习得研究［J］．外语教学，2017a（5）：60-64.
［95］曾永红．口头诱导模仿法：隐性语法知识测试方法实证探索［J］．解放军外国语学院学报，2017b（5）：96-101.
［96］曾永红，张慕媛．文本强化对中国英语学习者回指释义和阅读理解的影响研究［J］．外语电化教学，2017c（3）：37-42.
［97］曾永红．语言相对论研究进展［J］．湖南科技大学学报（社会科学版），2017d（5）：129-134.
［98］曾永红，白解红．英语隐性语法知识测试实证研究［J］．外语学刊，2013a（1）：110-116.
［99］曾永红，白解红．中国学生英语运动事件表达习得研究［J］．外语与外语教学，2013b（6）：44-48.
［100］张东波，赵守辉．隐性及显性语法知识与第二语言阅读［J］．外语教学与研究，2011（3）：387-399.
［101］张会平，刘永兵．语言相对论之百年传承［J］．外语研究，2014（2）：23-28.
［102］张建理，骆蓉．致使位移构式的英汉对比与习得［J］．外语教学理论与实践，2014（3）：30-36.
［103］张京鱼，马拯．特指性在中国学生英语冠词习得中的作用［J］．解放军外国语学院学报，2015（5）：66-73.
［104］赵哲，张绍．非英语专业大学生英语定冠词的使用：关联理论视角［J］．外语教学，2010（1）：40-44.
［105］周保国．第二语言习得中英语定冠词过度使用研究［J］．现代外语，2007（4）：387-394.
［106］周道凤．中国学生英语致使移动构式的认知习得调查分析［J］．西安外国语大学学报，2012（4）：84-87.
［107］周道凤，刘国辉．语法整合对句式翻译认知过程的阐释——以英语致使移动句式的汉译分析为例［J］．外语教学与研究，2007（5）：379-

385.
[108] 朱海燕．中国英语学习者对自移运动事件中运动方式表达的习得研究[J]. 外语与外语教学，2019（5）：105-114.
[109] 朱叶秋，文秋芳．大学生英语口语中冠词使用的研究[J]. 外语教学，2008a（3）：60-63.
[110] 朱叶秋，文秋芳．不同水平英语学习者口语中冠词的使用[J]. 解放军外国语学院学报，2008b（6）：37-41.

三、外文类

[1] Adams R. L2 output, reformulation and noticing: Implications for L1 development [J]. Language Teaching Research, 2003 (3): 347-376.
[2] Alanen R. Input enhancement and rule presentation in second language acquisition [A]. In Schmidt R. (ed.). Attention and awareness in foreign language learning and teaching [C]. Honolulu, HI: University of Hawaii Press, 1995: 259-302.
[3] Alghamdi A. et al. The persistence of L1 patterns in SLA: Incidental learning and the boundary crossing constraint [J]. Vigo International Journal of Applied Linguistics, 2019 (16): 81-106.
[4] Ameka F K, Essegbey J. Serialising languages: Satellite-framed, verb-framed or neither [J]. Ghana Journal of Linguistics, 2013 (1): 19-38.
[5] Andria M, Serrano R. Developing new "Thinking-for-Speaking" patterns in Greek as a foreign language: The role of proficiency and stays abroad [J]. Language Learning Journal, 2017 (1): 66-80.
[6] Ansarin A. Nongeneric use of the definite article "the" by Persian learners [J]. Journal of Faculty of Letters and Humanities, 2004 (1): 1-11.
[7] Arnold J, Griffin Z. The effect of additional characters on choice of referring expression: Everyone counts [J]. Journal of Memory and Language, 2007 (4): 521-536.

[8] Athanasopoulos P. Effects of the grammatical representation of number on cognition in bilinguals [J]. Bilingualism: Language and Cognition, 2006 (1): 89-96.

[9] Athanasopoulos P. Interaction between grammatical categories and cognition in bilinguals: The role of proficiency, cultural immersion, and language of instruction [J]. Language and Cognitive Processes, 2007 (5): 689-699.

[10] Athanasopoulos P. Cognitive representation of colour in bilinguals: The case of Greek blues [J]. Bilingualism: Language and Cognition, 2009 (1): 83-95.

[11] Athanasopoulos P. Cognitive restructuring in a bilingualism [A]. In Pavlenko A. (ed.). Thinking and Speaking in Two Languages [C]. Clevedon: Multilingual Matters, 2011: 29-65.

[12] Athanasopoulos P, Bylund E. Does grammatical aspect affect motion event cognition? A cross-linguistic comparison of English and Swedish speakers [J]. Cognitive Science, 2013 (2): 286-309.

[13] Athanasopoulos P. et al. Perceptual shift in bilingualism: Brain potentials reveal plasticity in pre-attentive colour perception [J]. Cognition, 2010 (3): 437-443.

[14] Athanasopoulos P. et al. Representation of colour concepts in bilingual cognition: The case of Japanese blues [J]. Bilingualism: Language and Cognition, 2011 (1): 9-17.

[15] Athanasopoulos P. et al. Learning to think in a second language: Effects of proficiency and length of exposure in English learners of German [J]. The Modern Language Journal, 2015 (S1): 138-153.

[16] Bardovi-Harlig K. Tense and aspect in second language acquisition: Form, meaning, and use [M]. Oxford: Blackwell, 2000.

[17] Bassetti B, Cook V. Relating language and cognition: The second language user [A]. In Cook V., Bassetti B. (eds.). Language and Bilingual Cognition [C]. New York: Psychology Press, 2011: 143-

190.

[18] Beavers J. et al. The typology of motion expressions revisited [J]. Journal of Linguistics，2010 (46)：331-377.

[19] Berlin B，Kay P. Basic Color Terms—Their Universality and Evolution [M]. Berkeley：UCP，1969.

[20] Berman R，Slobin D I. Relating Events in Narrative：A Cross-linguistic Developmental Study [C]. Hillsdale，NJ：Lawrence Erlbaum Associates，1994.

[21] Biber D. et al. Corpus Linguistics：Investigating Language Structure and Use [M]. Cambridge：Cambridge University Press，1998.

[22] Bley-Vroman R，Chaudron C. Elicited imitation as a measure of second-language competence [A]. In Tarone E. et al. (eds.) . Research methodology in second language acquisition [C]. Mahwah，NJ：Lawrence Erlbaum，1994：245-261.

[23] Boroditsky L. et al. Do English and Mandarin speakers think about time differently [J]. Cognition，2011 (1)：123-129.

[24] Boulton A. Data-driven learning：Taking the computer out of the equation [J]. Language Learning，2010 (3)：534-572.

[25] Boulton A. Hands-on / hands-off：Alternative approaches to data-driven learning [J]. Developments in teaching and language corpora，2012 (2)：152-168.

[26] Boulton A，Cobb T. Corpus use in language learning：A meta-analysis [J]. Language Learning，2017 (2)：348-393.

[27] Boulton A，Perez-Paredes P. Researching uses of corpora for language teaching and learning [J]. ReCall，2014 (2)：121-127.

[28] Boutonnet B. et al. Unconscious effects of grammatical gender during object categorization [J]. Brain Research，2012 (314)：72-79.

[29] Bowles M. Measuring implicit and explicit linguistic knowledge：What can heritage language learners contribute? [J]. Studies in Second Language Acquisition，2011 (2)：247-271.

[30] Brown R，Gilman A. The pronouns of power and solidarity [A]. In Giglioli P P. (ed.) . Language and Social Context [C]. New York: Penguin Book，1960：252-275.

[31] Brown A，Gullberg M. Changes in encoding of path of motion after acquisition of a second language [J]. Cognitive Linguistics，2010 (2)：263-286.

[32] Brown A，Gullberg M. Bidirectional cross-linguistic influence in event conceptualization? Expressions of Path among Japanese learners of English [J]. Bilingualism：Language and Cognition，2011 (1)：79-94.

[33] Brown A，Gullberg M. Multicompetence and native speaker variation in clausal packaging in Japanese [J]. Second Language Research，2012 (4)：415-442.

[34] Bylund E，Athanasopoulos P. Language and thought in a multilingual context：The case of isiXhosa [J]. Bilingualism：Language and Cognition，2014a (2)：431-441.

[35] Bylund E，Athanasopoulos P. Linguistic relativity in SLA：Toward a new research program [J]. Language Learning，2014b (4)：952-985.

[36] Bylund E，Athanasopoulos P. Introduction：Cognition，motion events，and SLA [J]. The Modern Language Journal，2015 (S1)：1-13.

[37] Bylund E. et al. Motion event cognition and grammatical aspect：Evidence from Afrikaans [J]. Linguistics，2013 (5)：929-955.

[38] Cadierno T. Expressing motion events in a second language：A cognitive typological perspective [A]. In Achard M.，Niemeier S. (eds.) . Cognitive Linguistics，Second Language Acquisition，and Foreign Language Teaching [C]. Berlin：Mouton de Gruyter，2004：13-49.

[39] Cadierno T. Motion events in Danish and Spanish：A focus on form

pedagogical approach [A]. In De Knop S., De Rycker T. (eds.). Cognitive Approaches to Pedagogical Grammar [C]. Berlin: Moutonde Gruyter, 2008a: 259-294.

[40] Cadierno T. Learning to talk about motion in a foreign language [A]. In Robinson P., Ellis N C. (eds.). Handbook of Cognitive Linguistics and Second Language Acquisition [C]. New York / London: Routledge, 2008b: 239-275.

[41] Cadierno T. Motion in Danish as a second language: Does the learner's L1 make a difference [A]. In Han Z H., Cadierno T. (eds.). Linguistic Relativity in SLA: Thinking for Speaking [C]. Clevedon: Multilingual Matters, 2010: 1-33.

[42] Cadierno T. Thinking for speaking in second language acquisition [A]. In Chapelle C A. (ed.). The Encyclopedia of Applied Linguistics [C]. Malden, MA: Wiley-Blackwell, 2012: 5871-5876.

[43] Cadierno T. Thinking for speaking about motion in a second language: Looking back and forward [A]. In Ibarretxe-Antuñano I. (ed.). Motion and Space Across Languages: Theory and Applications [C]. Amsterdam: John Benjamins, 2017: 279-300.

[44] Cadierno T, Lund K. Cognitive linguistics and second language acquisition: Motion events in a typological framework [A]. In VanPatten B. et al. (eds.). Form-meaning Connections in Second Language Acquisition [C]. Mahwah, NJ: Lawrence Erlbaum, 2004: 139-154.

[45] Cadierno T, Ruiz L. Motion events in Spanish L2 acquisition [J]. Annual Review of Cognitive Linguistics, 2006 4 (1): 183-216.

[46] Carroll M, Lambert M. Information structure in narratives and the role of grammaticised knowledge: A study of adult French and German learners of English [A]. In Dimroth C., Starren M. (eds.). Information Structure and the Dynamics of Language Acquisition [C]. Amsterdam: Benjamins, 2003: 267-287.

[47] Carroll M, von Stutterheim C. Typology and information organisation: Perspective taking and Language-specific effects in the construal of events [A]. In Ramat A G. (ed.). Typology and Second Language Acquisition [C]. Berlin: Mouton de Gruyter, 2003: 365-402.

[48] Celce-Murcia M, Larsen-Freeman D. The Grammar Book: An ESL Teacher's Course (2nd edition.) [M]. Boston: Heinle & Heinle, 1999.

[49] Chafe W. The Pear Stories: Cognitive, Cultural and Linguistic Aspects of Narrative Production [C]. Norwood: Ablex, 1980.

[50] Chambers A, O'Sullivan I. Corpus consultation and advanced learners' writing skills in French [J]. ReCALL, 2004 (2): 158-172.

[51] Chan W. Acquisition of the English article system by Hong Kong students [D]. Unpublished master thesis, The Chinese University of Hong Kong, 2005.

[52] Chen L. The Acquisition and Use of Motion Event Expressions in Chinese [D]. Unpublished doctoral dissertation, University of Louisiana at Lafayette, 2005.

[53] Chen L. The Acquisition and Use of Motion Event Expressions in Chinese [M]. Munchen: Lincom GmbH, 2007.

[54] Chen L, Guo J S. Motion events in Chinese novels: Evidence for an equipollently-framed language [J]. Journal of Pragmatics, 2009 (41): 1749-1766.

[55] Chen L, Lei J. The production of referring expressions in oral narratives of Chinese-English bilingual speakers and monolingual peers [J]. Child Language Teaching and Therapy, 2012 (29): 41-55.

[56] Chen L, Oller J. The use of passives and alternatives in English by Chinese speakers [A]. In Knop S., Rycker T. (eds.). Cognitive Approaches to Pedagogical Grammar — A Volume in Honour of René Dirven [C]. New York: Mouton de Gruyter, 2008: 385-415.

[57] Chen L, Pan N. Development of English referring expressions in the narratives of Chinese-English bilinguals [J]. Bilingualism: Language and Cognition, 2009 (4): 429-446.

[58] Chini M. Reference to person in learner discourse [A]. In Hendriks H. (ed.). The Structure of Learner Varieties [C]. Berlin: Walter de Gruyter, 2005: 65-110.

[59] Choi S. Typological differences in syntactic expressions of Path and Causation [A]. In Gathercole V. (ed.). Routes to Language: Studies in honor of Melissa Bowerman [C]. Mahwah, NJ: Lawrence Erlbaum Associates, 2009: 169-194.

[60] Choi S, Bowerman M. Learning to express motion events in English and Korean: The influence of language-specific lexicalization patterns [J]. Cognition, 1991 (1): 83-121.

[61] Chrabaszcz A, Jiang N. The role of the native language in the use of the English non-generic definite article by L2 learners: A cross-linguistic comparison [J]. Second Language Research, 2014 (3): 351-379.

[62] Churchill E, DuFon M A. Evolving threads in study abroad research [A]. In DuFon M A., Churchill E. (eds.). Language Learners in Study Abroad Contexts [C]. Clevedon, UK: Multilingual Matters, 2006: 1-27.

[63] Cirilo R K. Referential coherence and text structure in story comprehension [J]. Journal of Verbal Learning and Verbal Behavior, 1981 (3): 358-367.

[64] Clancy P M. Referential choice in English and Japanese narrative discourse [A]. In Chafe W. (ed.). The Pear Stories: Cognitive, Cultural, and Linguistic Aspects of Narrative Production [C]. Ablex, Norwood, NJ: Praeger Pub, 1980: 127-201.

[65] Clancy P M. Referential strategies in the narratives of Japanese children [J]. Discourse Processes, 1992 (4): 441-467.

[66] Cobb T. Computing the vocabulary demands of L2 reading [J]. Language Learning & Technology, 2007 (3): 38-63.

[67] Colasacco M A. A cognitive approach to teaching deictic motion verbs to German and Italian students of Spanish [J]. International Review of Applied Linguistics in Language Teaching, 2019 (1): 71-95.

[68] Colozzo P, Whitely C. The interplay of referential function and character primacy on referring expressions in children's narratives [J]. First Language, 2015 (2): 137-162.

[69] Cook V. et al. Do bilinguals have different concepts? The case of shape and material in Japanese L2 users of English [J]. International Journal of Bilingualism, 2006 (2): 137-152.

[70] Coventry K. et al. Thinking for speaking and immediate memory for spatial relations [A]. In Han Z., Cadierno T. (eds.). Linguistic Relativity in SLA: Thinking for Speaking [C]. Bristol: Multilingual Matters, 2010: 84-101.

[71] Coventry K. et al. Spatial language and second language acquisition [A]. In Cook V., Bassetti B. (eds.). Language and Bilingual Cognition [C]. New York: Psychology Press, 2011: 263-286.

[72] Crosthwaite P. Differences between the coherence of Mandarin and Korean L2 English learner production and English native speakers: An empirical study [D]. Unpublished doctoral dissertation, University of Cambridge, UK, 2014.

[73] Daller M H. et al. Transfer of conceptualization patterns in bilinguals: The construal of motion events in Turkish and German [J]. Bilingualism: Language and Cognition, 2011 (1): 95-119.

[74] Danesi M. Conceptual errors in second-language learning [A]. In De Knop S., De Rycker T. (eds.). Cognitive Approaches to Pedagogical Grammar A Volume in Honour of René Dirven [C]. Berlin/New York: Mouton de Gruyter, 2008: 231-156.

[75] Daskalovska N. Corpus-based versus traditional learning of

collocations [J]. Computer Assisted Language Learning，2015 (2)：130-144.

[76] De Graaff R. The Experanto experiment：Effects of explicit instruction on second language acquisition [J]. Studies in Second Language Acquisition，1997 (2)：249-276.

[77] DeKeyser R. How implicit can second language learning be? [J]. AILA Review，1994 (11)：83-96.

[78] DeKeyser R. Learning second language grammar rules：An experiment with a miniature linguistic system [J]. Studies in Second Language Acquisition，1995 (3)：379-410.

[79] DeKeyser R. Implicit and Explicit Learning [A]. In Doughty C J.，Long M H. (eds.). Handbook of Second Language Learning [C]. Oxford：Blackwell，2003：312-348.

[80] DeKeyser R. Beyond focus on form：Cognitive perspectives on learning and practicing second language grammar [A]. In Doughty C.，Williams J. (eds.). Focus on Form in Classroom Second Language Acquisition [C]. Cambridge：Cambridge University Press，2005：42-63.

[81] DeKeyser R. Cognitive-psychological processes in second language learning [A]. In Long M H.，Doughty C J. (eds.). The Handbook of Language Teaching [C]. Oxford：Wiley-Blackwell，2009：119-138.

[82] DeKeyser R，Prieto-Botana G. Acquisition of grammar by instructed learners [A]. In Geeslin K. (ed.). The Handbook of Spanish Second Language Acquisition [C]. Oxford：Blackwell，2013：449-465.

[83] Dirven R，Verspoor M H. Cognitive Exploration of Language and Linguistics (2nd edition) [M]. Philadelphia：John Benjamins Publishing Company，2004.

[84] Doughty C. Second language instruction does make a difference：

Evidence from an empirical study of SL relativization [J]. Studies in Second Language Acquisition，1991 (3)：431-469.

[85] Doughty C，Williams J. Focus on Form in Classroom Second Language Acquisition [C]. Cambridge：Cambridge University Press，1998.

[86] Ehrlich M F. et al. Processing of anaphoric devices in young skilled and less skilled comprehenders：Differences in metacognitive monitoring [J]. Reading and Writing，1999 (1)：29-63.

[87] Ellis R. The Study of Second Language Acquisition [M]. Oxford：Oxford University Press，1994.

[88] Ellis R. Second Language Acquisition [M]. Oxford：Oxford University press，1997.

[89] Ellis R. Does form-focused instruction affect the acquisition of implicit knowledge? A review of the research [J]. Studies in Second Language Acquisition，2002 (2)：223-236.

[90] Ellis R. Task-based Language Learning and Teaching [M]. Oxford：Oxford University Press，2003.

[91] Ellis R. The definition and measurement of explicit knowledge [J]. Language Learning，2004 (2)：227-275.

[92] Ellis R. Measuring implicit and explicit knowledge of a second language：A psychometric study [J]. Studies in Second Language Acquisition，2005 (2)：141-172.

[93] Ellis R. Modeling learning difficulty and second language proficiency：The differential contributions of implicit and explicit knowledge [J]. Applied Linguistics，2006 (3)：37-53.

[94] Erlam R. Elicited imitation as a measure of L2 implicit knowledge：An empirical validation study [J]. Applied Linguistics，2006 (3)：464-491.

[95] Ellis R. Explicit form-focused instruction and second language acquisition [A]. In Spolsky B.，Hult F M. (eds.). The Handbook

of Educational Linguistics [C]. Oxford: Blackwell, 2008: 437-455.

[96] Ellis R. Measuring implicit and explicit knowledge of a second language [A]. In Ellis R. et al. (eds.). Implicit and Explicit Knowledge in Second Language Learning, Testing and Teaching [C]. Clevedon, UK: Multilingual Matters, 2009: 31-64.

[97] Erlam R. The elicited oral imitation test as a measure of implicit knowledge [A]. In Ellis R. et al. (eds.). Implicit and Explicit Knowledge in Second Language Learning, Testing and Teaching [C]. Clevedon, UK: Multilingual Matters, 2009: 65-93.

[98] Ellis R. The Study of Second Language Acquisition (2nd edition) [M]. Shanghai: Shanghai Foreign Language Education Press, 2013.

[99] Ellis R. Understanding Second Language Acquisition (2nd edition) [M]. Oxford: Oxford University Press, 2015.

[100] Ellis R, Barkhuizen G. Analysing Learner Language [M]. Oxford: Oxford University Press, 2005.

[101] Ellis R. et al. Implicit and Explicit Knowledge in Second Language Learning, Testing and Teaching [M]. Clevedon, UK: Multilingual Matters, 2009.

[102] Fang T. Effects of implicit and explicit Focus on Form on EFL learners' anaphor resolution performance in reading [J]. English Teaching & Learning, 2013 (1): 141-177.

[103] Fang T. Effects of textual enhancement on English as a foreign language learners' anaphor resolution performance and reading comprehension in Taiwan [J]. Journal of Research in Reading, 2014 (3): 347-365.

[104] Ferreira M. A concept-based approach to writing instruction: From the abstract concept to the concrete performance [D]. Unpublished doctoral dissertation. The Pennsylvania State University, 2005.

[105] Ferreira M, Lantolf J P. A concept-based approach to teaching writing through genre analysis [A]. In Lantolf J P., Poehner M. E.

(eds.). Sociocultural Theory and the Teaching of Second Languages [C]. London: Equinox, 2008: 285-320.

[106] Filipović L. Talking about motion: A Cross-linguistic Investigation of Lexicalization Patterns [M]. Amsterdam, The Netherlands: John Benjamins, 2007.

[107] Filipović L. Speaking and remembering in one or two languages: Bilingual vs. monolingual lexicalization and memory for motion events [J]. International Journal of Bilingualism, 2011 (4): 466-485.

[108] Frankenberg-Garcia A. The use of corpus examples for language comprehension and production [J]. ReCALL, 2014 (2): 128-146.

[109] Gaillarda S, Tremblay A. Linguistic proficiency assessment in second language acquisition research: The elicited imitation task [J]. Language Learning, 2016 (2): 419-447.

[110] Gal'perin P I. Stage-by-stage formation as a method of psychological investigation [J]. Soviet Psychology, 1992 (1): 45-65.

[111] Gánem-Gutiérrez G A, Harun H. Verbalisation as a mediational tool for understanding tense-aspect marking in English: An application of Concept-Based Instruction [J]. Language Awareness, 2011 (2): 99-119.

[112] Garcia Frazier E. Concept-based Teaching and Spanish Modality in Heritage Language Learners: A Vygotskyan Approach [D]. Unpublished doctoral dissertation, University of Massachusetts-Amherst, 2013.

[113] Garcia Mayo M P. The acquisition of four non-generic uses of the article the by Spanish EFL learners [J]. System, 2008 (4): 550-565.

[114] Garrod S, Sanford A. Referential process in reading: Focusing on roles and individuals [A]. In Flores d'Arcais G B., Rayner K., Balota D. (eds.). Comprehension Processes in Reading [C].

Hillsdale, NJ: LEA, 1990: 465-484.

[115] Gass S. Input, Interaction, and the Second Language Learner [M]. Mahwah, NJ: Lawrence Erlbaum Associates, 1997.

[116] Gentner D, Goldin-Meadow S. Language in mind: Advances in the study of language and thought [C]. Cambridge: MIT Press, 2003.

[117] Gilquin G, Granger S. How can DDL be used in language teaching? [A]. In O'Keeffe A., McCarthy M. (eds.). The Routledge Handbook of Corpus Linguistics [C]. London: Routledge, 2010: 359-369.

[118] Goo J. et al. Implicit and explicit instruction in L2 learning: Norris & Ortega (2000) revisited and updated [A]. In Rebuschat P. (ed.). Implicit and Explicit Learning of Languages [C]. Amsterdam: John Benjamins, 2015: 443-482.

[119] Goschler J, Stefanowitsch A. Variation and Change in the Encoding of Motion Events [M]. Amsterdam: John Benjamins, 2013.

[120] Graham C. R. et al. The role of lexical choice in elicited imitation item difficulty [A]. In Prior M T. et al. (eds.). Selected Proceedings of the 2008 Second Language Research Forum [C]. Somerville, MA: Cascadilla Proceedings Project, 2010: 57-72.

[121] Gullberg M. Handling discourse: Gestures, reference tracking, and communication strategies in early L2 [J]. Language Learning, 2006 (1): 155-196.

[122] Gullberg M. A helping hand? Gestures, L2 learners, and grammar [A]. In McCafferty S G., Stam G. (eds.). Gesture: Second Language Acquisition and Classroom Research [C]. New York: Routledge, 2008: 185-210.

[123] Gullberg M. et al. Learning to talk and gesture about motion in French [J]. First Language, 2008 (2): 200-236.

[124] Gutiérrez X. The construct validity of grammaticality judgment tests as measures of implicit and explicit knowledge [J]. Studies in Second

Language Acquisition，2013（3）：423-449.

[125] Hall E T. Beyond Culture [M]. New York：Doubleday，1976.

[126] Halliday M A K，Hasan R. Cohesion in English [M]. London：Longman，1976.

[127] Han Y，Ellis R. Implicit knowledge，explicit knowledge and general language proficiency [J]. Language Teaching Research，1998（2）：1-23.

[128] Han Z H. On the role of meaning in focus on form [A]. In Han Z H.（ed.）. Understanding Second Language Process [C]. Clevedon：Multilingual Matters，2008：45-79.

[129] Han Z H. Grammatical morpheme inadequacy as a function of linguistic relativity [A]. In Han Z H，Cadierno T.（eds.）. Linguistic Relativity in SLA：Thinking for Speaking [C]. Bristol：Multilingual Matter，2010：154-182.

[130] Han Z，Cadierno T. Linguistic Relativity in SLA：Thinking for Speaking [C]. Bristol：Multilingual Matters，2010.

[131] Han Z. et al. Textual enhancement of input：Issues and possibilities [J]. Applied Linguistics，2008（4）：597-618.

[132] Han Z，Lew M. Acquisitional complexity：What defies complete acquisition in second language acquisition [A]. In Kortman B.，Szmrecsanyi B.（eds.）. Linguistic Complexity [C]. Berlin：Mounton de Gruyter，2012：192-218.

[133] Hartanto A，Suárez L. Conceptual representation changes in Indonesian-English bilinguals [J]. Journal of Psycholinguistic Research，2016（5）：1201-1217.

[134] Harun H. et al. Concept-based instruction：Enhancing grammar competence in L2 learners [J]. RELC Journal，2019（2）：252-268.

[135] Hasko V. The role of Thinking for Speaking in adult L2 speech：The case of（non）unidirectionality encoding by American learners of Russian [A]. In Han Z.，Cadierno T.（eds.）. Linguistic Relativity

in SLA: Thinking for Speaking [C]. Bristol: Multilingual Matters, 2010: 34-58.

[136] Hawkins J. Definiteness and Indefiniteness [M]. San Diego, CA: Academic Press, 1978.

[137] Hemphill L. et al. Narrative as an index of communicative competence in mildly mentally retarded children [J]. Applied Psycholinguistics, 1991 (3): 263-279.

[138] Hendriks H. Using nouns for reference maintenance: A seeming contradiction in L2 discourse [A]. In Ramat A G. (ed.). Typology and Second Language Acquisition [C]. Berlin: Mouton de Gruyter, 2002: 291-326.

[139] Hendriks H. et al. How adult English learners of French express caused motion: A comparison with English and French natives [J]. Acquisition et Interaction en Langue Etrangère, 2008 (1): 15-41.

[140] Hendriks H, Hickmann M. Expressing voluntary motion in a second language: English learners of French [A]. In Cook V., Bassetti B. (eds.). Language and Bilingual Cognition [C]. New York: Psychology Press, 2011: 315-339.

[141] Hendriks H, Hickmann M. Finding one's path into another language: On the expression of boundary crossing by English learners of French [J]. The Modern Language Journal, 2015 (S1): 14-31.

[142] Hickmann M. Discourse organization and the development of reference to person, space and time [A]. In Fletcher P., MacWhinney B. (eds.). Handbook of Child Language [C]. Oxford: Blackwell, 1995: 194-218.

[143] Hickmann M. Children's Discourse: Person, Space and Time Across Languages [M]. Cambridge: Cambridge University Press, 2002.

[144] Hickmann M, Hendriks H. Cohesion and anaphora in children's

narratives: A comparison of English, French, German and mandarin Chinese [J]. Journal of Child Language, 1999 (2): 419-452.

[145] Hickmann M, Hendrinks H. Typological constraints on the acquisition of spatial language in French and English [J]. Cognitive Linguistics, 2010 (2): 181-188.

[146] Huang Z. The effects of paper-based DDL on the acquisition of lexico-grammatical patterns in L2 writing [J]. ReCALL, 2014 (2): 163-183.

[147] Hulstijn J H. Theoretical and empirical issues in the study of implicit and explicit second language learning [J]. Studies in Second Language Acquisition, 2005 (1): 129-140.

[148] Hulstijn J H, De Graaff R. Under what conditions does explicit knowledge of a second language facilitate the acquisition of implicit knowledge? [J]. AILA Review, 1994 (11): 97-112.

[149] Hymes D. On communicative competence [A]. In Brumfit C., Johnson K. (eds.). The Communicative Approach to Language Teaching [C]. Oxford: Oxford University Press, 1972: 269-293.

[150] Ibarretxe-Antuñano I. Path salience in motion events [A]. In Guo J. et al. (eds.). Crosslinguistic Approach to the Psychology of Languages: Research in the Tradition of Dan Isaac Slobin [C]. New York: Psychology Press, 2009: 403-414.

[151] Ionin T. et al. Article semantics in L2 acquisition: The role of specificity [J]. Language Acquisition, 2004 (1): 3-69.

[152] Izumi S. Output, input enhancement, and the noticing hypothesis: An experimental study of ESL relativization [J]. Studies in Second Language Acquisition, 2002 (4): 541-577.

[153] Izumi S. Visual input enhancement as focus on form [J]. Sophia Linguistica, 2003 (4): 1-30.

[154] Jacob N. The effects of data-driven learning upon vocabulary

acquisition for secondary international school students in Vietnam [J]. European Association for Computer Assisted Language Learning, 2016 (2): 166-186.

[155] Jahan A, Kormos J. The impact of textual enhancement on EFL learners' grammatical awareness of future plans and intentions [J]. International Journal of Applied Linguistics, 2015 (1): 46-66.

[156] Jarvis S. Clarifying the scope of conceptual transfer [J]. Language Learning, 2016 (3): 608-635.

[157] Jarvis S, Pavlenko A. Cross-linguistic Influence in Language and Cognition [M]. New York: Routledge, 2008.

[158] Ji Y. The Expression of Voluntary and Caused Motion Events in Chinese and in English: Typological and Developmental Perspectives [D]. Unpublished doctoral dissertation, University of Cambridge, 2009.

[159] Ji Y. Cognitive representation of spontaneous motion in a second language: An exploration of Chinese learners of English [J]. Frontiers in Psychology, 2019 (10): 2706.

[160] Ji Y. et al. Children's expression of voluntary motion events in English and Chinese [J]. Journal of Foreign Languages, 2011a (4): 2-20.

[161] Ji Y. et al. The expressions of caused motion events in Chinese and in English: Some typological issues [J]. Linguistics, 2011b (5): 1041-1076.

[162] Ji Y. et al. How children express caused motion events in Chinese and English: Universal and language-specific influences [J]. Lingua, 2011c (12): 1796-1819.

[163] Jin H G. Topic-prominence and subject-prominence in L2 acquisition: Evidence of English-to-Chinese typology transfer [J]. Language Learning, 1994 (1): 101-122.

[164] Johns T. From printout to handout: Grammar and vocabulary

teaching in the context of data-driven learning [J] . CALL Austria, 1990 (1): 14-34.

[165] Johns T. "Should you be persuaded": Two samples of data-driven learning materials [J]. ELR Journal, 1991 (4): 1-16.

[166] Johnson K E. Second Language Teacher Education: A Sociocultural Perspective [M]. New York: Routledge, 2009.

[167] Johnson M. The Body in the Mind: The Bodily Basis of Meaning, Imagination and Reason [M]. Chicago: University of Chicago Press, 1987.

[168] Jourdenais R. et al. Does textual enhancement promote noticing? A think-aloud protocol analysis [A]. In Schmidt R. (ed.) . Attention and Awareness in Foreign Language Learning [C]. Honolulu, HI: University of Hawaii Press, 1995: 183-216.

[169] Kaltenböck G, Mehlmauer-Larcher B. Computer corpora and the language classroom: On the potential and limitations of computer corpora in language teaching [J]. ReCALL, 2005 (1): 65-84.

[170] Kang JY. Telling a coherent story in a foreign language: Analysis of Korean EFL learners' referential strategies in oral narrative discourse [J]. Journal of Pragmatics, 2004 (36): 1975-1990.

[171] Kang J Y. Referencing in a second language: Korean EFL learners' cohesive use of references in written narrative discourse [J]. Discourse Processes, 2009 (46): 439-466.

[172] Karmiloff-Smith A. The grammatical marking of thematic structure in the development of language production [A]. In Deutsch W. (ed.) . The Child's Construction of Language [C]. New York: Academic Press, 1981: 121-148.

[173] Kecskes I, Cuenca I M. Lexical choice as a reflection of conceptual fluency [J]. International Journal of Bilingualism, 2005 (1): 49-67.

[174] KecskesI, Papp T. Foreign Language and Mother Tongue [M].

Mahwah，NJ：Lawrence Ebaum Associates，2000.

[175] Kellerman E. Crosslinguistic influence：Transfer to nowhere? [J]. Annual Review of Applied Linguistics，1995 (1)：125-150.

[176] Kellerman E，Hoof A M. Manual accents [J]. International Review of Applied Linguistics，2003 (2)：251-269.

[177] Kersten A W. et al. English speakers attend more strongly than Spanish speakers to manner of motion when classifying novel objects and events [J]. Journal of Experimental Psychology，2010 (139)：638-653.

[178] Kim J，Nam H. Measures of implicit knowledge revisited [J]. Studies in Second Language Acquisition，2016 (1)：1-27.

[179] Kim Y. et al. A measure of proficiency or short-term memory? Validation of an elicited imitation test for SLA research [J]. The Modern Language Journal，2016 (3)：655-673.

[180] Kuiken F，Vedder I. Speaking and writing tasks and their effects on second language performance [A]. In Gass S.，Mackey A. (eds.). The Routledge Handbook of Second Language Acquisition [C]. London：Routledge，2012：364-378.

[181] Küntay A. Development of the expression of indefiniteness：Presenting new referents in Turkish picture-series stories [J]. Discourse Processes，2002 (1)：77-101.

[182] Lai W. Concept-based foreign language pedagogy：Teaching the Chinese Temporal System [D]. Unpublished doctoral dissertation，The Pennsylvania States University，2011.

[183] Lakoff G，Johnson M. Metaphors We Live by [M]. Chicago / London：University of Chicago Press，1980.

[184] Langacker R W. Cognitive Grammar：A Basic Introduction [M]. Oxford：Oxford University Press，2008.

[185] Lantolf J P. Sociocultural Theory and Second Language Learning [M]. Oxford：Oxford University press，2000.

[186] Lantolf J P. Sociocultural theory and second language learning：State of the art [J]. Studies in Second Language Acquisition，2006 (1)：67-109.

[187] Lantolf J P. The sociocultural approach to second language acquisition：Sociocultural theory，second language acquisition，and artificial L2 development [A]. In Atkinson D. (ed.) . Alternative Approaches to Second Language Acquisition [C]. New York，NY：Routledge，2011：24-47.

[188] Lantolf J P，Thorne S L. Sociocultural Theory and the Genesis of Second Language Development [M]. Oxford：Oxford University Press，2006.

[189] Lapkin S. et al. French as a second language university students learn the grammatical concept of voice：A study design，materials development and pilot data [A]. In Lantolf J P.，Poehner M E. (eds.) . Sociocultural Theory and the Teaching of Second Languages [C]. London：Equinox Publishing，2008：228-55.

[190] Larranaga P. et al. L1 transfer in the acquisition of manner and path in Spanish by native speakers of English [J]. International Journal of Bilingualism，2011 (1)：1-22.

[191] Larsen-Freeman D. Research into practice：Grammar learning and teaching [J]. Language Teaching，2015 (2)：263-280.

[192] Leclercq P，Lenart E. Discourse cohesion and accessibility of referents in oral narratives：A comparison of L1 and L2 acquisition of French and English [J]. Discours：Revue de Linguistique，Psycholinguistique et Informatique，2013 (1)：3-31.

[193] Lee H. Concept-based Approach to Second Language Teaching and Learning：Cognitive Lingustics-inspired Instruction of English Phrasal Verbs [D]. Unpublished doctoral dissertation，The Pennsylvania States University，2012.

[194] Lee K K，Huang H T. Visual input enhancement and grammar

learning：A meta-analytic review [J]. Studies of Second Language Acquisition，2008 (2)：307-331.

[195] Lee P，Lin H. The effect of the inductive and deductive data-driven learning (DDL) on vocabulary acquisition and retention [J]. System，2019 (1)：14-25.

[196] Lee S. Effects of textual enhancement and topic familiarity on Korean EFL students' reading comprehension and learning of passive form [J]. Language Learning，2007 (1)：87-118.

[197] Leech G. Teaching and language corpora：A convergence [A]. In Wickmann A. (eds.). Teaching and Language Corpora [C]. London：Longman，1997：1-23.

[198] Leow R. The effects of input enhancement and text length on adult L2 readers' comprehension and intake in second language acquisition [J]. Applied Language Learning，1997 (2)：151-182.

[199] Leow R. Do learners notice enhanced forms while interacting with the L2? An on-line and off-line study of the role of written input enhancement in L2 reading [J]. Hispania，2001 (4)：496-509.

[200] Leow R. et al. The roles of textual enhancement and type of linguistic item in adult L2 learners' comprehension and intake [J]. Applied Language Learning，2003 (2)：1-16.

[201] Levelt W. J. M. Speaking：From Intention to Articulation [M]. Cambridge，MA：MIT Press，1989.

[202] Lightbown P M. The importance of timing in focus on form [A]. In Doughty C.，Williams J. (eds.). Focus on Form in Classroom Second Language Acquisition [C]. Cambridge：Cambridge University Press，2005：177-196.

[203] Lin M H，Lee J Y. Data-driven learning：Changing the teaching of grammar in EFL classes [J]. ELT Journal，2015 (2)：16-22.

[204] Liu D，Gleason J L. Acquisition of the article the by nonnative speakers of English. An analysis of four non-generic uses [J].

Studies in Second Language Acquisition，2002（1）：1-26.

[205] Long M H，Robinson P. Focus on form：Theory，research，and practice [A]. In Doughty C.，Williams J.（eds.）. Focus on Form in Classroom Second Language Acquisition [C]. New York，NY：Cambridge University Press，1998：15-42.

[206] Lu F C. The acquisition of English articles by Chinese learners [J]. Second Language Studies，2001（1）：43-78.

[207] Lucy J. Grammatical Categories and Cognition：A Case Study of the Linguistic Relativity Hypothesis [M]. Cambridge：Cambridge University Press，1992.

[208] Lucy J. Language Diversity and Thought. A Reformulation of the Linguistic Relativity Hypothesis [M]. Cambridge：Cambridge University Press，1992.

[209] Lucy J. Linguistic relativity [J]. Annual Review of Anthropology，1997（1）：291-312.

[210] Lumley J R. Pragmatic perspectives on the second language acquisition of person reference in Japanese：A longitudinal study [D]. Unpublished doctoral dissertation，Newcastle University，Newcastle，UK，2013.

[211] Lupyan G. et al. Categorization is modulated by transcranial direct current stimulation over left prefrontal cortex [J]. Cognition，2012（1）：36-49.

[212] Lyons J. Semantics [M]. New York：Cambridge University Press，1977.

[213] Mackey A，Gass S. Second Language Research：Methodology and Design [M]. Mahwah，New Jersey：Lawrence Erlbaum，2005.

[214] MacWhinny B. The CHILDES Project：Tools for Analyzing Talk [M]. NJ：Lawrence Erlbaum Associates，2000.

[215] Malt B，Sloman S. Linguistic diversity and object naming by non-native speakers of English [J]. Bilingualism：Language and

Cognition, 2003 (6): 47-67.

[216] Master P. Consciousness raising and article pedagogy [A]. In Belcher D., Braine G. (eds.). Academic Writing in Second Language: Essays on Research and Pedagogy [C]. Norwood, NJ: Ablex, 1995: 183-204.

[217] Master P. The English article system: Acquisition, function, and pedagogy [J]. System, 1997 (2): 215-232.

[218] Mayer M. Frog, Where Are You? [M]. New York: Dial Press, 1969.

[219] McNeill D, Duncan S D. Growth points in thinking-for-speaking [J]. In McNeill D. (ed.). Language and Gesture [C]. Cambridge: Cambridge University Press, 2000: 141-161.

[220] Mizumoto A. et al. Development of a scale to measure learners' perceived preferences and benefits of data-driven learning [J]. ReCALL, 2016 (1): 227-246.

[221] Murphy G. The Big Book of Concepts [M]. Cambridge, MA: MIT Press, 2002.

[222] Mystkowska-Wiertelak A. Reconstructive elicited imitation as a tool for measuring implicit L2 knowledge [A]. In Pawlak M. (ed.). Extending the Boundaries of Research on Second Language Learning and Teaching [C]. Berlin: Springer, 2011: 301-315.

[223] Nakahama Y. Cross-linguistic influence on referent introduction and tracking in Japanese as a second language [J]. The Modern Language Journal, 2009 (2): 241-260.

[224] Navarro S, Nicoladis E. Describing motion events in adult L2 Spanish narratives [A]. In Eddington D. (ed.). Selected Proceedings of the 6th Conference on the Acquisition of Spanish and Portuguese as First and Second Languages [C]. Somerville, MA: Cascadilla Proceedings Project, 2005: 102-107.

[225] Negeruela E. A sociocultural approach to the teaching-learning of

second languages: Systemic-theoretical instruction and L2 development [D]. Unpublished doctoral dissertation, The Pennsylvania State University, 2003.

[226] Negueruela E. Revolutionary pedagogies: Learning that leads (to) second language development [A]. In Lantolf J P., Poehner M E. (eds.). Sociocultural Theory and the Teaching of Second Languages [C]. London: Equinox Publishing, 2008: 189-227.

[227] Negueruela E. et al. The "private function" of gesture in second language speaking activity: A study of motion verbs and gesturing in English and Spanish [J]. International Journal of Applied Linguistics, 2004 (1): 113-147.

[228] Negueruela E, Lantolf J P. Concept-based pedagogy and the acquisition of L2 Spanish [A]. In Salaberry R., Lafford B A. (eds.). The Art of Teaching Spanish: Second Language Acquisition from Research to Practice [C]. Washington D. C.: Georgetown University Press, 2006: 79-102.

[229] Ng C W, Zhao H. Concept-based instruction on English past perfect [J]. Journal of Second and Multiple Language Acquisition, 2017 (3): 84-98.

[230] Nicholas A. A concept-based approach to teaching speech acts in the EFL classroom [J]. ELT Journal, 2015 (4): 383-394.

[231] Norris J, Ortega L. Effectiveness of L2 instruction: A research synthesis and meta-analysis [J]. Language Learning, 2000 (3): 417-528.

[232] Nozaki S. Japanese Lexicalization Patterns of Motion Events and its Acquisition by Advanced-Level English-speaking Learners of Japanese [D]. Unpublished doctoral dissertation, The Ohio State University, 2019.

[233] Oliveira D. The role of input processing in the acquisition of motion events with double particles in L2 German [D]. Unpublished doctoral

dissertation, University of Minho, 2018.

[234] Overstreet M. Text enhancement and content familiarity: The focus of learner attention [J]. Spanish Applied Linguistics, 1998 (2): 229-258.

[235] Papafragou A. et al. Shake, rattle, "n" roll: The representation of motion in language and cognition [J]. Cognition, 2002 (2): 189-219.

[236] Papafragou A. et al. Does language guide event perception? Evidence from eye movements [J]. Cognition, 2008 (1): 155-184.

[237] Park H I. How do speakers of different languages differ in the encoding of complex motion events? [J]. Linguistic Research, 2020 (1): 95-120.

[238] Park H I. et al. Exploring motion event construal: How much attention do speakers of different languages and cultures pay to context? [J]. Lingua, 2022 (265): 103164.

[239] Pavlenko A. Bilingualism and emotions [J]. Multilingua, 2002 (1): 45-78.

[240] Pavlenko A. Emotions and Multilingualism [M]. Cambridge, MA: Cambridge University Press, 2005.

[241] Pavlenko A. Conceptual representation in the bilingual lexicon and second language vocabulary learning [A]. In Pavlenko A. (ed.). The Bilingual Mental Lexicon: Interdisciplinary Approaches [C]. Clevedon, UK: Multilingual Matters, 2009: 125-160.

[242] Pavlenko A. Thinking and speaking in two languages [C]. Bristol/Buffalo/Toronto: Multilingual Matters, 2011.

[243] Pavlenko A. The Bilingual Mind and What it Tells Us about Language and Thought [M]. Cambridge: Cambridge University Press, 2014.

[244] Pavlenko A, Driagina V. Russian emotion vocabulary in American learners' narratives [J]. The Modern Language Journal, 2007 (2):

213-234.

［245］Pavlenko A，Malt B. Kitchen Russian：Cross-linguistic differences and first-language object naming by Russian-English bilinguals ［J］. Bilingualism：Language and Cognition，2011（1）：19-45.

［246］Pavlenko A，Volynsky M. Motion encoding in Russian and English：Moving beyond Talmy's typology ［J］. The Modern Language Journal，2015（S1）：32-48.

［247］Purpura J. Assessing Grammar ［M］. Oxford：OUP，2004.

［248］Qin J，Zhang Y.（Under review）Pre-task planning and discourse cohesion：Analysis of Chinese EFL learners' referential use in oral narratives ［J］. Language Teaching Research，2019. Retrieved at https：//journals. sagepub. com/doi/10. 1177/ 1362168819883896 on April 19，2020.

［249］Quirk R. et al. A Comprehensive Grammar of the English Language ［M］. London：Longman，1985.

［250］Rebuschat P. Measuring implicit and explicit knowledge in second language research ［J］. Language Learning，2013（3）：595-626.

［251］Rebuschat P. Implicit and explicit learning of languages ［C］. Amsterdam：John Benjamins，2015.

［252］Regier T，Kay P. Language，thought，and color：Whorf was half right ［J］. Trends in Cognitive Sciences，2009（10）：439-446.

［253］Richards J C，Schmidt R.（eds.）. Longman dictionary of language teaching and applied linguistics（Fourth edition） ［Z］. London：Longman，2010.

［254］Rieber R. The collected works of L. S. Vygotsky ［C］. New York / London：Plenum Press，1987.

［255］Robertson D. Variability in the use of the English article system by Chinese learners of English ［J］. Second Language Research，2000（2）：135-172.

［256］Robinson P，Ellis N C. Handbook of cognitive linguistics and second language acquisition [C]. New York / London: Routledge, 2008.

[257] Ryan J. Acts of Reference and the Miscommunication of Referents by First and Second Language Speakers of English [D]. Unpublished doctoral dissertation, University of Waikato, Hamilton, New Zealand, 2012.

[258] Ryan J. Overexplicit referent tracking in L2 English: Strategy, avoidance, or myth? [J]. Language Learning, 2015 (4): 824-859.

[259] Sáez N. Rethinking for second language speaking [J]. Teachers College, Columbia University Working Papers in TESOL & Applied Linguistics, 2015 (2): 1-21.

[260] Sanz C, Morgan-Short K. Positive evidence versus explicit rule presentation and explicit negative feedback: A computer-assisted study [J]. Language Learning, 2004 (1): 35-78.

[261] Sarandi H. Reexamining elicited imitation as a measure of implicit grammatical knowledge and beyond...? [J]. Language Testing, 2015 (4): 1-17.

[262] Schmidt R. Consciousness and foreign language learning: A tutorial on the role of attention and awareness in learning [A]. In Schmidt R. (ed.). Attention and Awareness in Foreign Language Learning [C]. Honolulu, HI: University of Hawaii Press, 1995: 1-63.

[263] Schmidt R. Attention [A]. In Robinson P. (ed.). Cognition and Second Language Instruction [C]. Cambridge: Cambridge University Press, 2001: 3-32.

[264] Schmiedtová B. Do L2 speakers think in the L1 when speaking in the L2? [J]. Vigo International Journal of Applied Linguistics, 2011 (8): 139-179.

[265] Schmiedtová B. Traces of L1 patterns in the event construal of Czech advanced speakers of L2 English and L2 German [J]. International Review of Applied Linguistics in Language Teaching, 2013 (2): 87-116.

[266] Scott V M. An empirical study of explicit and implicit teaching strategies in French [J]. The Modern Language Journal, 1989 (1): 14-22.

[267] Scott V M. Explicit and implicit grammar teaching strategies: New empirical data [J]. The French Review, 1990 (5): 779-786.

[268] Serratrice L. Referential cohesion in the narratives of bilingual English-Italian children and monolingual peers [J]. Journal of Pragmatics, 2007 (6): 1058-1087.

[269] Shapiro A, Milkes A. Skilled readers make better use of anaphora: A study of the repeated-name penalty on text comprehension [J]. Electronic Journal of Research in Educational Psychology, 2004 (2): 161-180.

[270] Shook D J. FL/L2 reading, grammatical information, and the input-to-intake phenomenon [J]. Applied Language Learning, 1994 (4): 57-93.

[271] Simard D. Differential effects of textual enhancement formats on intake [J]. System, 2009 (3): 124-135.

[272] Sinclair J M. Corpus, concordance, collocation [C]. Oxford: Oxford University Press, 1991.

[273] SlobinD I. Thinking for speaking [J]. Proceedings of the Thirteenth Annual Meeting of the Berkeley Linguistics Society, 1987 (13): 435-445.

[274] Slobin D I. Learning to think for speaking: Native language, cognition, and rhetorical style [J]. Pragmatics, 1991 (1): 7-26.

[275] Slobin D I. Passives and alternatives in children's narratives in English, Spanish, German, and Turkish [A]. In Fox B., Hopper P. (eds.). Voice: Form and Function [C]. Amsterdam/Philadelphia: John Benjamins, 1994: 341-364.

[276] Slobin D I. From "thought and language" to "thinking for speaking" [A]. In Gumperz J., Levinson S. (eds.). Rethinking Linguistic

Relativity-Studies in the Social and Cultural Foundations of Language [C]. Cambridge: Cambridge University Press, 1996a: 70-96.

[277] Slobin D I. Two ways to travel: Verbs of motion in English and Spanish [A]. In Shibatani M., Thompson S A. (eds.). Grammatical Constructions: Their Form and Meaning [C]. Oxford: Clarendon Press, 1996b: 195-220.

[278] Slobin D I. Mind, code, and text [A]. In Bybee J., Haiman J. Thompson S A. (eds.). Essays on Language, Function and Language Type: Dedicated to T. Givo'n [C]. Amsterdam: John Benjamins, 1997: 437-467.

[279] Slobin D I. Verbalized events: A dynamic approach to linguistic relativity and determinism [A]. In Niemeier S., Dirven R. (eds.). Evidence for Linguistic Relativity [C]. Berlin: Mouton de Gruyter, 2000: 107-138.

[280] Slobin D I. Language and thought online: Cognitive consequences of linguistic relativity [A]. In Gentner D., Goldin-Meadow S. (eds.). Advances in the Investigation of Language and Thought [C]. Cambridge, MA: MIT Press, 2002: 157-191.

[281] Slobin D I. Language and thought online: Cognitive consequences of linguistic relativity [A]. In Gentner D., Goldin-Meadow S. (eds.). Language in Mind: Advances in the Investigation of Language and Thought [C]. Cambridge: MIT Press, 2003: 157-191.

[282] Slobin D I. Many ways to search for a frog: Linguistic typology and the expression of Motion events [A]. In Strömqvist S., Verhoeven L. (eds.). Relating Events in Narrative: Typological and Contextual Perspectives [C]. Mahwah, NJ: Lawrence Erlbaum Associates, 2004: 219-257.

[283] Smart J. The role of guided induction in paper-based data-driven learning [J]. ReCALL, 2014 (1): 184-201.

[284] Spada N. et al. Validating an elicited imitation task as a measure of

implicit knowledge: Comparisons with other validation studies [J]. Language Learning, 2015 (3): 723-751.

[285] Spada N, Tomita Y. Interactions between type of instruction and type of language feature: A meta-analysis [J]. Language Learning, 2010 (2): 263-308.

[286] Stam G. Changes in patterns of thinking about motion with L2 acquisition [A]. In Santi S. et al. (eds.). Oralité et Gestualité: Communication, Multimodale, Interaction [C]. Paris: L'Harmattan, 1998: 615-619.

[287] Stam G. Thinking for speaking about motion: L1 and L2 speech and gesture [J]. IRAL, 2006 (2): 145-171.

[288] Stam G. What gestures reveal about second language acquisition [A]. In McCafferty S., Stam G. (eds.). Gesture: Second Language Acquisition and Classroom Research [C]. New York: Routledge, 2008: 231-255.

[289] Stam G. Can an L2 speaker's patterns of Thinking for Speaking change? [A]. In Han Z H., Cadierno T. (eds.). Linguistic Relativity in SLA: Thinking for Speaking [C]. Clevedon: Multilingual Matters, 2010: 59-83.

[290] Stepanova Sachs O, Coley J. Envy and jealousy in Russian and English: Labeling and conceptualization of emotions by monolinguals and bilinguals [A]. In Pavlenko A. (ed.). Bilingual Minds: Emotional Experience, Expression, and Representation [C]. Clevedon: Multilingual Matters, 2006: 208-231.

[291] Strömqvist S, Verhoeven L. Relating events in narrative: Typological and contextual perspectives [C]. Mahwah, NJ: Erlbaum, 2004.

[292] Suzuki Y. Using New Measures of Implicit L2 Knowledge to Study the Interface of Explicit and Implicit Knowledge [D]. Unpublished doctoral dissertation, University of Maryland, 2015.

[293] Suzuki Y, DeKeyser R. Comparing elicited imitation and word monitoring as measures of implicit knowledge [J]. Language Learning, 2015 (4): 860-895.

[294] Swain M. et al. Languaging: University students learn the grammatical concept of voice in French [J]. The Modern Language Journal, 2009 (1): 5-29.

[295] Talmy L. Lexicalization patterns: Semantic structure in lexical Forms [A]. In Shopen T. (ed.). Language Typology and Syntactic Description Ⅲ: Grammatical Categories and the Lexicon [C]. Cambridge: Cambridge University Press, 1985: 36-149.

[296] Talmy L. Paths to realization: A typology of event conflation [J]. Proceedings of the Seventeenth Meeting of the Berkeley Linguistics Society, 1991 (17): 480-519.

[297] Talmy L. Toward a Cognitive Semantics: Vol. Ⅱ: Typology and Process in Concept Structuring [M]. Cambridge, MA: MIT Press, 2000.

[298] Tao L, Healy A F. Zero anaphora: Transfer of reference tracking strategies from Chinese to English [J]. Journal of Psycholinguistic Research, 2005 (2): 99-131.

[299] Tarone E. Variability in interlanguage use: A study of style-shifting in morphology and syntax [J]. Language Learning, 1985 (3): 373-404.

[300] Tarone E, Parrish B. Task-related variation in interlanguage: The case of articles [J]. Language Learning, 1988 (1): 21-43.

[301] Tomlin R S. Functionalism in second language acquisition [J]. Studies in Second Language Acquisition, 1990 (2): 155-177.

[302] Toratani K. The L2 acquisition of Japanese motion event descriptions by L1 English speakers: An exploratory study [A]. In Kabata K., Toratani K. (eds.). Cognitive-functional Approaches to the Study of Japanese as a Second Language [C]. Boston/Berlin: Walter de

Gruyter，2016：237-274.

[303] Treffers-Daller J. Thinking for speaking and linguistic relativity among bilinguals：Towards a new research agenda [J]. Language，Interaction and Acquisition，2012（2）：288-300.

[304] Treffers-Daller J，Calude A. The role of statistical learning in the acquisition of motion event construal in a second language [J]. International Journal of Bilingual Education and Bilingualism，2015（5）：602-623.

[305] Treffers-Daller J，Tidball F. Can L2 learners learn new ways to conceptualise events? Evidence from motion event construal among English-speaking learners of French [A]. In Guijarro-Fuentes P. et al.（eds.）. The Acquisition of French in Multilingual Contexts [C]. Bristol：Multilingual Matters，2015：145-184.

[306] Twyman T. et al. Effects of concept-based instruction on an English language learner in a rural school：A description case study [J]. Bilingual Research Journal，2003（2）：259-274.

[307] Ungerer F，Schmid H J. An Introduction to Cognitive Linguistics [M]. Beijing：Foreign Language Teaching and Research Press，1996.

[308] van Compernolle R A. Developing second language sociopragmatic knowledge through concept-based instruction：A microgenetic case study [J]. Journal of Pragmatics，2011（43）：3267-3283.

[309] van Compernolle R A，Henery A. Learning to do concept-based pragmatics instruction：Teacher development and L2 pedagogical content knowledge [J]. Language Teaching Research，2015（3）：351-372.

[310] VanPatten B. Processing instruction：An update [J]. Language Learning，2002（4）：755-803.

[311] VanPatten B. Input processing in second language acquisition [A]. In VanPatten B.（ed.）. Processing Instruction：Theory，

Research, and Commentary [C]. Mahwah, NJ: Lawrence Erlbaum and Associates, 2004: 5-31.

[312] Vinther T. Elicited imitation: A brief overview [J]. International Journal of Applied Linguistics, 2002, 12 (1): 54-73.

[313] von Stutterheim C. Linguistic structure and information organisation: The case of very advanced learners [J]. Eurosla Yearbook, 2003 (3): 183-206.

[314] von Stutterheim C. et al. How grammaticized concepts shape event conceptualization in language production: Insights from linguistic analysis, eye tracking data, and memory performance [J]. Linguistics, 2012 (5): 833-867.

[315] Vyatkina N. Data-driven learning for beginners: The case of German verb-preposition collocations [J]. ReCALL, 2016 (2): 207-226.

[316] Wątorek M. Conceptualisation et représentation linguistique de l'espace en italien et en français, langue maternelle et langue étrangère [D]. Unpublished doctoral dissertation, University of Paris Ⅷ, 1996.

[317] Wen Q F. The production-oriented approach to teaching university students English in China [J]. Language Teaching, 2018 (4): 526-540.

[318] White J. An Input Enhancement Study with ESL Children: Effects on the Acquisition of Possessive Determiners [D]. Unpublished doctoral dissertation, McGill University, 1996.

[319] Whorf B L. Language, Thought and Reality [M]. Cambridge, MA: MIT Press, 1956.

[320] Williams J. Zero anaphora in second language acquisition [J]. Studies in Second Language Acquisition, 1988 (3): 339-370.

[321] Williams J N. Implicit learning in second language acquisition [A]. In Ritchie W C., Bhatia T K. (eds.). The New Handbook of Second Language Acquisition [C]. Bingley, UK: Emerald

Publishing Ltd，2009：319-353.

[322] Williams L. Authenticity and pedagogical grammar：A concept-based approach to teaching French auxiliary verbs [A]. In van Compernolle R A.，McGregor J.（eds.）. Authenticity，Language，and Interaction in Second Language Contexts [C]. Bristol：Multilingual Matters，2016：35-60.

[323] Williams L. Task-based language teaching and concept-based instruction [A]. In. Ahmadian M J.，Garcia Mayo M. P.（eds.）. Recent Perspectives on Task-Based Language Learning and Teaching [C]. Boston/Berlin：Walter de Gruyter，2018：121-141.

[324] Williams L. et al. Using concept-based instruction in the L2 classroom：Perspectives from current and future language teachers [J]. Language Teaching Research，2013（3）：363-381.

[325] Winawer J. et al. Russian blues reveal effects of language on colour discrimination [J]. Proceedings of the National Academy of Sciences，2007（19）：7780-7785.

[326] Winke P. The effects of input enhancement on grammar learning and comprehension [J]. Studies in Second Language Acquisition，2013（2）：323-352.

[327] Wolff P，Ventura T. When Russians learn English：How the semantics of causation may change [J]. Bilingualism：Language and Cognition，2009（2）：153-176.

[328] Wong B，Quek S. Acquisition of the English definite article by Chinese and Malay ESL learners [J]. Electronic Journal of Foreign Language Teaching，2007（2）：210-234.

[329] Wong W. Textual enhancement and simplified input：Effects on L2 comprehension and acquisition of non-meaningful grammatical form [J]. Applied Language Learning，2003（2）：17-45.

[330] Wu S L，Ortega L. Measuring global oral proficiency in SLA research：A new elicited imitation test of L2 Chinese [J]. Foreign

Language Annals, 2013 (4): 680-704.

[331] Yoon H, Jo J W. Direct and indirect access to corpora: An exploratory case study comparing students' error correction and learning strategy use in L2 writing [J]. Language Learning & Technology, 2014 (2): 96-117.

[332] Yoshioka K. Gesture and information structure in first and second language [J]. Gesture, 2008 (8): 236-255.

[333] Zegarac V. Relevance theory and the in second language acquisition [J]. Second Language Research, 2004 (3): 193-211.

[334] Zhang R. Measuring university-level L2 learners' implicit and explicit linguistic knowledge [J]. Studies in Second Language Acquisition, 2015 (3): 457-486.

附录 1
人物指称部分标注语料（学习者）

English Frog Stories — Advanced Learners

1

The little boy 〈I，ide，defN〉 and his dog 〈I，ide，posN〉，are looking at the frog 〈I，ide，defN〉 he 〈R，ref，perP〉 has in the jar. It looks，it 〈M，ref，perP〉 's happy. And he 〈M，ref，perP〉 goes to sleep. And the frog 〈R，ide，defN〉，he 〈M，ref，perP〉 's climbing out of the jar. They 〈R，ref，perP〉 wake up the next morning. And he 〈R，ref，perP〉 's looking for his frog 〈R，ide，posN〉 and he 〈M，ref，perP〉 's not there. And he 〈R，ref，perP〉 gets，he 〈M，ref，perP〉 's really upset，looks like he 〈M，ref，perP〉 's about to cry. And then he 〈M，ref，perP〉 looks everywhere，〈M，ref，0〉 looks in his boots. The dog 〈R，ide，defN〉 looks in the jar，〈M，ref，0〉 calls out the window，and they 〈R，ref，perP〉 look everywhere. The dog 〈R，ide，defN〉 helps him 〈R，ref，perP〉，looks like he 〈M，ref，perP〉 's getting mad at his dog 〈R，ide，posN〉 over here. And they 〈R，ref，perP〉 go call in the woods. And the dog 〈R，ide，defN〉 is looking in a beehive for it 〈R，ref，perP〉，or at a beehive. The boy 〈R，ide，defN〉 was looking in a molehole. And then a mole 〈I，ind，indA〉 comes out. And then the beehive falls down. The dog 〈R，ide，defN〉，he 〈M，ref，perP〉 probably knocked it down and then he 〈M，ref，perP〉 jumped. And the little boy 〈R，ide，defN〉 is looking in the tree trunk for the frog 〈R，ide， defN〉. And then all 〈I，ind，indP〉 the bees 〈M，ide，defN〉 start chasing the dog 〈R，ide，defN〉 who 〈M，ref，relP〉 runs away. And this owl 〈I，ide，demN〉 comes out. The boy 〈R，ide，defN〉 falls. And then，he 〈M，ref，perP〉 climbs a rock，〈M，ref，0〉 climbs to the top of the rock. And he 〈M，ref，perP〉 screams for the frog 〈R，ide，defN〉 again，〈M，ref，0〉 calls for the frog 〈R，ide，defN〉. And then，he 〈M，ref，perP〉 gets stuck in a reindeer 〈I，ind，indA〉 's antlers，head. And the reindeer 〈M，ide，defN〉 takes off on him 〈R，ref，perP〉. And they 〈R，ref，perP〉 go over to a cliff. The boy 〈R，ide，defN〉 falls into a little pond with his dog 〈R，ide，posN〉. And then you see a log. And he 〈M，ref，perP〉 hears something and 〈M，ref，0〉 tells his dog 〈R，ide，posN〉 cause he 〈M，ref，perP〉 senses it's going to be the frogs 〈R，ide，defN〉. And he 〈M，ref，perP〉 doesn't want to scare them 〈M，ref，perP〉. And he 〈R，ref，perP〉 looks over. And there's a whole family of little frogs 〈I，ind，indN〉. And he 〈R，ref，perP〉 's all happy. He 〈M，ref，perP〉 's found his frogs 〈R，ide，posN〉，and then he 〈R，ref，perP〉 picks up the frog 〈R，ide，defN〉. And he 〈M，ref，perP〉 waves hello to the rest of the frogs 〈R，ide，defN〉 cause he 〈M，ref，perP〉 's taking his frog 〈R，ide，posN〉 back.

2

This is a story of a little kid 〈I，ind，indA〉. Before he 〈M，ref，perP〉 goes to bed one night，he 〈M，ref，perP〉 looks in this jar. And he 〈M，ref，perP〉 's checking out his frog 〈I，ide，posN〉. And his dog 〈I，ide，posN〉 is there，and they 〈R，ref，perP〉 both check out the frog 〈R，ide，defN〉. Then they 〈R，ref，perP〉 both go to sleep. And the frog 〈R，ide，defN〉 unbenownst to the two sleeping people 〈R，ind，indN〉 in the bed. And the frog 〈R，ide，defN〉 crawls out of the jar. The next morning，the boy 〈R，ide，defN〉 and the dog 〈R，ide，defN〉 wake up and 〈R，ref，0〉 find the empty jar. The boy 〈R，ide，defN〉 looks in his boots，while the dog 〈R，ide，defN〉 looks in the jar for the frog 〈R，ide，defN〉. They

〈R，ref，perP〉 look out the window for the frog 〈R，ide，defN〉 . The dog 〈R，ide，defN〉 falls out the window，〈M，ref，0〉 breaks the jar. The kid 〈R，ide，defN〉 goes down out the window as well，〈M，ref，0〉 picks up the dog 〈R，ide，defN〉 . The dog 〈M，ide，defN〉 's happily rescued from having his head stuck in the jar. But the kid 〈R，ide，defN〉 's a little angry，probably cause he 〈M，ref，perP〉 's lost his jar and his frog 〈R，ide，posN〉 . The little boy 〈R，ide，defN〉 and the dog 〈R，ide，defN〉 go outside，〈R，ref，0〉 looking for the frog 〈R，ide，defN〉 . The boy 〈R，ide，defN〉 is calling for the frog 〈R，ide，defN〉，and the dog 〈R，ide，defN〉 is sniffing for the frog 〈R，ide，defN〉 . But actually the dog 〈M，ide，defN〉 is sniffing at a trail of bees 〈I，ind，indN〉 coming out of a beehive. The boy 〈R，ide，defN〉 is looking down a hole to see if the frog 〈R，ide，defN〉 is in the hole. And the dog 〈R，ide，defN〉 is intrigued by this beehive. The boy 〈R，ide，defN〉 gets his nose either bitten or sniffed at by some little animal 〈I，ind，indN〉 living in the hole. And the dog 〈R，ide，defN〉 is still intrigued with the beehive. Now，the beehive has been knocked down out of the tree by the dog 〈M，ide，defN〉 . And the bees 〈R，ide，defN〉 are intrigued with the dog 〈R，ide，defN〉 . While the boy 〈R，ide，defN〉 is sitting in a tree，〈M，ref，0〉 looking in the tree，〈M，ref，0〉 thinking maybe the lost frog 〈R，ide，defN〉 is there. At this point，an owl 〈I，ind，indA〉 pops out of the hole in the tree. And a bunch of bees 〈R，ind，indA〉 start following the dog 〈R，ide，defN〉，probably 〈R，ref，0〉 angry that the dog 〈R，ide，defN〉 has knocked their hive out of the tree. Now the boy 〈R，ide，defN〉 is running away from the owl 〈R，ide，defN〉 . And the boy 〈R，ide，defN〉 is climbing up on a rock. And now the owl 〈R，ide，defN〉 is gone for some reason. And the dog 〈R，ide，defN〉 is coming back. Looks like he 〈M，ref，perP〉 's either stunned or 〈M，ref，0〉 is just very frightened and ashamed that he 〈M，ref，perP〉 was outdone by the bees 〈R，ide，defN〉 . The owl 〈R，ide，defN〉 is looking at the boy 〈R，ide，defN〉 . And the boy 〈M，ide，defN〉 is calling for the frog 〈R， ide，defN〉. Now the boy 〈M，ide，defN〉 has been picked up by some antlered beast. Looks like a deer 〈I，ind，indA〉. And the deer 〈M，ide，defN〉 is running to a cliff. And the dog 〈R，ide，defN〉 is barking at the deer 〈R，ide，defN〉. This dog 〈R，ide，demN〉 is pretty useless. All he 〈M，ref，perP〉 does is cause trouble and bark at things. Now the deer 〈R，ide，defN〉 has thrown the boy 〈R，ide，defN〉 over the cliff into，it looks like they 〈R，ref，perP〉 're heading for a pond. And the dog 〈R，ide，defN〉 goes too as the dog 〈M，ide，defN〉 has throughout the entire story. And they 〈R，ref，perP〉 both fall in the water. Then they 〈M，ref，perP〉 sit up in the water and it seems like they 〈M，ref，perP〉 both hear something coming from behind the log. And the dog 〈R，ide，defN〉 is looking behind the log. And the boy 〈R，ide，defN〉 tells the dog 〈R，ide，defN〉 to be very quiet. And they 〈R，ref，perP〉 crawl over the log，and they 〈M，ref，perP〉 find on the other side of the log，two happy frogs 〈I，ind，indN〉. One 〈R，ind，indP〉 of which 〈M，ref，relP〉 was the frog 〈R，ide，defN〉 in the jar. And then they 〈R，ref，perP〉 see that there was not only two happy frogs 〈R，ind，indN〉 but there is an entire family of little frogs 〈I，ind，indA〉 there. And one would wonder what the gestation period is for frogs 〈R，ind，bare NP〉 and how come they 〈M，ref，perP〉 're so big when they 〈R，ref，perP〉 know they 〈M，ref，perP〉 have to go through a tadpole stage first. However，it seems that they 〈M，ref，perP〉 've raised this happy family 〈R，ide，demN〉 and maybe the boy 〈R，ide，defN〉 was looking for these frogs 〈R，ide，demN〉 for an entire six months to a year. Now the boy 〈R，ide，defN〉 grabs one 〈R，ind，indP〉 of the frogs 〈R，ide，defN〉 and 〈R，ref，0〉 leaves with his frog 〈R，ide，posN〉，〈M，ref，0〉 leaving the two big frogs 〈R，indN〉 and all 〈R，ind，indP〉 the tiny frogs 〈M，ide，defN〉. So it looks like he 〈R，ref，perP〉 has，no，taken away his big frog 〈R，ide，posN〉 that was in the jar. But he 〈M，ref，perP〉 has taken away one 〈R，ind，indP〉 of the sibling frogs 〈R，ide，defN〉，perhaps. ... one really can't tell.

3

There's a boy 〈I，ind，indA〉 and a dog 〈I，ind，indA〉 in a room. And they 〈R，ref，perP〉 're both looking at a frog 〈I，ind，indA〉 who 〈M，ref，relP〉 's inside of a jar. They 〈R，ref，perP〉 're both curious and the frog 〈R，ide，defN〉 seems to be happy. Eventually the boy 〈R，ide，defN〉 and dog 〈R，ide，defN〉 grow tired，and they 〈R，ref，perP〉 go to bed while the frog 〈R，ide，defN〉 is escaping from his jar right now. When the boy 〈R，ide，defN〉 and dog 〈R，ide，defN〉 wake up，they 〈R，ref，perP〉 realize that the frog 〈R，ide，defN〉 is gone. And they 〈R，ref，perP〉 're really shocked. The boy 〈R，ide，defN〉 and dog 〈R，ide，defN〉，they 〈R，ref，perP〉 look all over for the frog 〈R，ide，defN〉 . They 〈M，ref，perP〉 look off in the rooms，and they 〈M，ref，perP〉 can't seem to find the frog 〈R，ide，defN〉 . They 〈M，ref，perP〉，both the dog 〈R，ide，defN〉 and the boy 〈R，ide，defN〉，they 〈R，ref，perP〉，stick their head out the window，and they 〈M，ref，perP〉 start yelling for the frog 〈R，ide，defN〉. But the dog 〈R，ide，defN〉 has a jar on top of his head which was where the frog 〈R，ide，defN〉 was originally located. He 〈M，ref，perP〉 seems not to be so happy because he 〈M，ref，perP〉 can't seem to get the jar off. And it looks like he 〈M，ref，perP〉 's about to fall because his front two feet，his three feet are out the window. And the dog 〈R，ide，defN〉 eventually does fall. And the boy 〈R，ide，defN〉 is，he 〈M，ref，perP〉 's surprised，but he 〈M，ref，perP〉 doesn't know what to do. The boy 〈M，ide，defN〉 comes out and 〈M，ref，0〉 grabs his dog 〈R，ide，posN〉 . The boy 〈R，ide，defN〉 's quite angry. The dog 〈R，ide，defN〉 is happy. He 〈M，ref，perP〉 licks the boy 〈R，ide，defN〉 and he 〈M，ref，perP〉 finally got the jar off his head. The boy 〈R，ide，defN〉 and dog 〈R，ide，defN〉 they 〈R，ref，perP〉 go wandering out in the woods. And the boy 〈R，ide，defN〉 starts yelling for his frog 〈R，ide，defN〉，while the dog 〈R，ide，defN〉 is curious about some bees 〈I，ind，indN〉 flying overhead. The dog

〈R，ide，defN〉 discovers the beehive and 〈M，ref，0〉 starts barking at it. While the boy 〈R，ide，defN〉 is looking in a gopher hole for his frog 〈R，ide，posN〉 . The boy 〈M，ide，defN〉 is holding his nose because he 〈M，ref，perP〉 got bit by a gopher 〈I，ind，indA〉 . The gopher 〈M，ide，defN〉 seems angry，and the boy 〈R，ide，defN〉 seems hurt. And the dog 〈R，ide，defN〉 is shaking the tree where the beehive is connected to. While the boy 〈R，ide，defN〉 climbs on top of the tree and 〈M，ref，0〉 starts yelling in a hole for the frog 〈R，ide，defN〉 . While the dog 〈R，ide，defN〉 had shook the tree so much that the beehive fell down. The hole the boy 〈R，ide，defN〉 was looking into was the home of a owl 〈I，ind，indA〉 . And the owl 〈M，ide，defN〉 came out of the hole and 〈M，ref，0〉 scared the boy 〈R，ide，defN〉 . The boy 〈M，ide，defN〉 fell off the tree and 〈M，ref，0〉 landed on his back. While the dog 〈R，ide，defN〉 is running away from all 〈R，ind，indP〉 the bees 〈M，ide，defN〉 who 〈M，ref，relP〉 seem to be quite angry cause the dog 〈R，ide，defN〉 broke their beehive. The boy 〈R，ide，defN〉 gets up and 〈M，ref，0〉 is being chased by the owl 〈R，ide，defN〉 who 〈M，ref，relP〉 's still angry that the boy 〈R，ide，defN〉 interrupted his home. And the dog 〈R，ide，defN〉 is nowhere in the picture. The boy 〈R，ide，defN〉 climbs on top of a rock and he 〈M，ref，perP〉 leans onto some branches and 〈M，ref，0〉 starts yelling for his frog 〈R，ide，posN〉 . While the dog 〈R，ide，defN〉 is limping into the picture. It looks like he 〈M，ref，perP〉 got bit by a couple of the bees 〈R，ind，indN〉 that 〈M，ref，relP〉 were chasing him 〈R，ref，perP〉 . While the boy 〈R，ide，defN〉 was leaning on the branches，it turned out that the branches weren't really branches. They were the horns of an elk 〈I，ind，indA〉 . And the elk 〈M，ide，defN〉 was shockedbecause he 〈M，ref，perP〉 felt someone 〈R，ind，indP〉 playing with his horns，so he 〈R，ref，perP〉 lifted his head up，〈M，ref，0〉 carrying the boy 〈R，ide，defN〉 with him 〈M，ref，perP〉 . The dog 〈R，ide，defN〉 is behind the rocks，near the feet of the elk 〈R，ide，defN〉 . The elk 〈M，ref，perP〉 is angry，so he

〈M, ref, perP〉 carries the boy 〈R, ide, defN〉. And it looks like they 〈R, ref, perP〉 're headed to the edge of a cliff. And the dog 〈R, ide, defN〉 is being such a loyal dog 〈M, ind, indA〉 he 〈M, ref, perP〉 runs after the elk 〈R, ide, defN〉, 〈M, ref, 0〉 trying to persuade him 〈R, ref, perP〉 to let go of his master 〈R, ide, posN〉. It was of no use because the dog 〈R, ide, defN〉 ran off the edge of the cliff while the boy 〈R, ide, defN〉 was thrown off by the elk 〈R, ide, defN〉. And they 〈R, ref, perP〉 're both falling off the little cliff into what seems to be a pond. The boy and dog 〈R, ide, defN〉 both fell into the pond. The boy 〈R, ide, defN〉 fell first, and the dog 〈R, ide, defN〉 on top of the boy. And the elk 〈R, ide, defN〉 seems really happy at the results. The boy and dog 〈R, ide, defN〉 both get up, and they 〈M, ref, perP〉 both seem surprised or curious. The boy 〈R, ide, defN〉 hears something. And they 〈R, ref, perP〉 're both curious at what it is. The boy and dog 〈R, ide, defN〉 both look over on the other side of the log to see what was making the noise. When they 〈M, ref, perP〉 looked over the log, they 〈M, ref, perP〉 saw the frog 〈R, ide, defN〉 along with another frog 〈I, ind, indA〉. Both the frogs 〈R, ide, defN〉 seemed really happy. The way they 〈M, ref, perP〉 're close to each other 〈R, ref, recP〉. They 〈M, ref, perP〉 look like, boyfriend and girlfriend. And the boy and dog 〈R, ide, defN〉 are still curious. The boy and the dog 〈M, ide, defN〉 are really shocked because they 〈M, ref, perP〉 see a bunch of little baby frogs 〈I, ind, indN〉 come into the picture. And both the frogs 〈R, ide, defN〉, the parent frogs 〈M, ide, defN〉 have smiles on their faces. The parent frogs 〈M, ide, defN〉 feel bad because one of them 〈R, ind, indN〉 ran away from the boy 〈R, ide, defN〉, so they 〈M, ref, perP〉 gave the boy 〈R, ide, defN〉 one of the baby frogs 〈R, ind, indN〉. And the boy 〈R, ide, defN〉 is still happy cause he 〈M, ref, perP〉 's got his frog 〈R, ide, posN〉 and everything turns out well. And they 〈R, ref, perP〉 depart.

4

Once a time, there was a boy 〈I, ind, indA〉 with his frog 〈I, ide, posN〉 and his dog 〈I, ide, posN〉 . One night, the three 〈R, ide, defN〉 were just sitting around doing nothing. Later that evening, the boy 〈R, ide, defN〉, the dog 〈R, ide, defN〉 and the frog 〈R, ide, defN〉 went to sleep. However, the frog 〈M, ide, defN〉 was not really asleep and 〈M, ref, 0〉 decided to escape into the night. The next morning, when the boy 〈R, ide, defN〉 and the dog 〈R, ide, defN〉 woke up, to their amazement, their pet frog 〈R, ide, posN〉 was gone. 〈R, ref, 0〉 Being very worried, they 〈M, ref, perP〉 searched in the room in shoes under the bed and even in the old bottle. The boy 〈R, ide, defN〉 shouted out the window, frog, frog 〈R, ind, bare NP〉! And the dog 〈R, ide, defN〉 being the curious animal 〈M, ide, defN〉 that he 〈M, ref, perP〉 was hopped onto the ledge but 〈M, ref, 0〉 hopped out a little too far. The dog 〈M, ide, defN〉 was plummeting to his fate, but luckily for the dog 〈M, ide, defN〉 he 〈M, ref, perP〉 was unharmed. However, the boy 〈R, ide, defN〉 was quite perturbed. After a while, the boy 〈M, ide, defN〉 and his dog 〈R, ide, posN〉 went out into the forest in search of their frog 〈R, ide, posN〉 . They 〈R, ref, perP〉 looked everywhere, in the woods and even in the gopher holes. The dog 〈R, ide, defN〉, being the rambunctious animal 〈M, ide, defN〉 that he 〈M, ref, perP〉 is, found a beehive and 〈M, ref, 0〉 decided to have some fun. While the boy 〈R, ide, defN〉 searching frantically for his frog 〈R, ide, posN〉 . While the boy 〈M, ide, defN〉 was bit in the nose by a gopher 〈I, ind, indA〉 . To the dog 〈R, ide, defN〉 's amazement he 〈M, ref, perP〉 knocked the beehive off the tree. While the boy 〈R, ide, defN〉 was searching the trunk, the dog 〈R, ide, defN〉 was running away from the bees 〈I, ide, defN〉 . While the boy 〈R, ide, defN〉 was frightened by an owl 〈I, ind, indA〉 in the tree trunk in which he 〈R, ref, perP〉 was looking. The owl 〈R, ide, defN〉 chased him 〈R, ref, perP〉 far and wide, and the boy 〈M, ide, defN〉 was not able to lose him 〈R, ide, defN〉 and he

〈M, ref, perP〉 seemed quite annoyed, but the boy 〈R, ide, defN〉 did not give up his search, and he 〈M, ref, perP〉 called frog, frog 〈R, bare NP, bare NP〉! While on top of a rock, however, while 〈M, ref, 0〉 holding onto supposed branches, he 〈M, ref, perP〉 accidentally ran into a deer 〈I, ind, indA〉. The deer 〈M, ide, defN〉 carried him 〈R, ref, perP〉 far and wide to a ledge. And at that ledge, the deer 〈R, ide, defN〉 dropped the boy 〈R, ide, defN〉. His dog 〈R, ide, posN〉 falling into the pond. They 〈R, ref, perP〉 went into the water, but there all was not lost. They 〈M, ref, perP〉 heard the sound of some frogs 〈I, ind, indN〉. The boy 〈R, ide, defN〉 and the dog 〈R, ide, defN〉 were very cautious and 〈M, ref, 0〉 crept up on the log where they 〈M, ref, perP〉 heard the noises of frogs 〈R, ind, bare NP〉. Behind the log, he 〈R, ref, perP〉 saw two frogs 〈I, ind, indN〉 and to his amazement, even more frogs 〈I, ind, indN〉, baby frogs 〈M, ind, bare NP〉. The boy 〈R, ide, defN〉 left the family of frogs 〈R, ind, indN〉 with one of the baby frogs 〈R, ind, indA〉 and the dog 〈R, ide, defN〉 and 〈R, ref, 0〉 said goodbye.

5

The boy 〈I, ide, defN〉, earlier that day, went to a pet store and got a new frog 〈I, ind, indA〉. He 〈R, ref, perP〉 's showing it 〈R, ref, perP〉 to his dog 〈I, ide, posN〉 who 〈M, ref, relP〉 seems fairly interested in it 〈R, ref, perP〉. Now while they 〈R, ref, perP〉 're asleep. The frog 〈R, ide, defN〉, who 〈M, ref, relP〉 I guess is a pretty smart frog 〈M, ind, indA〉. The frog 〈M, ide, defN〉 steps out of his bottleand 〈M, ref, 0〉 escapes. Now with the frog 〈M, ide, defN〉 busily on his way. (Wait a minute let me change this.) He 〈R, ref, perP〉 didn't buy him 〈M, ref, perP〉 at a pet store. He 〈R, ref, perP〉 found him 〈M, ref, perP〉. Obviously cause the frog 〈M, ide, defN〉 now knows about the other frog 〈I, ind, indA〉. And he 〈M, ref, perP〉 sees that he 〈R, ref, perP〉 's gone. And he 〈M, ref, perP〉 's going to go look for him 〈R, ref, perP〉. He 〈M, ref, perP〉 gets all ready, and the dog 〈R, ide, defN〉 sticks his head in the jar and 〈M, ref, 0〉 gets it 〈M, ref, perP〉 stuck, 〈M, ref, 0〉 knocking the stool as well. Now the dog 〈R, ide, defN〉 and the boy 〈R, ide, defN〉 are yelling out the window for the frog 〈R, ide, defN〉 . The dog 〈R, ide, defN〉 is in a dangerous position there cause he 〈M, ref, perP〉 's going to lose his balance. So now the boy 〈R, ide, defN〉 looks at his dog 〈R, ide, posN〉 with wonder in this essential situation. But it's all ok now. The bottle is broken, and the dog 〈R, ide, defN〉 is free. And they 〈R, ref, perP〉 have to go on their way and 〈M, ref, 0〉 look for the frog 〈R, ide, defN〉 . As the boy 〈R, ide, defN〉 is looking in xxx for his frog 〈R, ide, defN〉, the dog 〈R, ide, defN〉 seems interested in this beehive with all 〈I, ind, indP〉 the bees 〈M, ide, defN〉 flying out. So the boy 〈R, ide, defN〉 is looking all over the place in a hole, this gopher hole. While the dog 〈R, ide, defN〉 is trying to catch the beehive, he 〈R, ref, perP〉 disturbed the gopher 〈I, ide, defN〉 who 〈M, ref, relP〉 comes out and 〈M, ref, 0〉 looks up at him 〈R, ref, perP〉 . And the dog 〈R, ide, defN〉 is still out of this situation. He 〈M, ref, perP〉 's just concentrating on his beehive. Now the boy 〈R, ide, defN〉 climbs a tree and 〈M, ref, 0〉 looks in this hole, 〈M, ref, 0〉 thinking the frog 〈R, ide, defN〉 might be there. The dog 〈R, ide, defN〉 gets the beehive down and now 〈M, ref, 0〉 realizes there might be some danger involved here because the bees 〈R, ide, defN〉 are going to start chasing him 〈R, ref, perP〉 . And the boy 〈R, ide, defN〉 is also in danger. Now that the owl 〈I, ide, defN〉 has been disturbed. So both of them 〈R, ref, perP〉 are in kinda chase scenes, 〈M, ref, 0〉 running away from these other animals 〈R, ide, defN〉, 〈R, ref, 0〉 thinking that there's a frog 〈R, ind, indA〉 . So the boy 〈R, ide, defN〉 hides behind a rock, so the owl 〈R, ide, defN〉 won't get him 〈R, ref, perP〉 . The dog 〈R, ide, defN〉 doesn't seem to be around. He 〈M, ref, perP〉 's not even with the bees 〈R, ide, defN〉 . He 〈M, ref, perP〉 escaped them 〈R, ref, perP〉, so now they 〈M, ref, perP〉 go back to looking for the frog 〈R, ide, defN〉. And the deer 〈I，ide，defN〉 pops out of the rock，and 〈M，ref，0〉 after being disturbed，and 〈M，ref，0〉 starts giving him 〈R，ref，perP〉 a ride. Unintentionally，and the boy 〈R，ide，defN〉 and the dog 〈R，ide，defN〉 go running with the deer 〈R，ide，defN〉 and 〈M，ref，0〉 get thrown off the cliff and 〈M，ref，0〉 land in water. And oddly enough，after 〈M，ref，0〉 looking in all these strange places where other animals 〈I，ind，indN〉 have their homes and obviously 〈M，ref，0〉 not finding their frog 〈R，ide，posN〉，these animals 〈R，ide，defN〉 chase them 〈R，ref，perP〉 into water which happens to be the home of the frog 〈R，ide，defN〉. The boy 〈R，ide，defN〉 assumes that's where they 〈R，ref，perP〉 are now. So they 〈M，ref，perP〉 both look overand 〈M，ref，0〉 find a family of frogs 〈I，ind，indA〉，the one 〈R，ide，defN〉 he 〈R，ref，perP〉 caught and his mate 〈I，ide，posN〉 and their kids 〈I，ide，posN〉 in water. What happened overall is that all 〈R，ind，indP〉 the animals 〈M，ide，defN〉 that they 〈R，ref，perP〉 disturbed looking for the frog 〈R，ide，defN〉 somehow chased the boy 〈R，ide，defN〉 to the frog 〈R，ide，defN〉.

6

It's nighttimeand a little boy 〈I，ind，indA〉 and his dog 〈I，ide，posN〉 are in his bedroom looking at a frog 〈I，ind，indA〉. They 〈M，ref，perP〉 've just found that 〈M，ref，demP〉 they 〈R，ref，perP〉 have in a jar，and he 〈M，ref，perP〉 seems to be looking back at them 〈R，ref，perP〉. The little boy 〈R，ide，defN〉 and the dog 〈R，ide，defN〉 get tired and 〈R，ref，0〉 go to bed. As it's getting late，consequently the frog 〈R，ide，defN〉 feels that it 〈M，ref，perP〉 can now get out and 〈M，ref，0〉 explore or 〈M，ref，0〉 go home. In the morning，the boy 〈R，ide，defN〉 and the dog 〈R，ide，defN〉 awake to find that the frog 〈R，ide，defN〉 is gone about which they 〈R，ref，perP〉 're very concerned. So they 〈M，ref，perP〉 begun looking everywhere around the little boy's room，〈M，ref，0〉 looking in his boots. The dog 〈R，ide，defN〉 gets his head stuck in the jar. They

〈R，ref，perP〉 run to the window and 〈M，ref，0〉 call out the window. The dog 〈R，ide，defN〉 still having his head stuck in the jar. Dog 〈M，ind，bare NP〉 tumbles out of the window and 〈R，ref，0〉 reprimands him 〈R，ref，perP〉 for being so hasty to which the dog 〈M，ide，defN〉 tries to make up by licking his face. They 〈R，ref，perP〉 continue their search and 〈M，ref，0〉 go into a meadow with trees and 〈M，ref，0〉 call for the frog. They 〈M，ref，perP〉 walk along until they 〈M，ref，perP〉 find a hole into which the boy 〈R，ide，defN〉 peers，looking for the frog 〈R，ide，defN〉 . And the dog 〈R，ide，defN〉 has lost some interest and 〈M，ref，0〉 has found something new to look at，which is a beehive，which he 〈M，ref，perP〉 starts barking at. While he 〈M，ref，perP〉 's still barking at the beehive，the boy 〈R，ide，defN〉 gets bitten by a gopher 〈I，ind，indA〉 in the hole. He 〈R，ref，perP〉 's in pain. After that，he 〈M，ref，perP〉 continues and 〈M，ref，0〉 climbs up on this tree and 〈M，ref，0〉 looks in this hole for the frog 〈R，ide，defN〉 . He 〈M，ref，perP〉 knocked down the beehive and the bees 〈I，ide，defN〉 are now coming out in full force. The boy 〈R，ide，defN〉 tumbles down from the branch because of an owl 〈I，ind，indA〉 who 〈M，ref，relP〉 's popped up from the hole. And the dog 〈R，ide，defN〉 runs howling by with this swarm of bees 〈R，ide，defN〉 chasing him 〈R，ref，perP〉 . Boy 〈R，ind，bare NP〉 fends off the owl 〈R，ide，defN〉 who 〈M，ref，relP〉 is flapping about him 〈R，ref，perP〉 and 〈M，ref，0〉 proceeds to look at the owl 〈R，ide，defN〉 while he 〈R，ref，perP〉 climbs up this rock. When he 〈M，ref，perP〉 gets to the top of the rock，he 〈M，ref，perP〉 holds onto something that he 〈M，ref，perP〉 thinks are branches and 〈M，ref，0〉 calls to the frog. While the dog 〈R，ide，defN〉 is whimpering and 〈M，ref，0〉 scowling and 〈M，ref，0〉 sulking back，after，apparently 〈M，ref，0〉 having been bitten by the bees 〈R，ide，defN〉 . And what the boy 〈R，ide，defN〉 took to be branches were really antlers of a deer 〈I，ind，indA〉 on which 〈M，ref，relP〉 he 〈R，ref，perP〉 gets caught. The dog 〈R，ide，defN〉，oblivious to all this， is looking behind the rock. The deer 〈R, ide, defN〉 takes off with the boy 〈R, ide, defN〉 strewed across his antlers. And the dog 〈R, ide, defN〉 runs at his feet, 〈M, ref, 0〉 yelling at him 〈R, ref, perP〉 to stop it 〈M, ref, perP〉 . They 〈R, ref, perP〉 're approaching a cliff, and the deer 〈R, ide, defN〉 stops abruptly which causes the boy 〈R, ide, defN〉 to lose his balance and 〈M, ref, 0〉 fall with the dog 〈R, ide, defN〉 down into the stream or a little puddle. They 〈R, ref, perP〉 both sort of laugh at this and 〈M, ref, 0〉 proceed to get out of the stream and 〈M, ref, 0〉 find a log nearby. The boy 〈R, ide, defN〉 cautioned the dog 〈R, ide, defN〉 to be quiet, and then the two of them 〈R, ref, perP〉 carefully look over the other side of the log where they 〈M, ref, perP〉 find a big 〈I, ind, indA〉 and a little frog 〈I, ind, indA〉, presumably a couple 〈R, ind, indA〉 and their children 〈I, ide, posN〉 . The little boy 〈R, ide, defN〉 and the dog 〈R, ide, defN〉 take their little frog 〈R, ide, posN〉 back and 〈R, ref, 0〉 wave goodbye to the rest of them 〈R, ref, perP〉.

7

It's late at night, and a boy 〈I, ind, indA〉 has a frog 〈I, ind, indA〉 in a jar in his bedroom, and his dog 〈I, ide, posN〉 's curious too. He 〈M, ref, perP〉 's looking into the jar. But in the middle of the night, when he 〈M, ref, perP〉 goes to sleep, when he 〈M, ref, perP〉 sleeps with the dog 〈R, ide, defN〉 on his bed, the frog 〈R, ide, defN〉 escapes from the jar. Early the next morning, both 〈R, ind, indP〉 discover that the frog 〈R, ide, defN〉 has escaped, and they 〈R, ref, perP〉 look all over the room. The dog 〈R, ide, defN〉 slips the jar over his head, and the boy 〈R, ide, defN〉 looks into his boots and 〈M, ref, 0〉 crawled around the room. He 〈M, ref, perP〉 knocked the stool over, he 〈M, ref, perP〉 opens the window and 〈M, ref, 0〉 call for him 〈R, ref, perP〉, and the dog 〈R, ide, defN〉 still has the jar on his head, and the dog 〈R, ide, defN〉 falls out the window with the jar on his head. And the boy 〈R, ide, defN〉 gets angry at him

〈R，ref，perP〉 because the jar broke and he 〈R，ref，perP〉 goes and 〈M，ref，0〉 picks him 〈R，ref，perP〉 up，and then they 〈R，ref，perP〉 go into the backyard，and 〈M，ref，0〉 call for the frog 〈R，ide，defN〉． And then he 〈R，ref，perP〉 looks into holes，and the dog 〈R，ide，defN〉 keeps playing with the beehive. And then the boy 〈R，ide，defN〉 runs into a hedgehog which comes out of the hole that he was looking in. The dog 〈R，ide，defN〉 still is sicked on by the bees 〈I，ide，defN〉． While the boy 〈R，ide，defN〉 's looking into a hole in a tree，and then the dog 〈R，ide，defN〉 knocks the beehive down. And then he 〈M，ref，perP〉 gets chased by the bees 〈R，ide，defN〉 and the boy 〈R，ide，defN〉 falls out of the tree because an owl 〈I，ind，indA〉 came out of the hole. And then，he 〈R，ref，perP〉 's afraid of the owl 〈R，ide，defN〉 follows him 〈R，ref，perP〉 and 〈M，ref，0〉 climbs on top of a rock to call for the frog 〈R，ide，defN〉 and 〈M，ref，0〉 gets caught on a deer 〈I，ind，indA〉． And then the deer 〈R，ide，defN〉 chases him 〈R，ref，perP〉，the deer 〈R，ide，defN〉 I mean runs with the boy 〈R，ide，defN〉 on his head and 〈M，ref，0〉 stops at a cliff. And the boy 〈R，ide，defN〉 and the dog 〈R，ide，defN〉 fall into a lake，and then they 〈M，ref，perP〉 find a tree stump and 〈M，ref，0〉 seem to hear something. And they 〈M，ref，perP〉 climb over the log，and they 〈M，ref，perP〉 find the frog 〈R，ide，defN〉，with another frog 〈I，ind，indA〉． And they 〈R，ref，perP〉 decide to leave him 〈R，ref，perP〉 cause they 〈M，ref，perP〉 have little frogs.

8

There's this little boy 〈I，ind，demC〉 sitting in his room，has a pet frog 〈I，ind，indA〉 in a jar. And a dog 〈I，ind，indA〉 is trying to get into the jar，〈M，ref，0〉 wants to be playing with the frog 〈R，ide，defN〉． The little boy 〈R，ide，defN〉 and the dog 〈R，ide，defN〉 went to sleep，and the frog 〈R，ide，defN〉 's escaping from the jar. The little boy 〈R，ide，defN〉 and the dog 〈R，ide，defN〉 wake up，and they 〈M，ref，perP〉 notice the frog 〈R，ide，defN〉 is gone，and the little boy 〈R，ide，defN〉 is in shock that the frog 〈R，ide，defN〉 is gone. They 〈R，ref，perP〉 start looking for the frog 〈R，ide，defN〉. The little boy 〈R，ide，defN〉 looks into the boots，and the dog 〈R，ide，defN〉 puts his head in the jar. They 〈R，ref，perP〉 look out of the window. The little boy 〈R，ide，defN〉 seems like he 〈M，ref，perP〉 's calling the frog's name. The dog's head is still in the jar. The dog 〈R，ide，defN〉 falls out of the window with the jar on his head. And the little boy 〈R，ide，defN〉 just watches him 〈M，ref，perP〉 fall，〈R，ref，0〉 still wondering where the frog 〈R，ide，defN〉 is. The little boy 〈R，ide，defN〉 goes after the dog 〈R，ide，defN〉，and he 〈M，ref，perP〉 looks very angry at the dog 〈R，ide，defN〉 because he 〈M，ref，perP〉 put that jar on his head and 〈M，ref，0〉 fell out the window. But the dog 〈R，ide，defN〉 seems to be friendly. They 〈R，ref，perP〉 're on this hill，and they 〈M，ref，perP〉 're looking towards trees and this beehive. And the little boy 〈R，ide，defN〉 is just calling out the frog's name. And the dog 〈R，ide，defN〉 looks like he 〈M，ref，perP〉 's looking at the bees 〈I，ide，defN〉. He 〈M，ref，perP〉 could be howling. The little boy 〈R，ide，defN〉 looks into a gopher hole，and the dog 〈R，ide，defN〉 tries to jump at the beehive. He 〈M，ref，perP〉 moves the beehive and a gopher 〈I，ind，indA〉 pops out of the gopher hole. And the little boy 〈R，ide，defN〉 is scared by xxx. The beehive fell，and the dog 〈R，ide，defN〉 still has its paws up on the tree，just 〈M，ref，0〉 looking at the beehive. The gopher 〈R，ide，defN〉 is out of the holes，just 〈M，ref，0〉 watching the boy 〈R，ide，defN〉. And the boy 〈M，ide，defN〉 has climbed a tree，and 〈M，ref，0〉 is looking into a hole in the tree. The little boy 〈R，ide，defN〉 falls off the tree，〈M，ref，0〉 frightened by an owl 〈I，ind，indA〉. The dog 〈R，ide，defN〉 runs away as bees 〈R，ind，bare NP〉 follow him 〈R，ref，perP〉. He 〈M，ref，perP〉 's climbing up a rock，〈M，ref，0〉 running from the owl 〈R，ide，defN〉. On the top of the rock there are things that look like branches，and he 〈M，ref，perP〉 's leaning against the branches. And the little dog 〈R, ide, defN〉 is hiding. Those branches were really a deer 〈I, ind, indA〉 . And the deer 〈M, ide, defN〉 raises his head and the little boy 〈R, ide, defN〉 is stuck on his head. The little dog 〈R, ide, defN〉 is still hiding behind the rock. The deer 〈R, ide, defN〉 runs away with the little boy 〈R, ide, defN〉 on him 〈M, ref, perP〉 . And the dog 〈R, ide, defN〉 is jumping, 〈M, ref, 0〉 trying to get the little boy 〈R, ide, defN〉 down. The deer 〈R, ide, defN〉 stops at the end of the ledge. And the little boy 〈R, ide, defN〉 and the dog 〈R, ide, defN〉 fall off the ledge. They 〈M, ref, perP〉 fall into the water. As the deer 〈R, ide, defN〉 watches them 〈R, ref, perP〉, the water was shallow. The little boy 〈R, ide, defN〉 's just sitting in it with the dog 〈R, ide, defN〉 on his head, 〈M, ref, 0〉 grinning. They 〈R, ref, perP〉 go over to the edge of the water and there's a piece of the tree there. And the little boy 〈R, ide, defN〉 is telling the dog 〈R, ide, defN〉 not to make noise cause he 〈M, ref, perP〉 hears the frog 〈R, ide, defN〉 . He 〈M, ref, perP〉 climbs over the tree, and they 〈R, ref, perP〉 're looking over on the other side. On the other side are two frogs 〈I, ind, indN〉 . One 〈R, ind, indP〉 possibly the frog 〈R, ide, defN〉 that escaped from his front room. The little boy 〈R, ide, defN〉 and the dog 〈R, ide, defN〉 are just looking over. They 〈M, ref, perP〉 're surprised to see that the two frogs 〈R, ide, defN〉 have a family. And there are little frogs 〈I, ind, bare NP〉 just looking up at the little boy 〈R, ide, defN〉 and the dog 〈R, ide, defN〉 . The little boy 〈R, ide, defN〉 leaves with one 〈R, ind, indP〉 of the little frogs 〈R, ide, defN〉 in his hand. And the frogs 〈R, ide, defN〉 stay on the bark of the tree, and this one little frog 〈I, ind, indA〉 below it.

9

Once upon a time, there was a little boy 〈I, ind, indA〉 who 〈M, ref, relP〉 had a frog 〈I, ind, indA〉 and a dog 〈I, ind, indA〉 . And after he 〈M, ref, perP〉 and his doggie 〈R, ide, posN〉 went to sleep one night. The frog 〈R，ide，defN〉 got out of the jar and 〈M，ref，0〉 escaped. When he 〈M，ref，perP〉 woke up in the morning，he 〈M，ref，perP〉 saw that the frog 〈R，ide，defN〉 was gone. And he 〈M，ref，perP〉 was very sad. He 〈M，ref，perP〉 looked in his boots，and the doggie 〈R，ide，defN〉 looked in the jar. Oops！The doggie 〈M，ide，defN〉 got his head caught in the jar. They 〈R，ref，perP〉 looked out of the window，and the doggie 〈R，ide，defN〉 fell out of the window，but the jar broke off his head，so he 〈M，ref，perP〉 didn't have his head stuck in a jar anymore. The boy 〈R，ide，defN〉 and the doggie 〈R，ide，defN〉 went looking for the froggie 〈R，ide，defN〉 all over the place. The dog 〈R，ide，defN〉 found a beehive，and the little boy 〈R，ide，defN〉 went and 〈M，ref，0〉 looked in a hole for the frog 〈R，ide，defN〉. The boy 〈R，ide，defN〉 found a gopher 〈I，ind，indA〉，and the dog 〈R，ide，defN〉 played with the beehive some more. That was a really dangerous thing to play with. And pretty soon，the little boy 〈R，ide，defN〉 went and 〈M，ref，0〉 looked in the hole in the tree. He 〈M，ref，perP〉 better be careful looking in all those holes. Oops！An owl 〈I，ind，indA〉 flew out of the hole in the tree and 〈M，ref，0〉 knocked him 〈R，ref，perP〉 down out of the tree. And the bees 〈I，ide，defN〉 chased the dog 〈R，ide，defN〉. That boy 〈R，ind，demC〉 better let those bees 〈R，ide，defN〉 alone，but the owl 〈R，ide，defN〉 kept bothering the little boy 〈R，ide，defN〉. But then he 〈M，ref，perP〉 left him 〈R，ref，perP〉 alone. The little boy 〈R，ide，defN〉 went and 〈M，ref，0〉 climbed up on a big rock，and 〈M，ref，0〉 called his froggie 〈R，ide，posN〉. And the dog 〈R，ide，defN〉 was really sad，and he 〈M，ref，perP〉 didn't like all those bees 〈R，ide，defN〉 bothering him 〈M，ref，perP〉. But the little boy 〈M，ide，defN〉 was holding onto a branch which turned out to be the antlers of a deer 〈I，ind，indA〉. And then the deer 〈R，ide，defN〉 went running off with the little boy 〈R，ide，defN〉. And the doggie 〈R，ide，defN〉 ran along the side because he 〈M，ref，perP〉 didn't want to get separated from his master 〈R，ide，posN〉. And then the deer 〈R，ide， defN〉 threw the doggie 〈R，ide，defN〉 off the edge of a little tiny cliff. And the doggie 〈M，ide，defN〉 fell off too cause he 〈M，ref，perP〉 didn't know the cliff was coming. And they 〈M，ref，perP〉 fell in some water. And when they 〈M，ref，perP〉 looked up，they 〈M，ref，perP〉 were fine，and they 〈M，ref，perP〉 heard some frogs 〈I，ind，indN〉 chirping. And they 〈R，ref，perP〉 were very quiet，so they 〈M，ref，perP〉 could sneak up on the frogs 〈R，ide，defN〉 and 〈M，ref，0〉 catch their froggie 〈R，ide，posN〉 . But when they 〈M，ref，perP〉 looked over the log，〈M，ref，0〉 trying to catch the frog 〈R，ide，defN〉，they 〈M，ref，perP〉 found two frogs 〈I，ind，indN〉，and they 〈M，ref，perP〉 found some little baby frogs 〈I，ind，indN〉 . They 〈M，ref，perP〉 took one 〈R，ind，indP〉 of the froggies 〈R，ide，defN〉 away from his family of frogs 〈R，ide，posN〉 and they 〈R，ref，perP〉 went home.

10

This is a story about a boy 〈I，ind，indA〉，a dog 〈I，ind，indA〉 and his frog 〈I，ide，posN〉 . Right now，in the beginning of the story，the boy 〈R，ide，defN〉 and his dog 〈R，ide，posN〉 are just basically admiring his frog 〈R，ide，posN〉，〈M，ref，0〉 looking at the frog 〈R，ide，defN〉 in the jar. The frog 〈M，ide，defN〉 looks kind of happy. Obviously，he 〈M，ref，perP〉 's not real satisfied with his present existence because when the little boy 〈R，ide，defN〉 and the dog 〈R，ide，defN〉 go to sleep，he 〈R，ref，perP〉 sneaks out of the jar and 〈M，ref，0〉 hops out the window. The little boy 〈R，ide，defN〉 and the dog 〈R，ide，defN〉 wake up，and the little boy 〈R，ide，defN〉 is very concerned cause he 〈M，ref，perP〉 's missing his frog 〈R，ide，posN〉 . Oh no，where's my frog 〈M，ide，posN〉? He 〈R，ref，perP〉 looks in his shoe. He 〈M，ref，perP〉 turns the table over. The little doggie 〈R，ide，defN〉 doesn't appear too concerned but 〈M，ref，0〉 sticks his nose in the jar anyway 〈M，ref，0〉 calls for the frog 〈R，ide，defN〉 out the window. And the little dog 〈M，ide，defN〉 falls to the ground and 〈M, ref, 0〉 smashes the jar. The boy 〈R, ide, defN〉 's angry, but it's no big deal. The dog 〈R, ide, defN〉 doesn't care. Neither does the boy 〈R, ide, defN〉 really. So they 〈R, ref, perP〉 have to go look for the frog 〈R, ide, defN〉. So he 〈R, ref, perP〉 puts on his boots which are way too big for him 〈M, ref, perP〉 and 〈M, ref, 0〉 goes to the forest to find the frog 〈R, ide, defN〉, 〈M, ref, 0〉 calls for the frog 〈R, ide, defN〉. The frog 〈M, ide, defN〉 doesn't answer, so he 〈R, ref, perP〉 goes looking more closely, 〈M, ref, 0〉 looks at the big hole in the ground. There's no frog in the hole, just a gopher 〈I, ind, indA〉 who 〈M, ref, relP〉 bites his nose. The dog 〈R, ide, defN〉 doesn't care a whole lot at this point. He 〈M, ref, perP〉 's more interested in the bees 〈I, ide, defN〉. He 〈M, ref, perP〉 knocks their thing down their hive. The boy 〈R, ide, defN〉 's still looking for his frog 〈R, ide, posN〉 in the hole in the big tree. Now, the frog 〈M, ide, defN〉 isn't there either. But there's an owl 〈I, ind, indA〉 in there who 〈M, ref, relP〉 bumps him 〈R, ref, perP〉 down to the ground. Meanwhile, the dog 〈M, ide, defN〉 is being chased by the bees 〈R, ide, defN〉 cause he 〈M, ref, perP〉 wrecked their hive. While 〈R, ref, 0〉 running away from the owl 〈R, ide, defN〉 who 〈M, ref, relP〉 he 〈R, ref, perP〉 bothered while he 〈R, ref, perP〉 was sleeping in his hole in the tree, he 〈R, ref, perP〉 crawls up on a rock to call for his frog 〈R, ide, posN〉 some more and 〈M, ref, 0〉 holds on to what looks like a branch. But it's not really a branch. It's the antlers of a deer 〈I, ind, indA〉. The deer 〈R, ide, defN〉 picks him 〈R, ref, perP〉 up. It's not real happy about 〈M, ref, 0〉 being disturbed. He 〈M, ref, perP〉 was hiding in the underbrush, so he 〈M, ref, perP〉 runs over and 〈M, ref, 0〉 throws the little boy 〈R, ide, defN〉 into the pond. Dog 〈R, ind, bare NP〉 was running alongside 〈M, ref, 0〉 didn't pay too much attention, which seems like that dog 〈M, ide, demN〉, and he 〈M, ref, perP〉 falls in that pond with him 〈R, ref, perP〉, 〈M, ref, 0〉 splats in the water with the dog 〈R, ide, defN〉 right on top of him 〈M, ref, perP〉 but 〈M, ref, 0〉 sits up in the pond. And he 〈M, ref, perP〉 can hear his little frog 〈R, ide, posN〉. Or at least, somebody's little frog 〈M, ide, posN〉. The doggie 〈R, ide, defN〉 hears it too. Quietly, they 〈R, ref, perP〉 sneak over to the log, the edge of the pond and 〈M, ref, 0〉 peek over the top of it. And they 〈M, ref, perP〉 find a frog 〈I, ind, indA〉, and I think the frog 〈M, ide, defN〉 is the daddy frog 〈M, ide, defN〉 cause he 〈M, ref, perP〉 has a big thing there, a big throat. They 〈R, ref, perP〉 find his daddy 〈M, ide, posN〉, and his frog 〈R, ide, posN〉 has a mommy frog 〈I, ind, indA〉, or a girlfriend 〈M, ind, indA〉 or a wife 〈M, ind, indA〉 or whatever frogs have. Also out of the reeds come some baby frogs 〈I, ind, indN〉 that obviously are the little baby frogs 〈R, ide, defN〉 of his frog 〈R, ide, posN〉 and his frog's wife 〈R, ide, posN〉 that he 〈R, ref, perP〉 found. This is a weird ending, but obviously everyone 〈R, ind, indP〉 seems happy, so the boy 〈R, ide, defN〉 gets to replace the daddy frog 〈R, ide, defN〉 with one 〈R, ind, indP〉 of the kids 〈R, ide, defN〉 of the daddy 〈R, ide, defN〉. So he 〈R, ref, perP〉 waves goodbye, and he 〈M, ref, perP〉 and his dog 〈R, ide, posN〉, go back home with a new pet frog 〈I, ind, indA〉 which 〈M, ref, relP〉 is a baby frog 〈R, ind, indA〉 of his old daddy frog 〈R, ide, posN〉.

11

One night in West Germany, a little boy 〈I, ind, indA〉 was sitting with his pet frog 〈I, ide, posN〉 and his dog 〈I, ide, posN〉 in the little boy's bedroom. The boy 〈M, ide, defN〉 was obviously very fond of the frog 〈R, ide, defN〉, and the dog 〈R, ide, defN〉 was very curious about the frog 〈R, ide, defN〉. And the frog 〈M, ide, defN〉 seems to be happy to be in his little jar under the boy's attention and care. And after 〈R, ref, 0〉 saying goodnight to the frog 〈R, ide, defN〉, the boy and the dog 〈M, ide, defN〉 climb into bed and 〈M, ref, 0〉 fall asleep. And the frog 〈R, ide, defN〉 tiptoes out of the jar. In the morning, the boy 〈R, ide, defN〉 wakes up and 〈M, ref, 0〉 sees that the frog 〈R, ide, defN〉 is gone, 〈M, ref, 0〉 sees that the jar is empty, 〈M, ref, 0〉 decides to look in his big hiking boots, his big wading boots to see if the frog 〈R, ide, defN〉 has taken up new quarters for the evening. But he 〈M, ref, perP〉 hasn't. He 〈M, ref, perP〉 's apparently gone. In the meanwhile, the boy's dog 〈R, ide, posN〉, Helmut 〈M, ide, nam〉 puts his head into the glass jar, 〈M, ref, 0〉 trying to get the scent of the frog 〈R, ide, defN〉 . The boy 〈R, ide, defN〉 is so preoccupied with his frog 〈R, ide, defN〉 that he 〈M, ref, perP〉 doesn't notice and 〈M, ref, 0〉 goes to the window to call for the frog 〈R, ide, defN〉 . And so the dog 〈R, ide, defN〉 goes to the window see also. But he 〈M, ref, perP〉, the dog 〈M, ide, defN〉 loses his balance and 〈M, ref, 0〉 slips, and 〈M, ref, 0〉 lands right on the glass jar, which is up to the point. He 〈M, ref, perP〉 hits the ground still attached to his head. The jar breaks, and the boy 〈R, ide, defN〉 is very cross. The boy 〈M, ide, defN〉 decides to start looking around for the frog 〈R, ide, defN〉, so he 〈M, ref, perP〉 goes outside and 〈M, ref, 0〉 looks in the direction of the woods and 〈M, ref, 0〉 starts calling out the name of the frog 〈R, ide, defN〉 . While the dog 〈R, ide, defN〉 seems very much interested in bees 〈I, ind, bare NP〉 from the nearby hive. While the boy 〈R, ide, defN〉 is busy yelling for the frog 〈R, ide, defN〉, 〈M, ref, 0〉 checking for the frog 〈R, ide, defN〉 in a groundhog's hole. The dog 〈R, ide, defN〉 is barking away at the bees 〈R, ide, defN〉 and the hive, 〈M, ref, 0〉 jumping against the tree. The groundhog 〈I, ide, defN〉 doesn't appreciate the boy's intrusion and 〈M, ref, 0〉 bites him 〈R, ref, perP〉 on the nose. While Helmut 〈R, ide, nam〉 is still busy barking up the tree at the bees 〈R, ide, defN〉, and the beehive is knocked down. The bees 〈R, ide, defN〉 come swarming out, and Rover 〈R, ide, nam〉, they 〈M, ref, perP〉 don't seem interested in stinging him 〈R, ref, perP〉 . Meanwhile, the boy 〈R, ide, defN〉 is continuing to search for the frog 〈R, ide, defN〉 . He 〈M, ref, perP〉 comes up with the idea that he 〈M, ref, perP〉 's going to check the wise denizen of the century old oak tree. And he 〈M，ref，perP〉 decides to consult the owl 〈I，ide，defN〉 at his residence in the knothole，and he 〈M，ref，perP〉 checks，he 〈M，ref，perP〉 sees that the owl 〈R，ide，defN〉 can be of any help. While the bees 〈R，ide，defN〉 have apparently decided that they 〈M，ref，perP〉 are going to go after Helmut 〈R，ide，nam〉，and they 〈M，ref，perP〉 chase him 〈R，ref，perP〉 in a long stream，but I doubt that they 〈R，ref，perP〉 'll ever catch up with him 〈R，ref，perP〉 . The owl 〈R，ide，defN〉 thinks things over and 〈M，ref，0〉 decides that the best place to seek information is from a rather stately inhabitant of the forest. And he 〈M，ref，perP〉 goes in the direction of a thicket behind a large boulder. The boy 〈R，ide，defN〉 sees the boulder follows the owl 〈R，ide，defN〉 and 〈M，ref，0〉 climbs up on the boulder. All the while 〈M，ref，0〉 yelling the frog's name，〈M，ref，0〉 leans against what he 〈M，ref，perP〉 thinks are several branches from nearby trees，which in reality are the prongs of an enormous stag 〈I，ind，indA〉 . And the boy 〈R，ide，defN〉 falls on the stag 〈R，ide，defN〉，and the stag 〈M，ide，defN〉，after hearing the word from the owl 〈R，ide，defN〉，〈R，ref，0〉 decides that he 〈M，ref，perP〉 can help the boy 〈R，ide，defN〉 and 〈M，ref，0〉 takes the boy 〈R，ide，defN〉 over in the direction of a ravine and 〈M，ref，0〉 deposits the boy 〈R，ide，defN〉 off the side of the ravine into the creek where the boy 〈M，ide，defN〉 and his dog 〈R，ide，posN〉 Rover 〈M，ide，nam〉 land in the water. And immediately upon 〈R，ref，0〉 sitting up hear the croaking of several bullfrogs 〈I，ind，indN〉 . The boy 〈R，ide，defN〉 approaches a log，which is，from which，from behind which he 〈M，ref，perP〉 hears the croaking and motions to Helmut 〈R，ide，nam〉 - [There's a German and English version to this story (laughs)] -to be silent. But the boy's curiosity is peaked and he 〈M，ref，perP〉 can no longer wait and he 〈M，ref，perP〉 decides to lean over the log. And what does he 〈M，ref，perP〉 see? Helmut 〈R，ide，nam〉 and the boy 〈R，ide，defN〉 see their frog 〈R，ide，posN〉 and his paramour 〈I，ide，posN〉 and to their amazement eight little froglets 〈I, ind, indN〉. The boy 〈R, ide, defN〉 is overjoyed at this and 〈M, ref, 0〉 is very happy to have found his frog 〈R, ide, posN〉, but he 〈M, ref, perP〉 doesn't want to break up his family 〈R, ide, posN〉 and 〈M, ref, 0〉 finds another frog 〈I, ind, indA〉 in the pond. Bids farewell to the frog family 〈R, ide, defN〉.

12

There's this little boy 〈I, ind, demC〉, and he 〈M, ref, perP〉 's enjoying this pet frog 〈I, ind, demC〉 that he 〈M, ref, perP〉 has in a bottle. He 〈M, ref, perP〉 has a pet dog 〈I, ind, indA〉, too. While he 〈M, ref, perP〉 's sleeping, the frog 〈R, ide, defN〉 gets out of the bottle and 〈M, ref, 0〉 escapes through an open window. When he 〈R, ref, perP〉 gets up in the morning, the little boy 〈M, ide, defN〉, with the help of the dog 〈R, ide, defN〉, starts looking for the frog 〈R, ide, defN〉. And in the process, the dog's head gets stuck in the little bottle that the frog 〈R, ide, defN〉 was in. And the little boy 〈R, ide, defN〉 is calling out to the frog 〈R, ide, defN〉 from the window. And the dog 〈R, ide, defN〉 has a bottle on his head, and the dog 〈M, ide, defN〉 falls from the ledge and 〈M, ref, 0〉 breaks the jar. And the little boy 〈R, ide, defN〉 is a little irritated that the dog 〈R, ide, defN〉 is getting in his way. Then the little boy 〈R, ide, defN〉 goes outside. He 〈M, ref, perP〉 's calling for the frog 〈R, ide, defN〉, and the dog 〈R, ide, defN〉 sees some bees 〈I, ind, indN〉 flying around. And they 〈R, ref, perP〉 get closer to the beehive and there's a hole in the ground. And the boy 〈R, ide, defN〉 is calling for the frog 〈R, ide, defN〉 in there. This gopher 〈I, ind, demC〉 comes out and 〈M, ref, 0〉 bites his nose, I suppose. And in the meantime, the dog 〈R, ide, defN〉 is barking up the tree at the bees 〈R, ide, defN〉. Then the hive falls and the boy 〈R, ide, defN〉 is looking for the frog 〈R, ide, defN〉 in the hollow of a tree. And then the bees 〈R, ide, defN〉 start chasing the dog 〈R, ide, defN〉 and the boy 〈R, ide, defN〉 falls off the tree because the owl 〈I, ide, defN〉 came out of the hollow part. The owl 〈M，ide，defN〉 chases the boy 〈R，ide，defN〉 to some rocks，the huge rock，and 〈M，ref，0〉 gets on top of the rock and 〈M，ref，0〉 calls for the frog 〈R，ide，defN〉 again and 〈M，ref，0〉 leans on what looks like branches. Then these branches turn out to be antlers of a deer 〈I，ind，indA〉 . The boy 〈R，ide，defN〉 gets snagged on it 〈R，ref，perP〉 . The deer 〈M，ide，defN〉 runs away with the little boy 〈R，ide，defN〉 on its head to the edge of a cliff. The boy 〈M，ide，defN〉 falls off into a pond，〈M，ref，0〉 falls off with his dog 〈R，ide，posN〉 . Then，when he 〈M，ref，0〉 's in the pond，he 〈M，ref，perP〉 hears something，probably the frog 〈R，ide，defN〉 singing，and he 〈M，ref，perP〉 's all happy. So he 〈M，ref，perP〉 follows the noise，〈M，ref，0〉 telling the dog 〈R，ide，defN〉 to be quiet. He 〈M，ref，perP〉 looks over a log and 〈M，ref，0〉 sees the frog 〈R，ide，defN〉 with a mate 〈I，ind，indA〉 . He 〈R，ref，perP〉 's really happy. Then he 〈M，ref，perP〉 's even happier when he 〈M，ref，perP〉 sees the frog 〈R，ide，defN〉 had little kids 〈I，ind，bare NP〉 . So the little boy 〈R，ide，defN〉 adopts one 〈I，ind，indP〉 of the little frogs 〈R，ide，defN〉 and 〈M，ref，0〉 goes home.

附录 2
人物指称部分标注语料（母语者）

English Frog Stories— English Native Speakers

13

At the end of his bed, he 〈I, ref, perP〉 was looking at his frog 〈I, ide, posN〉 in a jaw. And the dog 〈R, ide, defN〉 was with him 〈R, ref, perP〉. The little boy 〈M, ide, defN〉 went to bed and his dog 〈R, ide, posN〉 lay at his feet. While they 〈R, ref, perP〉 were asleep, the frog 〈R, ide, defN〉 climbed out of the jar. The next morning, the little boy 〈R, ide, defN〉 and his dog 〈R, ide, defN〉 both woke up and 〈M, ref, 0〉 looked down to see the jaw, which was empty. Next to the jaw by the little boy's stool that he 〈R, ref, perP〉 used for climbing into bed. A big pair of boots and the little boy's clothes and his slippers were on the floor. A little boy 〈M, ind, indA〉 was very surprised. The little boy 〈M, ide, defN〉 is shouting, and he 〈M, ref, perP〉 's waving something over his head. The stool is upside down. The dog 〈R, ide, defN〉 has his head inside the bowl that they 〈R, ref, perP〉 had the frog 〈R, ide, defN〉 in. The frog 〈M, ide, defN〉 is nowhere to be seen. The little boy 〈R, ide, defN〉 looks out of the window 〈M, ref, 0〉 shouting. At the same time, his dog 〈R, ide, posN〉 sticks his head out of the window, and the dog 〈M, ide, defN〉 has the bowl and 〈M, ref, 0〉 stuck on his head. Then the dog 〈M, ide, defN〉 jumps down still with the bucket on his head. And the little boy 〈R, ide, defN〉 is confused. He 〈M，ref，perP〉 's looking hard at the window. He 〈M，ref，perP〉 jumps down and 〈M，ref，0〉 catches his dog 〈R，ide，posN〉，〈R，ref，0〉 lift him 〈M，ref，perP〉 up off the floor. Then the pair 〈R，ide，defN〉 of them 〈M，ref，perP〉 go out walking. You can see the little boy 〈R，ide，defN〉 shouting out for the frog 〈R，ide，defN〉 and what looks like birds 〈I，ind，bare NP〉 in the sky. And the little dog 〈R，ide，defN〉 is looking up at the birds 〈R，ide，defN〉. Later on，we see the little boy 〈R，ide，defN〉 crawling around on the floor 〈M，ref，0〉 looking down a hole in the ground，while the dog 〈R，ide，defN〉 is dancing on his back legs，〈M，ref，0〉 looking up at a swarm of bees 〈I，ind，indN〉 that 〈M，ref，relP〉 are about to go into a honeycomb hanging from a tree. The little boy 〈R，ide，defN〉 is rubbing his eyes. Just then some sort of creature 〈I，ind，indN〉 comes popping out of the hole. This time，the dog 〈R，ide，defN〉 is trying to jump up at the tree and the bees 〈R，ide，defN〉，or maybe wasps are swinging from the honeycomb. Picture 11 we can see the little creature 〈R，ide，defN〉 which 〈M，ref，relP〉 had popped out of the hole in the ground. We can see all 〈R，ind，indP〉 the bees 〈R，ide，defN〉 flying into the honeycomb，which is now on the floor. The small animal 〈R，ide，defN〉 has come out of the hole in the ground，and the dog 〈R，ide，defN〉 is climbing up the tree with the bees 〈R，ide，defN〉 coming out of the honeycomb，which has fallen onto the floor. They 〈R，ref，perP〉 are in a wood under a tree. Suddenly the bees 〈R，ide，defN〉 start chasing the dog 〈R，ide，defN〉，which 〈M，ref，relP〉 is running across in front of the picture，something underneath where they are flying，but I can't work out what it is. The little boy 〈R，ide，defN〉 is trying to climb up a big rock，while a large bird 〈I，ind，indA〉 is flapping its wings over his head. The little boy 〈R，ide，defN〉 manages to stand on top of the rock，and he 〈M，ref，perP〉 seems to be shouting. Up above him 〈M，ref，perP〉 in the tree，there is an owl 〈I，ind，indA〉 looking down. All of a sudden there is a deer 〈I，ind，indA〉 sticking his head through the bushes with the little boy 〈R， ide, defN〉 stuck on his antlers. The owl 〈R, ide, defN〉 is still looking down to see what is happening. The little boy 〈R, ide, defN〉 is well and 〈M, ref, 0〉 truly stuck with his legs hanging down over the deer's nose and his tummy is between the antlers. So his head is actually over the back of the deer's head. The dog 〈R, ide, defN〉 is running ahead. The deer 〈R, ide, defN〉 is running on with the little boy 〈R, ide, defN〉 still stuck between his antlers, and they 〈R, ref, perP〉 're coming up to the edge of a hill. The little dog 〈R, ide, defN〉 falls over, the boy 〈R, ide, defN〉 goes over the deer's antlers, and he 〈M, ref, perP〉 's flying through the downwards. Both the dog and the boy 〈R, ide, defN〉 go splash into what looks like a very muddy pond. The little boy 〈R, ide, defN〉 comes out of the water, and as he 〈M, ref, perP〉 sits up, the dog 〈R, ide, defN〉 is sitting on his head. Next thing we see is the little boy 〈R, ide, defN〉 going holding up his finger in front of his nose as he 〈M, ref, perP〉 huddles up by a big log, then he 〈M, ref, perP〉 and the dog 〈R, ide, defN〉 climb onto the log, and the pair 〈R, ide, defN〉 of them 〈M, ref, perP〉 are sitting on top of the log. The dog 〈R, ide, defN〉 looks down and 〈M, ref, 0〉 spots two frogs 〈I, ind, indN〉 . The little boy 〈R, ide, defN〉 is very surprised to see two frogs 〈R, ind, indN〉 and what looked like a collection of baby frogs 〈M, ind, indN〉 . So with the collections 〈M, ide, defN〉 mummy and daddy frog 〈R, ind, bare NP〉 and lots of baby frogs 〈R, ind, indN〉 sitting on the log while the boy 〈R, ide, defN〉 and his dog 〈R, ide, posN〉 are sitting in the muddy puddle.

14

There is a boy 〈I, ind, indA〉 . He 〈M, ref, perP〉 has two pets 〈I, ind, indN〉, one pet dog 〈R, ind, indA〉 and one pet frog 〈R, ind, indA〉 . One night while the boy 〈R, ide, defN〉 was sleeping, the frog 〈R, ide, defN〉 run away and 〈M, ref, 0〉 skate. The next morning when the dog and the boy 〈R, ide, defN〉 woke up, they 〈M, ref, perP〉 couldn't see the frog

〈R，ide，defN〉，the boy and the dog 〈R，ide，defN〉 looks really worried. So they 〈M，ref，perP〉 started looking around the room for the frog 〈R，ide，defN〉. They 〈M，ref，perP〉 looked out the window and 〈M，ref，0〉 called for his name. But there was no answer. And the frog 〈R，ide，defN〉 was nowhere to be seen. The dog 〈R，ide，defN〉 jumped out of the window to see if the frog 〈R，ide，defN〉 is on the floor. But there was no frog. The boy 〈R，ide，defN〉 looks really worried. So he 〈M，ref，perP〉 came out to get his dog 〈R，ide，posN〉. He 〈M，ref，perP〉 hug his dog 〈R，ide，posN〉，make sure there was nothing wrong with him 〈M，ref，perP〉. But they 〈R，ref，perP〉 still looked really worried because they 〈M，ref，perP〉 can't see the frog 〈R，ide，defN〉. Then they 〈M，ref，perP〉 went into the gardens and indeed 〈M，ref，0〉 fail to see if the frog 〈R，ide，defN〉 was there. They 〈M，ref，perP〉 started calling his name，but there was no answer. The boy 〈R，ide，defN〉 saw a hole on the ground，and he 〈M，ref，perP〉 started calling for the frog's name，but there was no sign of the frog 〈R，ide，defN〉. The dog 〈R，ide，defN〉 looked up the tree. There are still no sign of the frog 〈R，ide，defN〉. A rat 〈I，ind，indA〉 came out of the hole and 〈M，ref，0〉 beat the boy's nose. The boy 〈R，ide，defN〉 was hurt. Then the boy 〈M，ide，defN〉 went up on the tree and 〈M，ref，0〉 saw another hole on the tree. So he 〈M，ref，perP〉 started looking for the frog 〈R，ide，defN〉 in the hole，but there was no frog. Instead came out an owl 〈I，ind，indA〉，the owl 〈R，ide，defN〉 flew into the boy's face，and the boy 〈R，ide，defN〉 fell on the floor. The dog 〈R，ide，defN〉 started running away from the owl 〈R，ide，defN〉. The boy and the dog 〈R，ide，defN〉 run while the owl 〈R，ide，defN〉 chase them 〈R，ref，perP〉. Next they 〈M，ref，perP〉 saw a big stone. The boy 〈R，ide，defN〉 went up the stone and 〈M，ref，0〉 started calling for the frog's name behind the trees，but there was no sign of the frog 〈R，ide，defN〉 again. Instead came out a deer 〈I，ind，indA〉 and 〈M，ref，0〉 started to hit the boy 〈R，ide，defN〉. The deer 〈R，ide，defN〉 chase the boy and dog 〈R， ide，defN〉 until they 〈M，ref，perP〉 fell off the cliff，and both 〈M，ind，indP〉 of them 〈M，ref，perP〉 fell into the river. The boy 〈R，ide，defN〉 swam to save his dog 〈R，ide，posN〉，then 〈M，ref，0〉 found the dog 〈R，ide，defN〉 and hugged him 〈M，ref，perP〉. But while they 〈R，ref，perP〉 were swimming in the river，they 〈M，ref，perP〉 had some frog noise behind a log. So they 〈M，ref，perP〉 started to slowly swim towards the log and 〈M，ref，0〉 see what was behind it. There were two frogs 〈I，ind，indN〉 having a conversation，and there was also so many other frogs 〈I，ind，indN〉 there. Finally，the boy 〈R，ide，defN〉 found his frog 〈R，ide，posN〉. They 〈R，ref，perP〉 went home happily and 〈M，ref，0〉 said good bye to the rest of the frogs 〈R，ide，defN〉. And the three 〈R，ide，defN〉 of them 〈M，ref，perP〉 were reunited and they 〈M，ref，perP〉 lived happily ever after.

15

So the boy 〈I，ide，defN〉 has a pet frog 〈I，ind，indA〉 and a pet dog 〈I，ind，indA〉. And they 〈R，ref，perP〉 are good friends. The boy 〈R，ide，defN〉 has a really high bed. And when he 〈M，ref，perP〉 's sleeping with his dog 〈R，ide，posN〉，the frog 〈R，ide，defN〉 escapes. So when the boy 〈R，ide，defN〉 and his dog 〈R，ide，posN〉 wake up，they 〈M，ref，perP〉 see the frog 〈R，ide，defN〉 is gone. He 〈M，ref，perP〉 has left his glass cage. So the boy 〈R，ide，defN〉 puts on his coat and the dog 〈R，ide，defN〉 looks for the frog 〈R，ide，defN〉 in his old glass jar. I guess his head stuck in it. They 〈R，ref，perP〉 start looking outside，calling the frog's name and the dog 〈R，ide，defN〉 jumps out of the window and the glass jar breaks. And the boy 〈R，ide，defN〉 looks disappointed in the dog 〈R，ide，defN〉，but they 〈R，ref，perP〉 keep the search going and they 〈M，ref，perP〉 go out into the forest and they 〈M，ref，perP〉 call the frog's name. The boy 〈R，ide，defN〉 looks down different holes to see maybe the frog 〈R，ide，defN〉 went down there. Um，meanwhile，the dog 〈R，ide，defN〉 gets distracted by a beehive. However，there's no frog in the hole. It's just，um... Was that a bow? Is a mole? Yeah，there's no frog，just a mole 〈I，ind，indA〉，the boy 〈R，ide，defN〉 looks up in the tree. Maybe the frog 〈R，ide，defN〉 is in there，and the dog 〈R，ide，defN〉 has a look as well. But the bees 〈I，ide，defN〉 come out of the beehive and 〈M，ref，0〉 chase the dog 〈R，ide，defN〉，and the boy 〈R，ide，defN〉 falls over. Meanwhile，a raven 〈I，ind，indA〉 or an owl 〈I，ind，indA〉 chases the boy 〈R，ide，defN〉，but he 〈M，ref，perP〉 hides. He 〈M，ref，perP〉 climbs up onto the rock，〈M，ref，0〉 close out for his frog 〈R，ide，posN〉. Suddenly a deer 〈I，ind，indA〉 comes and the boy 〈R，ide，defN〉 falls onto the deer 〈R，ide，defN〉. The deer 〈M，ide，defN〉 takes the boy 〈R，ide，defN〉 and 〈M，ref，0〉 froze him 〈R，ref，perP〉 off the edge of a um，really bad and the boy 〈R，ide，defN〉 lands in the river with his dog 〈R，ide，posN〉. So soaking wet and his clothes are soaking our water logs，but he 〈R，ref，perP〉 can hear the frog's sound. So he 〈M，ref，perP〉 tells his dog 〈R，ide，posN〉 to be quiet and he 〈M，ref，perP〉 looks too find out where the noises coming from. He 〈M，ref，perP〉 looks over a fallen tree log，and he 〈M，ref，perP〉 sees frog family 〈I，ind，bare NP〉. There's lots of frogs 〈M，ind，indN〉. There's mom 〈R，ind，bare NP〉 and dad 〈R，ind，bare NP〉 and lots little frogs 〈R，ind，indN〉 and his frog 〈R，ide，posN〉 is there too. So he 〈R，ref，perP〉 takes his frog 〈R，ide，defN〉 and he 〈M，ref，perP〉 says goodbye to the frog family 〈R，ide，defN〉 and him 〈M，ref，perP〉 and his dog 〈R，ide，posN〉 leave. And they 〈R，ref，perP〉 go ahead.

16

There is a boy 〈I，ind，indA〉 in his bedroom with his dog 〈I，ide，posN〉. And they 〈R，ref，perP〉 have got a frog 〈I，ind，indA〉 in the jar and he 〈R，ref，perP〉 's gone to sleep. And the dog 〈R，ide，defN〉 is sleeping at the bed with him 〈R，ref，perP〉. The frog 〈R，ide，defN〉 is getting out of the jar. Then he 〈R，ref，perP〉 wakes up and he 〈M，ref，perP〉 sees that the frog 〈R，ide，defN〉 has gone，and he 〈M，ref，perP〉 's looking for it 〈R，ref，perP〉 in his boots. It 〈R，ref，perP〉 's not there. And he 〈R，ref，perP〉 's calling out the window to try and 〈M，ref，0〉 find it 〈R，ref，perP〉. And the dog 〈R，ide，defN〉 's got his head stuck in the glass jar now. The dog 〈M，ide，defN〉 is fallen out of the window，〈M，ref，0〉 jumped out of the window with a glass jar on his head，and the jar is broken and the boy 〈R，ide，defN〉 's hugging the dog 〈R，ide，defN〉. The bees 〈I，ide，defN〉 flying out of the wood. And then there's a bee's nest hanging off the tree. And the boy 〈R，ide，defN〉 is shouting into a hole in the ground and there's an animal 〈I，ind，indA〉 that 〈M，ref，relP〉 notices coming out of the hole and so the bee's nest is full enough for tray now，and the bees 〈R，ide，defN〉 are all coming out of it. And the boy 〈R，ide，defN〉 is climbing up the big old tree，〈M，ref，0〉 looking in the hole in the tree. The owl 〈I，ide，defN〉 's coming out the hole now. The boy 〈R，ide，defN〉 's fallen across onto the floor. The dog 〈R，ide，defN〉 is running off，〈M，ref，0〉 chased by the bees 〈R，ide，defN〉. And the boy 〈R，ide，defN〉 's trying to keep away from the owl 〈R，ide，defN〉. He 〈M，ref，perP〉 is climbing on a rock. And he 〈M，ref，perP〉 's up on top of the rock now and 〈M，ref，0〉 shouting out and can't see what's happening in that one. Is it a big deal with the analysts? Yes，I thought so. I can't see what's happening. There is not very clear think that they 〈R，ref，perP〉 're just stand up. And he 〈R，ref，perP〉 's hanging on the head of a deer 〈I，ind，indA〉. Now the deer 〈R，ide，defN〉 is running off. And he 〈R，ref，perP〉 struck on the head of the deer 〈R，ide，defN〉 stuck between his antlers. It looks like they 〈R，ref，perP〉 're at the edge of a cliff，and he 〈R，ref，perP〉 's fallen off，the dog 〈R，ide，defN〉 's fall as well，and they 〈R，ref，perP〉 're falling down the cliff into a pond splash 〈M，ref，0〉 sitting in the pond. And he 〈R，ref，perP〉 's telling the dogs 〈R，ide，defN〉 be quiet. There's a big log with a hole in the end，climbing over the log. And behind the log looks like there's two frogs 〈I，ind，indN〉 and lots of little frogs 〈I，ind，indN〉 as well. Seven right frogs 〈M，ind，indN〉 altogether. So he 〈R，ref，perP〉 's because his frog 〈R，ide，posN〉 back in his hand now，is crossing the pond，〈M，ref，0〉 waving goodbye to the frogs.

17

So there's a boy 〈I，ind，indA〉 and a dog 〈I，ind，indA〉，they 〈M，ref，perP〉 're staring at a frog 〈I，ind，indA〉 in a tank，clearly that the frog 〈M，ide，defN〉 is some kind of pet. Anyway. When the boy 〈R，ide，defN〉 the dog 〈R，ide，defN〉 is sleeping，the frog 〈R，ide，defN〉 escapes out the window. Um，and then they 〈R，ref，perP〉 go off. Uh，then the dog 〈R，ide，defN〉 jumps out the window. They 〈R，ref，perP〉 both look at the window，then the dog 〈R，ide，defN〉 jumps out the window. Um，and then，they 〈R，ref，perP〉 go searching for this frog 〈R，ide，demN〉 in the forest. They 〈M，ref，perP〉 looked down a tree trunk and a beehive. They 〈R，ref，perP〉 didn't find anything there. Um，so they 〈M，ref，perP〉 continue searching. Um，then until the dog 〈R，ide，defN〉 runs off into the bushes，the boy 〈R，ide，defN〉 goes looking for the dog 〈R，ide，defN〉. Um，and then he 〈M，ref，perP〉 meets a deer 〈I，ind，indA〉. I think that's a deer uh，then they 〈R，ref，perP〉 ride on the deer's back um，to like，uh，and but the deer 〈R，ide，defN〉 like so，froze them 〈R，ref，perP〉 off into a pond. I don't know if that's intentional. Um，so they 〈M，ref，perP〉 get wet in a pond，um，but then build that they 〈M，ref，perP〉 find this log and and not. And then inside no，not inside next to the log，they 〈M，ref，perP〉 find a frog family 〈I，ind，indA〉，and they 〈R，ref，perP〉 look quite happy about that. And then I think they 〈M，ref，perP〉 just leave anyway，I don't know. I thought I figure out what is. The frog 〈R，ide，defN〉 goes to live with the rest of his frog family 〈R，ide，defN〉 must end of the stories they 〈R，ref，perP〉 just leave because he 〈R，ref， perP〉's found a family. Okay.

18

There is a dog 〈I，ind，indA〉 that is looking on a frog 〈I，ind，indA〉 in a jar. And there is a kid 〈I，ind，indA〉 who 〈M，ref，relP〉's looking at it 〈R，ref，perP〉. He 〈M，ref，perP〉 looks very pleased next to his bed. The kid 〈M，ide，defN〉 is now asleep and oh the frog 〈R，ide，defN〉 is escaping from the jar. The kid 〈R，ide，defN〉 and the dog 〈R，ide，defN〉 are now really intrigued about where the frog 〈R，ide，defN〉 is，and they 〈M，ref，perP〉're looking at an empty jar. The kid 〈R，ide，defN〉 is looking in his clothes to see if the frog 〈R，ide，defN〉 is in there and the dog 〈R，ide，defN〉 is looking under the bed. They 〈R，ref，perP〉 are now looking out the window. Um，the dog 〈R，ide，defN〉 also has an anti scratch mask on. And they 〈R，ref，perP〉're calling for the frog 〈R，ide，defN〉，the dog 〈R，ide，defN〉 is now jumping out of window and the kid 〈R，ide，defN〉 is looking very concerned. The kid 〈M，ide，defN〉 is now jumped out window and 〈M，ref，0〉 saved dog 〈R，ind，bare NP〉 who 〈M，ref，relP〉 has lost his anti scratch mask. They 〈R，ref，perP〉're now outside in a woodland，〈M，ref，0〉 calling for the frog 〈R，ide，defN〉 looking，looking at beehive and down a molehill. The dog 〈R，ide，defN〉's now climbing a tree and a mole 〈I，ind，indA〉 has come out of the molehill. Uh，and the bees 〈I，ide，defN〉 are flying away from the beehive. Don't know. The bees 〈M，ide，defN〉 are now chasing the dog 〈R，ide，defN〉. Uh，and the kid 〈R，ide，defN〉 is hiding，but suddenly a raven 〈I，ind，indA〉 comes in. Uh，and the kid 〈R，ide，defN〉 is hiding from the raven 〈R，ide，defN〉. The kid 〈M，ide，defN〉's now standing on top of the rock 〈M，ref，0〉 calling for his frog 〈R，ide，posN〉 while the dog 〈R，ide，defN〉 is below the rock. The kid 〈R，ide，defN〉 is now jumps into a tree. No，but that is not a tree，that is a deer 〈I，ind，indA〉. The kid 〈R，ide，defN〉 has jumped，has been hit by a deer 〈R，ind，indA〉，and the deer 〈M, ide, defN〉 is now running away with the dog 〈R, ide, defN〉 and the kid 〈R, ide, defN〉 on his back. Uh, the deer 〈R, ide, defN〉 has now front the kid 〈R, ide, defN〉, and the dog 〈R, ide, defN〉 off a cliff, really. But luckily, the kid 〈R, ide, defN〉 has landed in some water along with the dog 〈R, ide, defN〉 . Uh, and the dog 〈M, ide, defN〉 is now jumping on the kid's head, trying to escape water. While he 〈M, ref, perP〉 sits in the water, they 〈R, ref, perP〉 found a log. The kid 〈R, ide, defN〉 is telling the dog 〈R, ide, defN〉 to be quiet. Plus, they 〈R, ref, perP〉 look in the log, they 〈M, ref, perP〉 look behind the log. And sure enough, they 〈M, ref, perP〉 see two frogs 〈I, ind, indN〉 . They 〈M, ref, perP〉 now have spotted, have seen the frogs 〈I, ide, defN〉 and 〈M, ref, 0〉 say goodbye to the frogs 〈R, ide, defN〉.

19

Small boy 〈I, ind, bareNP〉 's sitting the bottom of his bed with a frog 〈I, ind, indA〉 in a jar, and the dog 〈I, ide, defN〉 looking at it 〈M, ref, perP〉. Little boy 〈R, ind, bareNP〉 's sleeping with dog 〈R, ind, bareNP〉 on bed and frog 〈R, ind, bareNP〉 trying to escape out of jar. Frog 〈R, ind, bareNP〉 disappeared from the jar. Boy 〈R, ind, bareNP〉 and dog 〈R, ind, bareNP〉 woke up now. Little boy 〈R, ind, bareNP〉 checking for frog 〈R, ind, bareNP〉 and dog 〈R, ind, bareNP〉 gets head stuck in the jar. The little boy 〈R, ide, defN〉 and the dog 〈R, ide, defN〉 is shouting out the window. The dog 〈R, ide, defN〉 howls at the window with jar still onto it. The jar breaks off dog's head now. The little boy and dog 〈R, ide, defN〉 was go looking for the frog 〈R, ide, defN〉, the dog 〈R, ide, defN〉 's looking at a beehive. The little boy 〈R, ide, defN〉 shouting down the holes, 〈M, ref, 0〉 seeking to find the frog 〈R, ide, defN〉 . A little mole 〈I, ind, indA〉 comes out of the hole. The boy 〈R, ide, defN〉 is frightened. Dog 〈R, ind, bareNP〉 still looking at the beehive. The dog 〈M, ide, defN〉 's dropped beehive now and the boy 〈R, ide, defN〉 's shaking the trees，〈M，ref，0〉 looking for the frog 〈R，ide，defN〉 . Little boy 〈M，ind，bareNP〉 falls off the tree... dog 〈R，ind，bareNP〉 's running away because the beasts 〈I，ide，defN〉 are chasing him 〈M，ref，perP〉 . The owl 〈I，ind，bareNP〉 's flying above the boy's head and a deer 〈I，ind，indA〉，hiding from the little boy 〈R，ide，defN〉 too. Boy 〈R，ind，bareNP〉 stand one of the rock，〈M，ref，0〉 shouting again，〈M，ref，0〉 looking for the frog 〈R，ide，defN〉，〈M，ref，0〉 holding on to the deer's antlers. The boy 〈M，ide，defN〉 ends up on top of the deer 〈R，ide，defN〉 now who 〈M，ref，relP〉 's still looking down on them 〈R，ref，perP〉 . The little boy 〈M，ide，defN〉，the deer 〈M，ide，defN〉 and the dog 〈M，ide，defN〉 are running along few bankings. The little boy and the dog 〈R，ide，defN〉 fell off the banking. The deer 〈R，ide，defN〉 's looking at them 〈M，ref，perP〉 . The little boy 〈R，ide，defN〉 falls into a pool of water with the dog 〈R，ide，defN〉 . They 〈R，ref，perP〉 are happy when they 〈M，ref，perP〉 are on the water. Now the little boy 〈R，ide，defN〉 's telling the dog 〈R，ide，defN〉 to be quiet because he 〈M，ref，perP〉 's looking for the frogs 〈R，ide，defN〉 now. They 〈R，ref，perP〉 climb out of the water，the dog and the boy 〈M，ide，defN〉，hold on albert plants branch. Lock a tree. Once to claim over the walk and the boy and the dog 〈M，ide，defN〉，they 〈M，ref，perP〉 see two little frogs 〈I，ind，indN〉，sitting. The boy and the dog 〈M，ide，defN〉 are not that happy，because there are two frogs 〈R，ind，indN〉 and also little frogs 〈I，ind，bareNP〉 this time. The boy and the dog 〈M，ide，defN〉 walk with one small frog 〈R，ind，indA〉 and 〈M，ref，0〉 leave the rest the two frogs 〈R，ind，indP〉 in the rest of the family.

20

Once upon a time，a little boy 〈I，ind，indA〉 and his dog 〈I，ide，posN〉 had found a frog 〈I，ind，indA〉 . They 〈M，ref，perP〉 took it 〈R，ref，perP〉 home in the jar and that evening when the boy 〈R，ide，defN〉 was getting ready for bed, he 〈M, ref, perP〉 showed the dog 〈R, ide, defN〉, the frog 〈R, ide, defN〉 in the jar. When the little boy 〈R, ide, defN〉 and his dog 〈R, ide, posN〉 were asleep in bed. The frog 〈R, ide, defN〉 quietly crept out of the jar and 〈M, ref, 0〉 snuck off. In the morning when the boy 〈R, ide, defN〉 wake up. He 〈M, ref, perP〉 was sad to find that the frog 〈R, ide, defN〉 wasn't in the jar anymore. So he 〈M, ref, perP〉 got dressed and his little dog 〈R, ide, posN〉 sniffed the jar and they 〈R, ref, perP〉 open the window and 〈M, ref, 0〉 called out to see if the frog 〈R, ide, defN〉 would come back. Where are you 〈M, ref, perP〉 frog 〈M, ind, bareNP〉? They 〈M, ref, perP〉 called. The dog 〈R, ide, defN〉 fell out of the window with the jar on his head, and the jar smashed all over the floor. The little boy 〈R, ide, defN〉 was cross, but the dog 〈R, ide, defN〉 licked his face to say sorry. Anyway, off they 〈R, ref, perP〉 went into the woods. In the woods, there was a bees nest hanging from a tree. And the dog 〈R, ide, defN〉 was barking at the bees 〈I, ide, defN〉. The little boy 〈R, ide, defN〉 thought that maybe the frog 〈R, ide, defN〉 was hiding in a hole in the ground. So he 〈M, ref, perP〉 called into the hole, but then some kind of rat 〈I, ind, indA〉 came out of the hole. The dog 〈R, ide, defN〉 carried on barking at the bees 〈R, ide, defN〉 and 〈M, ref, 0〉 was shaking the tree. When the boy 〈R, ide, defN〉 was looking in another tree to see if he 〈M, ref, perP〉 could find the frog 〈R, ide, defN〉. The dog 〈R, ide, defN〉 shook the trees so hard that the bees nest fell down, and the angry bees 〈R, ide, defN〉 started to chase after the dog 〈R, ide, defN〉. The dog 〈M, ide, defN〉 ran fast. The boy 〈R, ide, defN〉 knocked him 〈M, ref, perP〉 out of the tree, and the little owl 〈I, ide, defN〉 flew down and 〈M, ref, 0〉 chased him 〈R, ref, perP〉. Then the boy 〈R, ide, defN〉 saw a rock. So he 〈M, ref, perP〉 climbed up the rock to see if he 〈M, ref, perP〉 could see the frog 〈R, ide, defN〉 anywhere. And he 〈M, ref, perP〉 called out to the frog 〈R, ide, defN〉. And then suddenly the thing that he 〈M, ref, perP〉 thought was a tree behind the rock actually turned out to be a deer 〈I，ind，indA〉 and he 〈R，ref，perP〉 ended up on the deer's head. Like in his antlers，the deer 〈R，ide，defN〉 ran carrying the little boy 〈R，ide，defN〉 to the edge of a river bank and 〈M，ref，0〉 threw the little boy 〈R，ide，defN〉 into the river. And the dog 〈R，ide，defN〉 fell in the river，too. They 〈R，ref，perP〉 landed with a splash，however，when they 〈M，ref，perP〉 like sat up in the water，they 〈M，ref，perP〉 noticed an old hollowed out log. The boy 〈R，ide，defN〉 whispered to the dog 〈R，ide，defN〉，let's see，what's behind this log. They 〈R，ref，perP〉 look behind the log. And there was the frog 〈R，ide，defN〉 sitting with another frog 〈I，ind，indP〉 . And then they 〈R，ref，perP〉 noticed lots of little baby frogs 〈I，ind，indN〉 . So they 〈M，ref，perP〉 waved goodbye to the frog family 〈R，ide，defN〉 and 〈M，ref，0〉 went home.

附录 3
实验所用语法结构及典型错误例句

序号	语法结构	典型错误例句
1	动词补足语（VC）	* Women who hope having healthy skin spend a fortune on it.
2	第三人称-s（TP）	* A good teacher makes lesson interesting and care about students.
3	复数-s（PL）	* Holidays is the best part of the year.
4	不定冠词（IA）	* It's waste of time and money to play computer games.
5	属格-s（PO）	* A football player income should be connected with his performance.
6	规则过去时（PT）	* When human invented the motor car，life change for everyone.
7	一般疑问句（SQ）	* Most girls said no to the question：does you want to be a scientist.
8	比较级（COM）	* For new graduates，renting a house is a more better choice than buying one.
9	非真实条件句（UC）	* If we had lessons on money management，we will spend money more wisely.

（续表）

序号	语法结构	典型错误例句
10	情态助动词（MOD）	* Students should to take part in social activities.
11	作格动词（EV）	* Your hands will be shaken when you feel cold or angry.
12	内嵌疑问句（EQ）	* Everyone knows when was the Great Wall built.
13	副词位置（AP）	* Many college students read well but poorly write.
14	附加问句（QT）	* College students need to receive some dating advice, won't they?
15	Since/for（SF）	* More and more Chinese have gone abroad to study since many years.
16	与格结构（DA）	* People should report the police a car accident.
17	关系分句（RC）	* English is something you should learn it step by step.